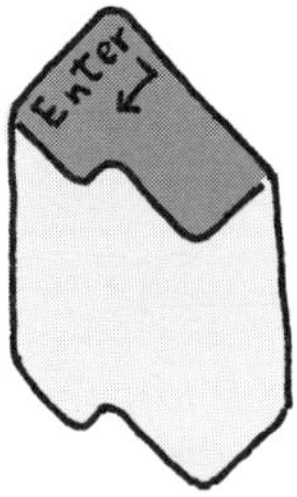

その仕事1秒で終わります！

神速パソコン仕事術 見るだけノート

監修
岡田充弘
Mitsuhiro Okada

宝島社

その仕事１秒で終わります！

神速パソコン仕事術
見るだけノート

監修
岡田充弘
Mitsuhiro Okada

宝島社

はじめに

パソコン仕事の“ムダとり”で時間＆心に余裕が生まれる

“パソコンを極める”と聞くと「わたしは文系だから無理」「忙しくてそんな時間はない」と、詳しく知ろうともせずに拒否反応を示す人も少なくありません。しかし、今やオフィスワーカーならパソコンは誰でも使っているでしょう。つまり、どんなに嫌でも、パソコン仕事からは逃れることができないのです。それを受け止めるところから始めましょう。

まずは、普段の仕事を振り返ってみてください。特に、当たり前だと思っているパソコン作業にかかる時間を思い浮かべるのです。起動してもなかなか立ち上がらない、マウスのスクロールホイールをグリグリと動かしてスクロール、ファイルのありかを探しまわる……。そんなパソコンにまつわる“イラっとする瞬間”は誰にでもあるでしょう。

わたしのいう“極める”とは、そんなパソコン仕事をうまくやる"ワザ”を覚えるということ。「いつもの仕事が2倍・3倍の速さでできる」とは言いませんが、確実にいつも費やしている「ムダな時間を減らす」ことはできます。そう、“パソコンを極める”と、仕事が早く終わるのです。

実際にわたしは今、複数の会社を経営しながら社外の起業顧問なども務め、執筆・講演活動なども行っていますし、趣味のトライアスロンなども同時並行でこなしています。でも、“仕事が忙しくてプライベートがなくなる”なんてことは一切なし。仕事もプライベートも予定はいっぱいですが、非常に充実した毎日を過ごしています。

ではどうすればいいのでしょう。それは簡単にいえば仕事で使うパソコン作業を極めることです。わたしがワーカー・コンサルタント・経営者として働く中で“パソコンを極める”ために試行錯誤を繰り返し、徐々に見い出した、地味でも役に立つワザや会社の経営者目線で情報を扱うという考え方、個人完結するテクニックなど、本書ではわたしが実践してきた会社の中で活躍できるワザを紹介しています。

ここで勘違いしてほしくないのは、覚えたことで機械的に処理能力が上がるわけではないということ。人が限られた時間で多くのタスクをこなすにはどうしたらいいのか。その答えは、工程を最短化・最適化することです。パソコン作業は決まった工程が数多く積み重なったものですよね。だからそれぞれの工程を最適化し、“ムダな時間”を削ることで、時間短縮が積み上がるのです。

わたしが紹介するのは、この最適化のやり方であり、誰でも実践することができる方法です。大切にしているのは作業する人が最も効率的に作業できるということ。そしてチームの一員として活躍できるようになること。これらのワザは体験から導き出した“最適”なやり方なので、たとえパソコンやOSが新しくなっても、ちょっと修正するだけで済みます。

もちろん、“最適化”ができていない人にとっては大きな変化でしょう。最初のハードルはマウスを捨てること、ショートカットキーを覚えることでしょう。ですが、この2つで仕事の効率は飛躍的に上がります。そして、そうやって工程の最適化ができるようになれば「ものごとの進め方」、つまり仕事全体も効率化できるようになって、時間を余らせることができるようになるでしょう。その時間はぜひ、自分の人生を輝かせる時間に充ててもらいたいと願っています。

岡田充弘

その仕事1秒で終わります!

神速パソコン仕事術 見るだけノート

Contents

Chapter 02

マウスなし!で最速操作術

Chapter 03

Officeソフト共通！ 文書作成 超時短テク

Chapter 04

アイコンがなくても簡単 Wordの神速操作ワザ

Chapter 05

イライラを解消するExcelの神速設定術

Chapter 06
今や使えて当たり前? PDF&パワポ使いこなし術

Chapter 07

ムダ時間を省く Web検索の神速ワザ

Chapter 08

メール処理を最速化する神速メール術

Column

※本書に掲載している情報は2020年7月末時点のものです。本書で紹介した操作画面や表示はWindows10 Pro（バージョン1903）のもので、OSやOfficeソフトのバージョンやパソコンの機種により、若干異なる場合があります。

Chapter 00

SHINSOKU PC
SHIGOTOJUTSU
MIRUDAKE
notes

超時短の基本設定・メンテナンス術

基本設定を変更する

起動が
遅いなぁ…
ポ〜ン
ポ〜ン
起動ソフトは
いくつある？
視覚効果は
外しても
いいよね？
サウンドも
仕事では
いらない
パソコンを開いたときの
待ち時間はムダ！
支給されたものでも
設定とかは変えないと

入社してずっと初期設定のままのパソコンを使っている、というのはよく聞く話。しかし、会社はOSのバージョンアップには対応しても、使い勝手のために何かをしてくれるわけではありません。そのため、出荷されたときの万人向けの設定のまま、パソコンの動作スピードを落とすムダ機能が作動したまま、ということも。また、使用していくうちにいつの間にかパソコンの奥底に積み重なるデータ上の“ゴミ”もスピード低下の原因になります。わずか1秒の差でも積み重なればムダ時間は1日当たり数十分にも。ムダな機能を省く設定やスピード低下を防ぐメンテナンス術などを学んで、パソコン作業全般にかかる時間を短縮しましょう。

仕事に合わせてメンテナンスを
早く資料を見せてくれ！
5年前にワシが作ったものだよ
スリープしちゃって立ち上げ直しです
××の機能を使えばいいだろう
不要データも削除しなきゃ
OSが新しくなっても作業スピードが落ちたら意味ないです
使いやすさを求めてメンテナンスをするのは大事

01 ムダな視覚効果を省いてスピードアップ

普段意識していない視覚効果の設定をオフにすることで、パソコンの動作スピードを上げることができます。

Windowsのパソコンには、見た目を良くするためのさまざまな**視覚効果**が設定されています。**わずかな時間のロスとはいえ、仕事に関係ない機能であれば停止して動作スピードを上げるほうが重要**。まずはデスクトップのアイコンのない部分を右クリックし［個人用設定］を開きます。そして出てきたウィンドウの左のメニューにある［色］を選択し、［透明効果］を［オフ］にします。続いて同

地味だけど全体にかかる［透明効果］をオフに

❶ デスクトップで右クリックして［個人用設定］を選ぶ

じく左のメニューにある［設定の検索］欄に［システムの詳細設定の表示］と入力。表示されたダイアログの［詳細設定］タブの［パフォーマンス］から［設定］をクリックして**パフォーマンス設定**を調整します。［視覚効果］タブの［パフォーマンスを優先する］を選択してから［カスタム］を選択、［アイコンの代わりに縮小版を表示する］［スクリーンフォントの縁を滑らかにする］の2つだけチェックをオンにして［OK］を選択。これで**メモリなどの処理能力を奪っていた余分な視覚効果がオフになり、アプリの動きも軽快になります。**

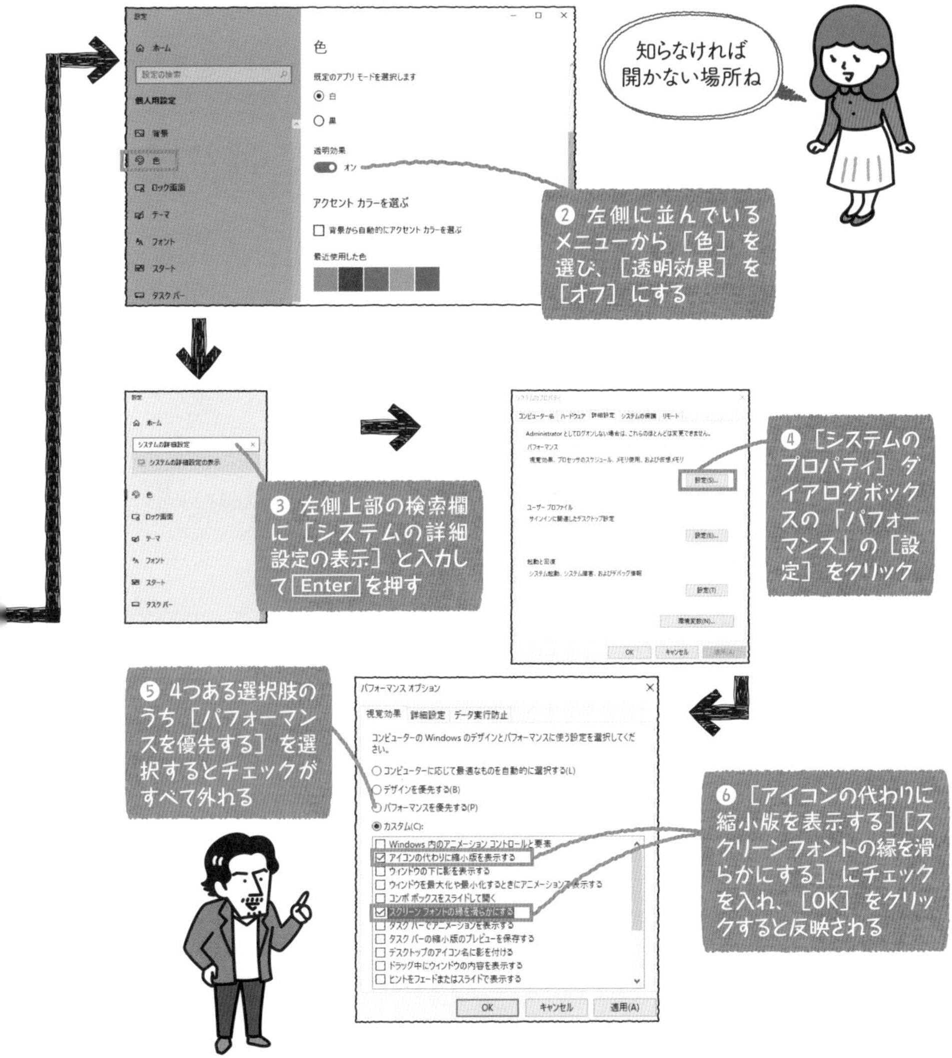
知らなければ
開かない場所ね
❷ 左側に並んでいるメニューから［色］を選び、［透明効果］を［オフ］にする
❸ 左側上部の検索欄に［システムの詳細設定の表示］と入力して Enter を押す
❹［システムのプロパティ］ダイアログボックスの「パフォーマンス」の［設定］をクリック
❺ 4つある選択肢のうち［パフォーマンスを優先する］を選択するとチェックがすべて外れる
❻［アイコンの代わりに縮小版を表示する］［スクリーンフォントの縁を滑らかにする］にチェックを入れ、［OK］をクリックすると反映される

02 不要なソフトは無効にして動作をキビキビ素早く

勝手に起動している不要なソフトやアプリを無効にしましょう。ただし、重要なプログラムには要注意です。

パソコンが本来の能力を発揮するには、**余分なソフトを使わないことが基本**。しかし多くの Windows パソコンでは、ユーザーも気付かないうちに起動して、余計にメモリや CPU を消費しているソフト・アプリが存在します。そこでまずはパソコンの起動時に起動する**常駐ソフト**をオフにすることから始めましょう。Ctrl ＋ Shift ＋ Esc を押して［タスクマネージャー］を起動し、［**スタートアッ**

パソコンの動作を遅くするソフトを減らす

パソコンの動きを遅くする余分なソフトを減らすには

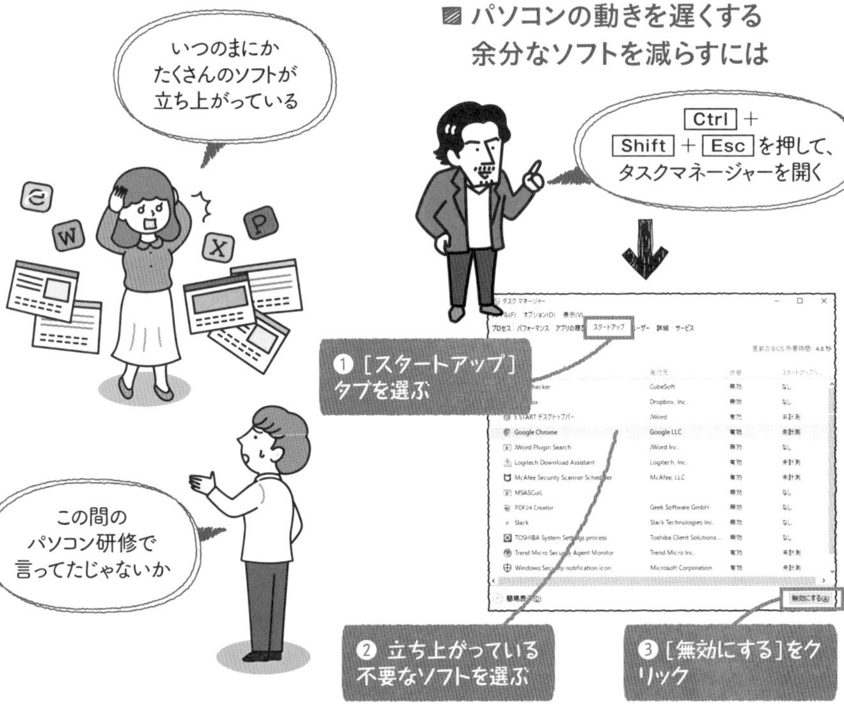
いつのまにかたくさんのソフトが立ち上がっている
この間のパソコン研修で言ってたじゃないか
Ctrl ＋ Shift ＋ Esc を押して、タスクマネージャーを開く
❶［スタートアップ］タブを選ぶ
❷ 立ち上がっている不要なソフトを選ぶ
❸［無効にする］をクリック

プ］のタブを選択。必要のないものを選択し［無効にする］をクリックします。また、Windows ＋ R で［ファイル名を指定して実行］を開き「shell:startup」と入力。**［スタートアップ］フォルダーが開くので、中にあるショートカットを削除すれば、パソコンの起動時に立ち上がるムダなソフトを減らせます**。そのほか、スタートメニューから［Windows 管理ツール］→［System Configuration］を開き、［サービス］タブから不要なサービスを停止する方法や、タスクトレイからプログラムを終了する方法も有効ですが、重要なプログラムには注意しましょう。

▨ 起動するときに立ち上がるソフトの数を減らす

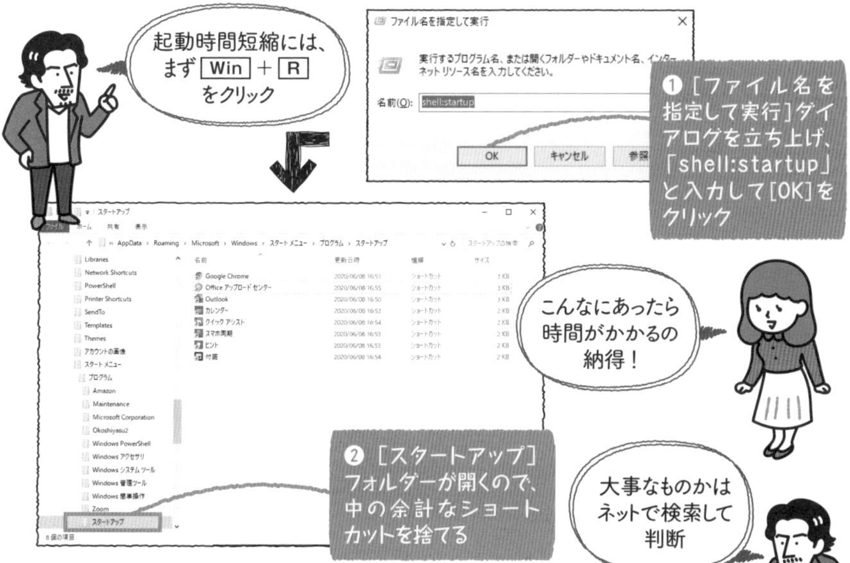
起動時間短縮には、まず Win ＋ R をクリック
ファイル名を指定して実行
実行するプログラム名、または開くフォルダーやドキュメント名、インターネット リソース名を入力してください。
名前(O): shell:startup
OK
キャンセル
❶［ファイル名を指定して実行］ダイアログを立ち上げ、「shell:startup」と入力して[OK]をクリック
こんなにあったら時間がかかるの納得！
❷［スタートアップ］フォルダーが開くので、中の余計なショートカットを捨てる
大事なものかはネットで検索して判断

▨ 不要な常駐ソフトを停止させる方法

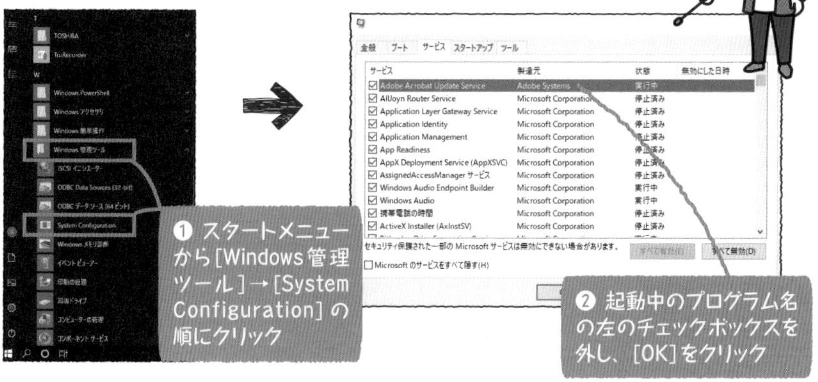
❶ スタートメニューから[Windows 管理ツール]→[System Configuration] の順にクリック
❷ 起動中のプログラム名の左のチェックボックスを外し、[OK]をクリック

03 職場でサウンドは不要 オフで起動もスピーディに

サウンド再生にもパソコンの処理能力は使われます。素早い起動のために設定を見直し、ムダを省きましょう。

あまり気にしていない人が多いと思いますが、サウンドの再生にもメモリやCPU といったパソコンの処理能力がムダに使用されています。**起動時や終了時に鳴るサウンドなど、Windows のサウンドをオフにすることで、サウンドファイルの読み込み処理を省き、より素早く Windows を起動できます**。サウンドをオフにするにはスタートメニューから［設定］→［システム］→［サウンド］→［サ

オフィスは周囲の人たちと共用の場所

ピーッ
ポンッ
ピッ
バァ〜ン!?
?
ポ〜ン
ピッ
ピッ
せわしなく周りの集中力も切れる…
え？ 家だとこれが普通でしたけど
そんなに音を鳴らす必要はないよ
起動が遅いのってそれが原因では？

ウンドコントロールパネル]を選択。[サウンド]タブに移動し[Windows スタートアップのサウンドを再生する] に入っているチェックマークを外しましょう。起動時に音が鳴らなくなり、その分早く起動するようになります。また、終了時などそのほかの効果音も消したい場合は [**サウンド設定**] を [Windows 標準] から [サウンドなし] に切り替えましょう。メッセージやメールの通知など、一部だけ音を鳴らしたい動作があれば [プログラムイベント] からそれぞれの項目を選択し [サウンド] を「(なし)」から好きな音に変更できます。

サウンドオフで静かに作業&周囲も快適

起動時と終了時などの効果音を消す方法

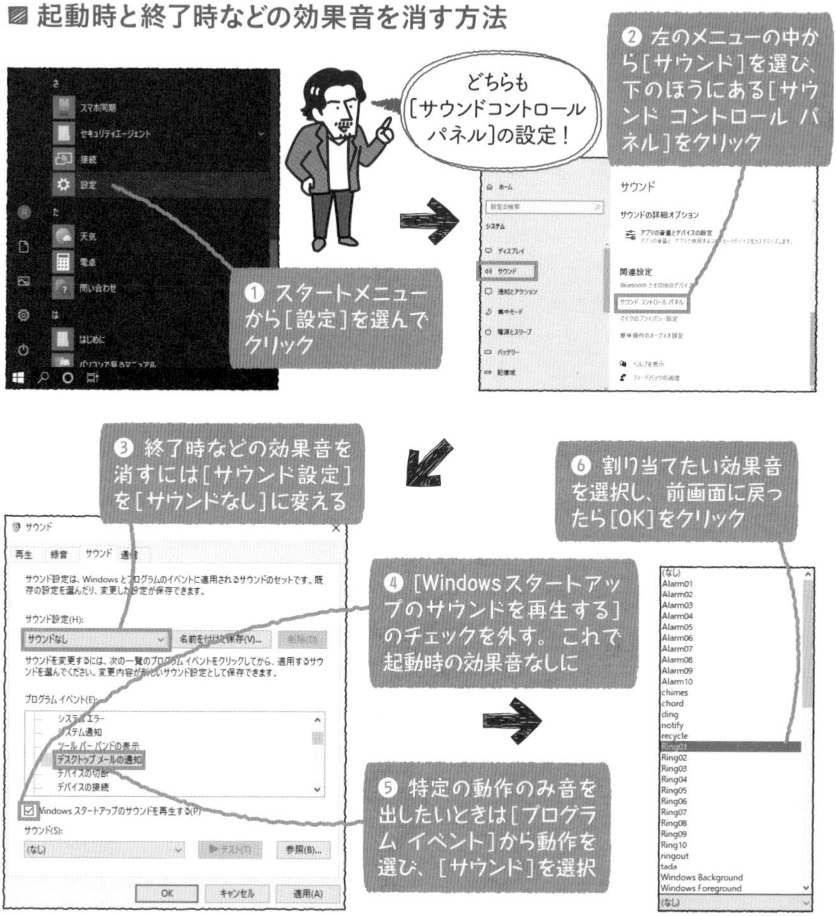
どちらも[サウンドコントロールパネル]の設定!
❶ スタートメニューから[設定]を選んでクリック
❷ 左のメニューの中から[サウンド]を選び、下のほうにある[サウンド コントロール パネル]をクリック
❸ 終了時などの効果音を消すには[サウンド設定]を[サウンドなし]に変える
❹ [Windowsスタートアップのサウンドを再生する]のチェックを外す。これで起動時の効果音なしに
❺ 特定の動作のみ音を出したいときは[プログラム イベント]から動作を選び、[サウンド]を選択
❻ 割り当てたい効果音を選択し、前画面に戻ったら[OK]をクリック

04 設定を変えるだけでマウスの動作が機敏に

パソコンの操作に欠かせないマウスやタッチパッドの設定を見直し、自分の使いやすいものに変えてみましょう。

パソコンをマウスやタッチパッドで操作するときに、より快適に使用する方法があります。1つ目は、**ポインターの移動速度の調整**。スタートメニューの［Windows システムツール］をクリックし［コントロールパネル］→［マウス］と選択して［マウスのプロパティ］を開き、［ポインターオプション］タブを選択。［速度］の項目から［ポインターの速度を選択する］のスライダーで速度を変更します。

マウス操作を快適にするスピードアップ設定

ポインターの移動スピードを速くする

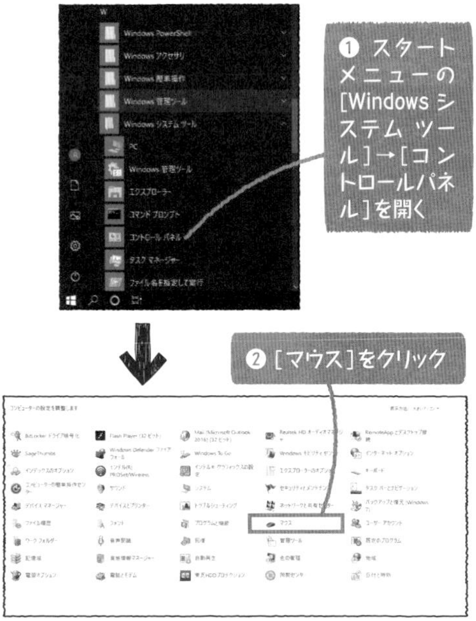

おすすめは少し速めの設定です。さらに［ポインターの精度を高める］や［ポインターを自動的に既定のボタン上に移動する］にチェックを入れると、より効率よく操作ができます。ただし、使いにくいと思ったら元に戻しましょう。また、タッチパッドの操作をさまざまに設定することも可能です。設定方法はメーカーによって異なりますが、**タッチパッドを 2 本指で叩くと右クリック、2 本指で上下にスワイプすると画面をスクロール、3 本指で左右にスワイプすると［進む］［戻る］の操作ができる**といった設定が便利でしょう。

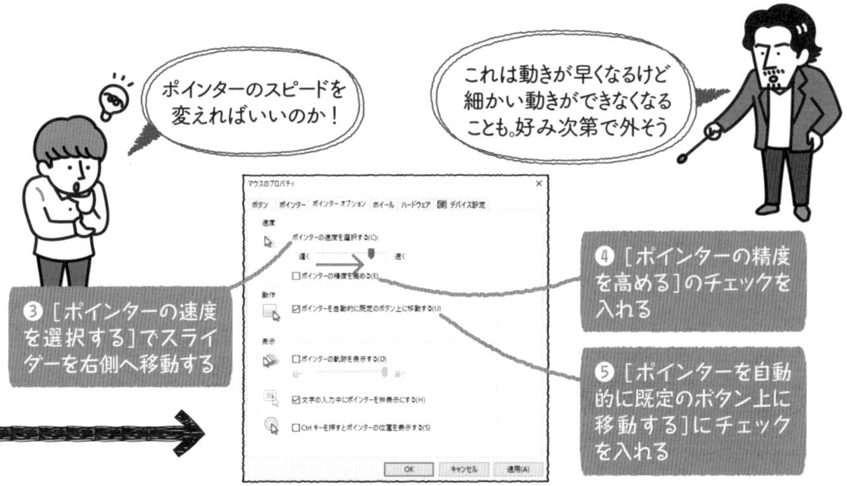
ポインターのスピードを変えればいいのか！
これは動きが早くなるけど細かい動きができなくなることも。好み次第で外そう
マウスのプロパティ
❸［ポインターの速度を選択する］でスライダーを右側へ移動する
❹［ポインターの精度を高める］のチェックを入れる
❺［ポインターを自動的に既定のボタン上に移動する］にチェックを入れる

▨ タッチパッドのタッピング設定（例） ※端末により方法は異なります

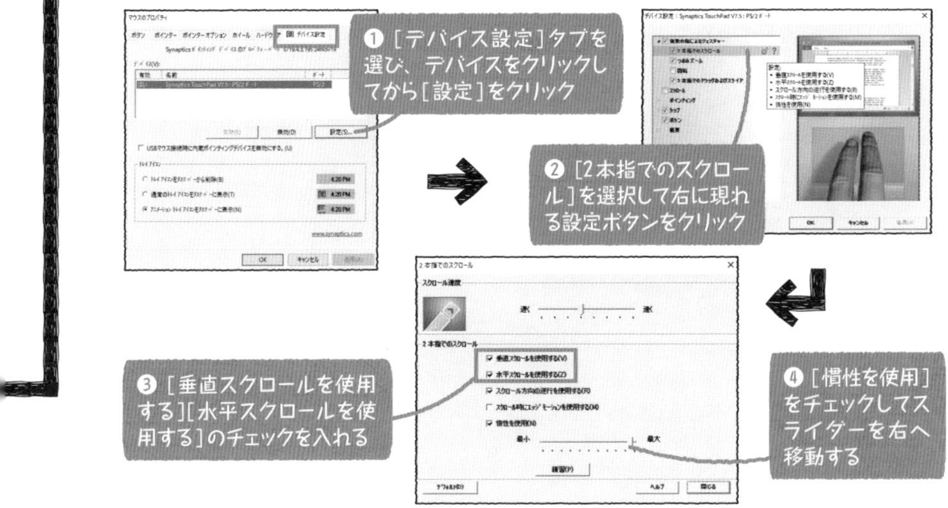
❶［デバイス設定］タブを選び、デバイスをクリックしてから［設定］をクリック
❷［2本指でのスクロール］を選択して右に現れる設定ボタンをクリック
❸［垂直スクロールを使用する］［水平スクロールを使用する］のチェックを入れる
❹［慣性を使用］をチェックしてスライダーを右へ移動する

05 キーボード設定の変更で入力スピードもアップ

スムーズな文字入力ができる設定にして、パソコンでの入力作業のストレスを減らしましょう。

職場などでカーソルキーや Space 、 Enter などをカチャカチャと連打している人はいないでしょうか。パソコンにおける作業の多くは、**キーボード**での入力作業。つまり、**キーボードをスムーズに操作できれば全体の作業効率が向上します**。実はパソコンは初期設定の状態では、キー入力から表示までの待ち時間が少し長めに設定されています。そのまま連続で入力しようと思うとキーを何度も叩

タイピングの時間差を省いて時短を積み上げる

タイピングは
速くなったんだけど。
パソコンの性能かな？
入力しても表示が
遅れてくる感覚だよね
キーボード設定は
変えてある？
パソコンの性能とは
関係ない
部分じゃない？

くことになるのです。そこで、**文字が表示されるまでの時間を短く、さらに同じキーを押しっぱなしにしたときの［表示の間隔］が［速く］なるように設定しましょう。**スタートメニューから［Windows システムツール］→［コントロールパネル］→［キーボード］を選び、［キーボードのプロパティ］を開きます。ここで［表示までの待ち時間］と［表示の間隔］のスライダーを右端に移動して［OK］を押します。**この設定をすれば、文字入力やカーソル操作がストレスなくできるようになります**。

キー入力から表示までの待ち時間を短縮する

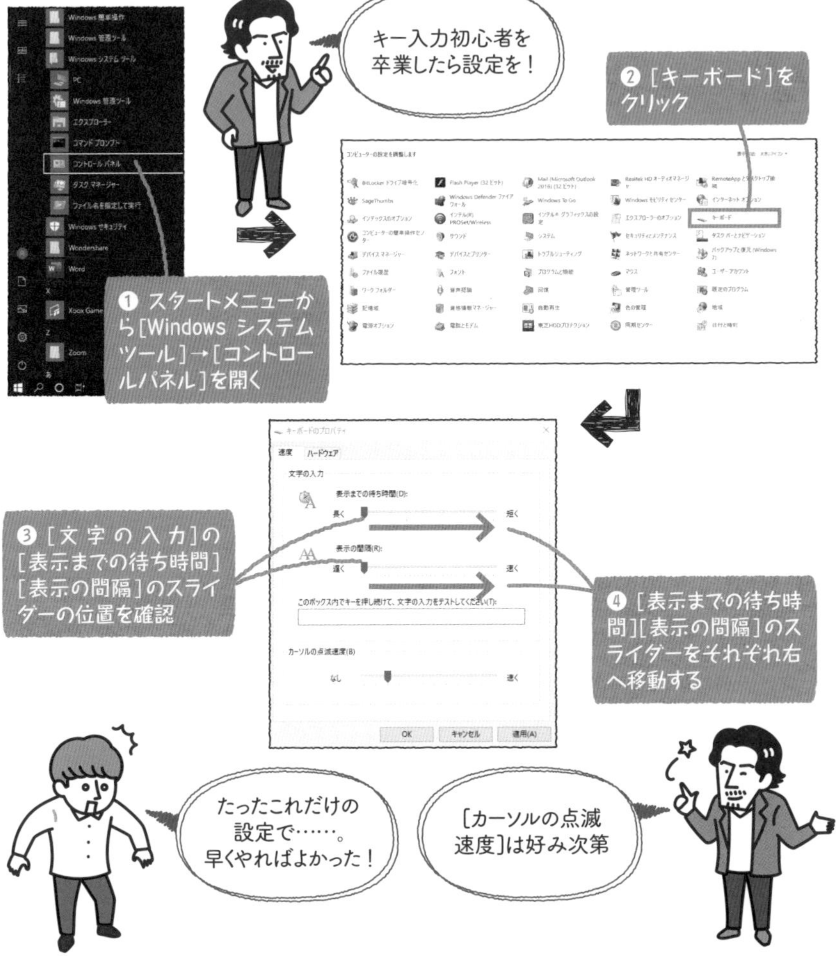
キー入力初心者を
卒業したら設定を！
❶ スタートメニューから[Windows システムツール]→[コントロールパネル]を開く
❷［キーボード］をクリック
❸［文字の入力］の［表示までの待ち時間］［表示の間隔］のスライダーの位置を確認
❹［表示までの待ち時間］［表示の間隔］のスライダーをそれぞれ右へ移動する
たったこれだけの
設定で……。
早くやればよかった！
〔カーソルの点滅
速度〕は好み次第

KEY WORD → ☑ キャッシュデータ、Temp ファイル

06 見えない不要データがパソコンを遅くしている

パソコンの中の不要なデータは動作を遅くする原因です。こまめに整理することを習慣にしましょう。

パソコンは使用するほどハードディスクに不要なデータが溜まってしまい、動作を遅くする原因になります。これらゴミデータを溜めない方法は［ディスククリーンアップ］です。［ゴミ箱］の中だけでなく、一時ファイルや**キャッシュデータ**なども一気に削除できます。スタートメニューから［Windows 管理ツール］→［ディスククリーンアップ］を起動してドライブを選択し、［削除するファイル］欄か

不要データを削除して動作を早くする

最近、パソコンの反応が鈍くて
うーん…
［ディスククリーンアップ］はしてる？
［Temp］のデータのほうじゃない？
どっちも正解です！

用意されているツールを使う

ディスククリーンアップ

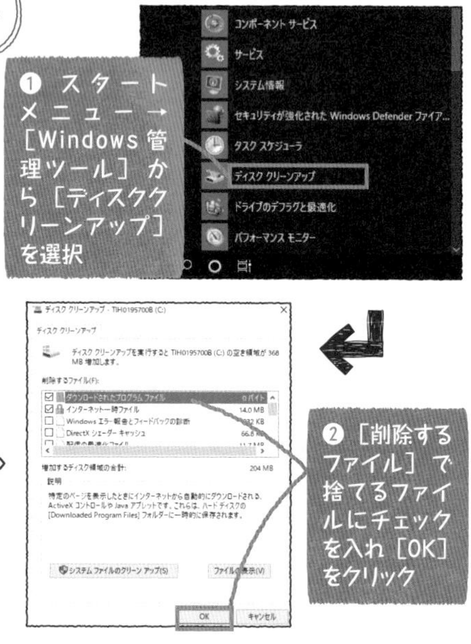

① スタートメニュー→［Windows 管理ツール］から［ディスククリーンアップ］を選択
コンポーネント サービス
サービス
システム情報
セキュリティが強化された Windows Defender ファイア...
タスク スケジューラ
ディスク クリーンアップ
ドライブのデフラグと最適化
パフォーマンス モニター
ディスク クリーンアップ - TIH0195700B (C:)
ディスク クリーンアップ
ディスク クリーンアップを実行すると TIH0195700B (C:) の空き領域が 368 MB 増加します。
削除するファイル(F):
ダウンロードされたプログラム ファイル 0 バイト
インターネット一時ファイル 14.0 MB
Windows エラー報告とフィードバックの診断
DirectX シェーダー キャッシュ
増加するディスク領域の合計: 204 MB
説明
特定のページを表示したときにインターネットから自動的にダウンロードされる、ActiveX コントロールや Java アプレットです。これらは、ハード ディスクの [Downloaded Program Files] フォルダーに一時的に保存されます。
システム ファイルのクリーン アップ(S)
OK
キャンセル
② ［削除するファイル］で捨てるファイルにチェックを入れ［OK］をクリック

ら削除するデータをチェックして［OK］をクリックするだけ。また、ハードディスクは長く使っているとファイルを断片化して保存してしまうので整理します。［Windows 管理ツール］→［ドライブのデフラグと最適化］を選択して起動し、ドライブを選択して［最適化］をクリック。定期的に実行する設定も可能です。また、一時的に作成されるファイル（**Tempファイル**）を削除するのも効果的。下図の流れで、フォルダーの中身を定期的に削除します。デスクトップなどにショートカットを作成しておくと、いちいち保存先を選択する手間も省けます。

ドライブの最適化

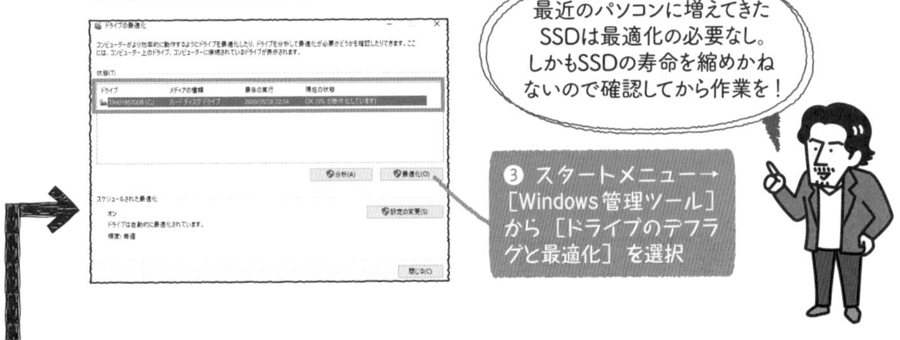
最近のパソコンに増えてきたSSDは最適化の必要なし。しかもSSDの寿命を縮めかねないので確認してから作業を！
❸ スタートメニュー→［Windows 管理ツール］から［ドライブのデフラグと最適化］を選択

Tempファイルを手動で削除する

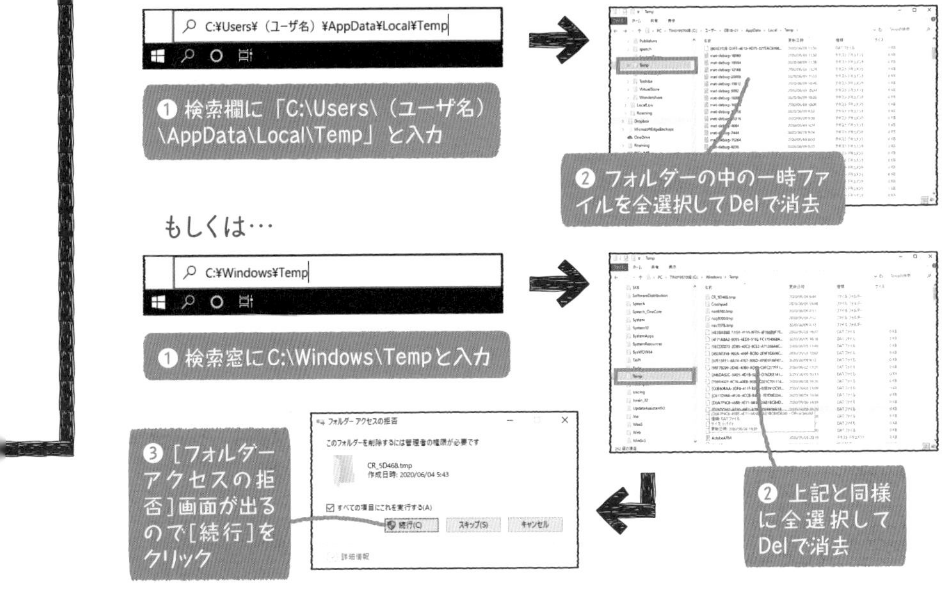
C:¥Users¥（ユーザ名）¥AppData¥Local¥Temp
❶ 検索欄に「C:\Users\（ユーザ名）\AppData\Local\Temp」と入力
❷ フォルダーの中の一時ファイルを全選択してDelで消去
もしくは…
C:¥Windows¥Temp
❶ 検索窓にC:\Windows\Tempと入力
❷ 上記と同様に全選択してDelで消去
フォルダー アクセスの拒否
このフォルダーを削除するには管理者の権限が必要です
CR_5D468.tmp
作成日時: 2020/06/04 5:43
すべての項目にこれを実行する(A)
続行(C)
スキップ(S)
キャンセル
詳細情報
❸［フォルダーアクセスの拒否］画面が出るので［続行］をクリック

07 自動電源オフにサヨナラ！ムダな再起動をなくす

インストールやダウンロード中に自動的にパソコンの電源がオフにならないように、設定を変更しましょう。

パソコンのデフォルト設定では、しばらく操作せずに放置していると、節電のために自動的に電源がオフや**スリープ**状態になるようになっています。**節電には効果的ですが、サイズの大きいアプリのインストールやダウンロードなど、時間がかかる作業の途中で強制終了されかねません**。そこで、電源が勝手にオフにならないように設定を変更しておきましょう。［コントロールパネル］→［**電源オ**

頻繁にスリープするパソコンは集中力を削ぐ

すぐにスリープして
困ってるんです。
あ、また！
プッン
設定で変えられるよ。
パスワードも
設定できるし

電源プランの変更方法

スリープや自動電源
オフは時間のムダ！
Windows システムツール
PC
Windows 管理ツール
エクスプローラー
コマンド プロンプト
コントロールパネル
タスク マネージャー
ファイル名を指定して実行
Windows セキュリティ
Wondershare
❶ スタートメニューの［Windows システム ツール］→［コントロールパネル］を開く
電源オプション
❷ メニューの中から［電源オプション］をクリック

プション］を開き、［プラン設定の変更］を選択。［電源に接続］は［ディスプレイの電源を切る］を 2 時間、［スリープ状態にする］を 5 時間、［バッテリ駆動］（ノート PC）時は両方共 1 時間の設定がおすすめです。また、離席中にパソコンを勝手に操作されないようにするにはスタートメニューの［設定］から［アカウント］を起動し、左側のメニューから［サインインオプション］を選択、［サインインを求める］のメニューから［PC のスリープを解除する時間］の設定を選びましょう。

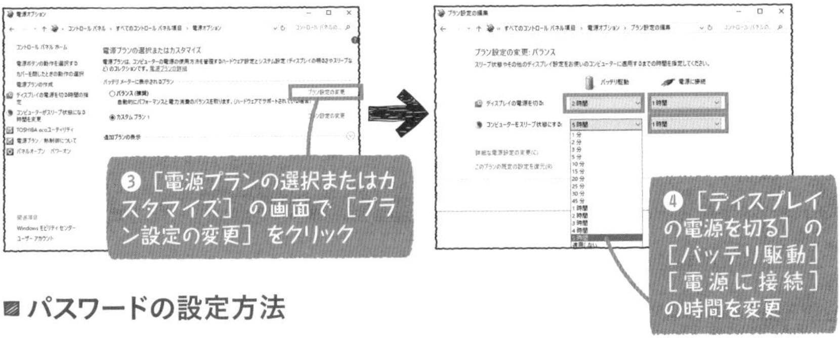
③［電源プランの選択またはカスタマイズ］の画面で［プラン設定の変更］をクリック
④［ディスプレイの電源を切る］の［バッテリ駆動］［電源に接続］の時間を変更

パスワードの設定方法

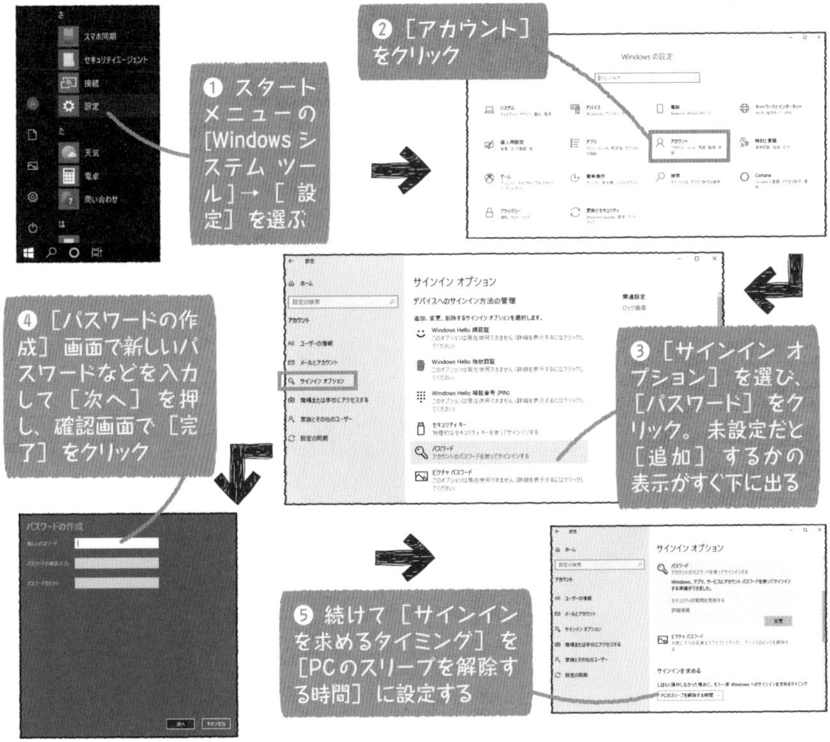
① スタートメニューの［Windows システム ツール］→［設定］を選ぶ
②［アカウント］をクリック
③［サインイン オプション］を選び、［パスワード］をクリック。未設定だと［追加］するかの表示がすぐ下に出る
④［パスワードの作成］画面で新しいパスワードなどを入力して［次へ］を押し、確認画面で［完了］をクリック
⑤ 続けて［サインインを求めるタイミング］を［PCのスリープを解除する時間］に設定する

08 昔のスタートメニューを復活させる方法

使い慣れたWindows7 以前のスタートメニューにするには、公式サイトから無料ツールをインストールします。

以前から Windows パソコンを使っている人であれば、**現在の Windows10 のスタートメニューではなく、使い慣れた Windows7 以前のスタートメニューのスタイルが使いやすいという人も多いでしょう。そういった人に便利なのが、[Open-Shell-Menu] という無料ツール**。公式サイト（https://open-shell.github.io/Open-Shell-Menu/）などでダウンロードして、インストールしましょう。イン

使い慣れた「スタートメニュー」に変更して時短!

A
Access
Acrobat Reader
スタート
バージョンを上げたら使い方が変わることはよくありますからね
Windows10になって昔と使い方が結構変わってしまった
スタートメニューが新しくなって使いにくい
Windows7からはガラッと変わったので慣れが必要ですが
Windows7のスタートメニューに変更できるツールもあります

ストールが終了したら［スタート］のボタン上で右クリックし、［設定］を選ぶと、Open-Shell-Menu の［クラシックスタートメニューの設定］が開きます。［スタートメニューの様式］タブを選び［Windows7 スタイル］にチェックを入れて［OK］を押すと、使い慣れたシンプルなスタートメニューになります。また、クラシックなスタートメニューにすれば P16 で紹介した［スタートアップ］フォルダーも簡単に開けるので、先にこちらを設定するのもいいでしょう。

Open-Shell-Menu でスタートメニューを変更

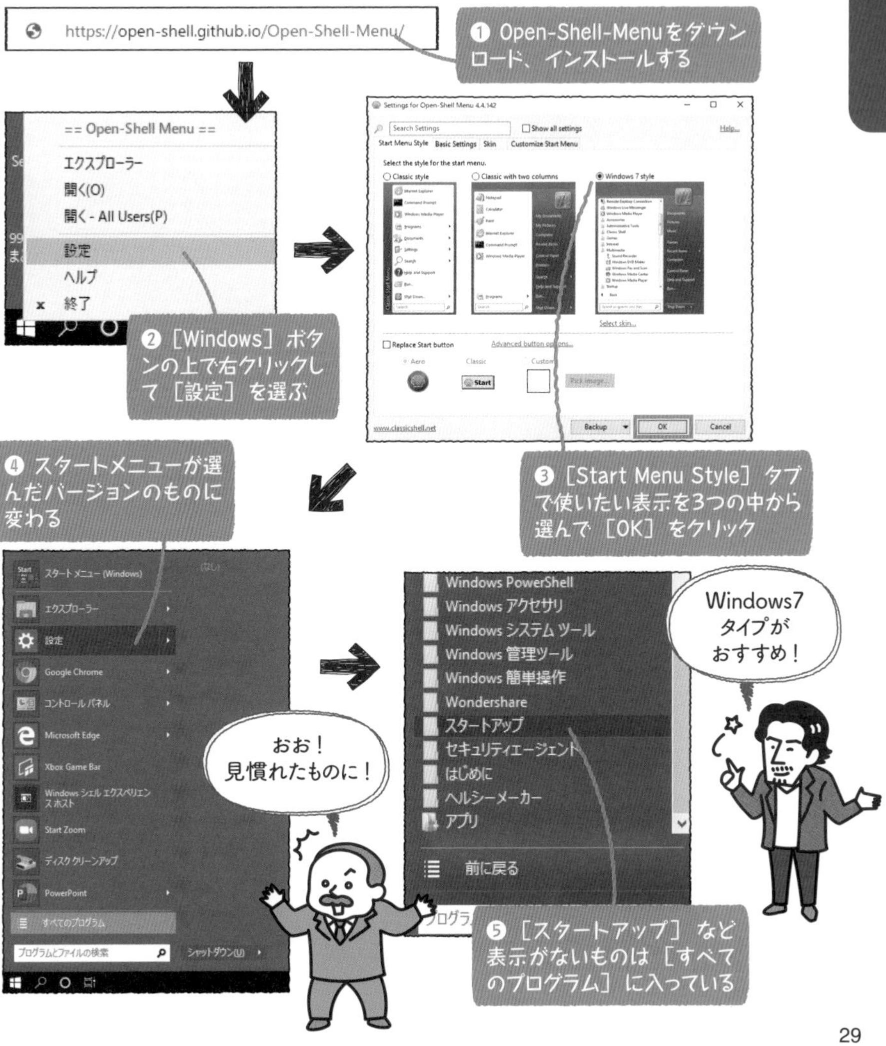

09 消えた「設定チャーム」の代わりになる機能とは

Windows8 の［チャーム］機能の代わりなのが［アクションセンター］。ノート PC での Wi-Fi の切り替えも簡単です。

最近ではテレワークなどでモバイル端末を使って作業をすることも多くなり、場所が変わるたびに **Wi-Fi の設定を変更する必要も。しかし、いちいちコントロールパネルを開き直すのは面倒です。そんなとき役立つのが［アクションセンター］。Windows8 では［チャーム］と呼ばれていたものですが、より使いやすくなっています**。アクションセンターを開くには画面の右下隅にあるアイコンをクリック

よく使う機能をまとめて表示する機能はどこに？

"チャーム"はどこに行っちゃったんだ？
画面右端にカーソルを合わせたら出てきたアレ！
そんなものも昔ありましたけど、そんな名前？
いろいろなショートカットが出る機能だったら……
う〜ん……

するか、Windows ＋ A を押します。下に並んで表示されるクイックアクションボタンから［ネットワーク］を選べば、Wi-Fi の接続先を設定できます。また、［タブレットモード］などデフォルト状態では 4 つのボタンが並んでいますが、［展開］を押せばほかのメニューも表示されるので、電波を出さない［機内モード］などの設定もワンクリックで可能です。また、［すべての設定］を選んで設定パネルを表示し、［通知とアクション］を選択すれば、ボタンの配置を自由に変更することができます。

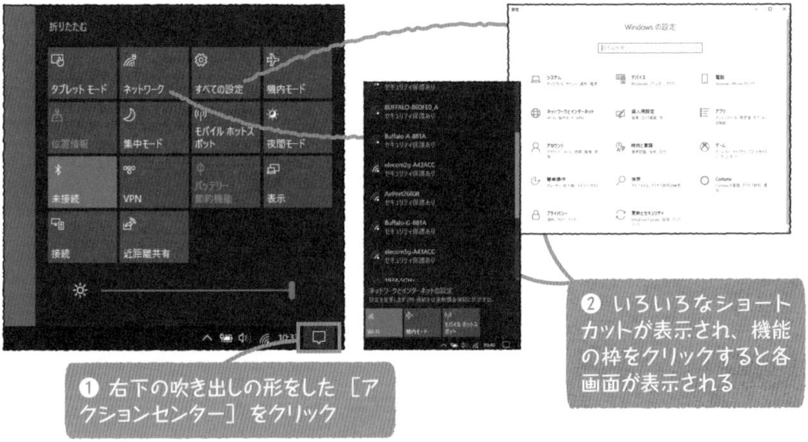
折りたたむ
タブレット モード
ネットワーク
すべての設定
機内モード
位置情報
集中モード
モバイル ホットスポット
夜間モード
未接続
VPN
バッテリー節約機能
表示
接続
近距離共有
Windows の設定
① 右下の吹き出しの形をした［アクションセンター］をクリック
② いろいろなショートカットが表示され、機能の枠をクリックすると各画面が表示される

▨［アクションセンター］の表示のカスタマイズ方法

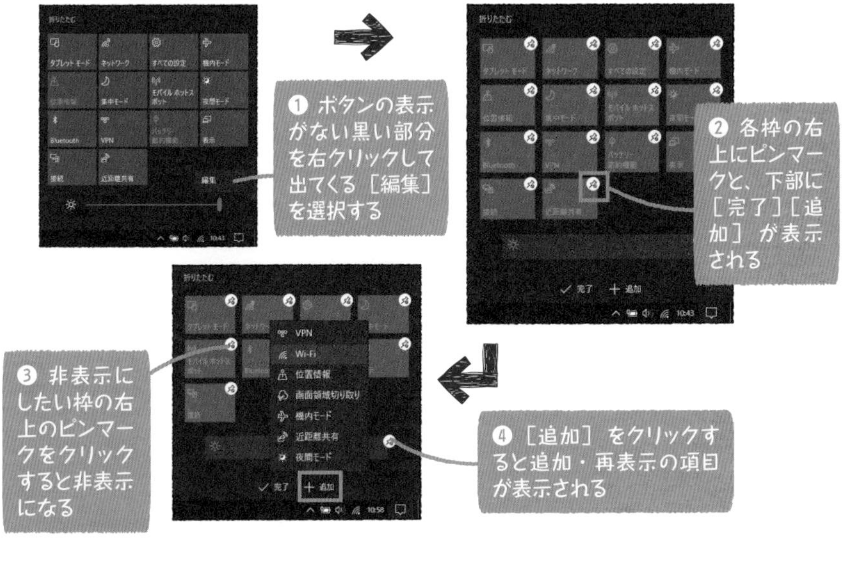
① ボタンの表示がない黒い部分を右クリックして出てくる［編集］を選択する
② 各枠の右上にピンマークと、下部に［完了］［追加］が表示される
③ 非表示にしたい枠の右上のピンマークをクリックすると非表示になる
④［追加］をクリックすると追加・再表示の項目が表示される
編集
完了
追加
VPN
Wi-Fi
位置情報
画面領域切り取り
機内モード
近距離共有
夜間モード

Column 01

スマホと連携して

“スキマ時間”を活用する

「仕事でスマホを使っている」と聞いたとき、あなたはどう思うでしょうか？　「当たり前」「仕事中にけしからん」など、さまざまな反応があると思います。でも、仕事を早く進めようと思ったら、スマホを使わないのは考えられません。なぜならスマホはパソコンに比べて圧倒的に優れた部分があるからです。それは、①いつでもどこでも使える。②片手で簡単に操作できる。③コスパ抜群という3つです。

スマホは小さくて持ち運びも簡単。場所を選ばずにさっと取り出して使え、移動中でも、片手がふさがっていても使えます。移動中のちょっとした時間でも操作できますよね。

Googleのオンラインストレージ「Googleドライブ」でファイル管理をすればスマホからでも仕事のファイルにアクセスできる

えっと……
アセ
アセ
?
あれは
何じゃ?
○○ですね

しかも現在のスマホは高性能でパソコンより安価です。

Excel や Word で画面を広く使って資料を作ったり、PowerPoint や Photoshop などの描画や画像・動画編集など、パソコンで作業したほうがいい仕事もあります。しかし、ネットで情報を集めたり、スケジュール管理、SNS 発信などは圧倒的にスマホのほうが楽で早いでしょう。また、記録用の写真・動画撮影などはスマホのほうが手軽。議事録やちょっとした原稿作成などもメモアプリで十分にできます。またタスク管理にもスマホは適しています。

機能的に充実していること以上に、スマホが優れているとわたしが断言するのは、その圧倒的な起動スピードの早さが原因です。「あれをやろう」と思ったときにすぐにアプリを開いてできるスピード感はパソコンにはありません。

ただし、スマホもパソコンと同じく余分な機能やアプリが標準で装備されています。パソコンと同じく余分な機能は外し、いらないアプリは削除してサクサクと仕事をこなしていきましょう。

Chapter 01

SHINSOKU PC
SHIGOTOJUTSU
MIRUDAKE
notes

1秒で見つかるファイル整理術

フォルダー整理をしておくと
探しものの時間のムダを省ける
ファイルが
見つけられない……
デスクトップも
ゴチャゴチャね
○○のファイルを
早く送りなさいって
さっき言ったよね！
机も整理
できてないし

仕事の基本は整理整頓ですが「パソコンのデスクトップが散らかっている人は、机も散らかっている」とよくいわれます。なぜ整理が必要かといえば、必要なものをすぐに見つけることができるから。必要なものを探し回る時間は、ムダな時間でしかありません。パソコン作業も同じで、フォルダーを整理整頓しておくことでスムーズに仕事が進みます。この章では、パソコン作業で「どのように整理するといいのか」を具体的に紹介していきます。フォルダーをどうまとめ、どんな名前を付けるのが一番探しやすいかなど、実践するだけで探しものでムダにしていた時間がなくなり、仕事がサクサク進むようになります。

仕事もヌケモレないし
整理上手じゃな
彼女の机は
キレイじゃのお
最初の頃は
違いましたけどね
やり方を覚えたら
できるように！
なので新人の
うちにやり方を
覚えましょうね
私も先輩みたいに
仕事ができるように
なりたい……
がんばって
身に付けようっと！

KEY WORD → ☑ ナビゲーションウィンドウ、ツリー構造

01 フォルダー整理が簡単！展開表示を習慣にする

パソコン上での資料の管理は、どこに入っているか構造的にとらえることが重要です。表示設定はツリー構造がおすすめです。

作成した書類やダウンロードしたファイルをすべてデスクトップに置いている人を時折見かけますが、これではファイルのありかがわからなくなってしまいます。また、情報を構造的にとらえて整理するためにも、パソコンのフォルダーはこまめに整理したほうがいいでしょう。**ナビゲーションウィンドウの表示設定を変更することで、フォルダーの階層構造をわかりやすくすることができます**。フォル

探しものに費やす時間が一番のムダ

せっかく資料を作ったのに、デスクトップがいっぱいで保存できない！
フォルダーを作ってその中に保存すればいいのに……
どういう風にフォルダーを作ればいいのか、見てみよう！

ダーの［表示］タブを選択し、左端にある［ナビゲーションウィンドウ］をクリックして［開いているフォルダーまで展開］をチェックしましょう。一番上の［ナビゲーションウィンドウ］にチェックが入っていない場合はこちらも選択します。こうすることで、現在開いているフォルダーまでの**ツリー構造**を表示することができ、作業途中でも階層のどこにいるかが把握できるので、異なるフォルダーの資料も扱いやすくなります。

フォルダーの表示をツリー構造にする

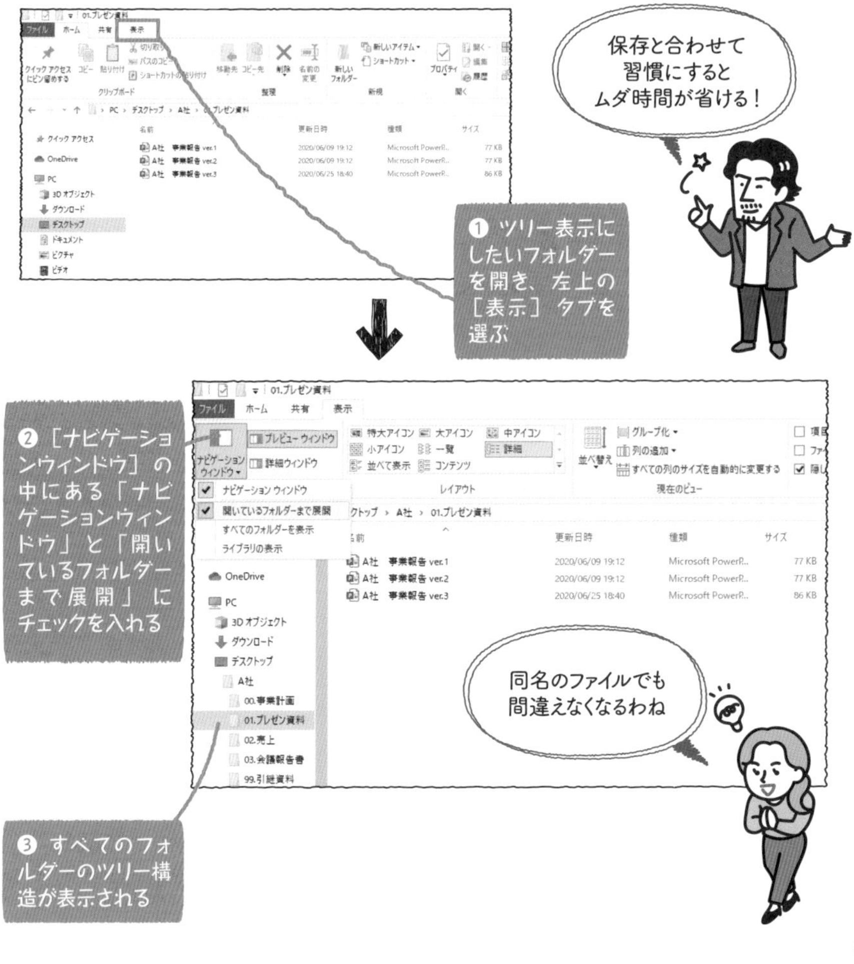

保存と合わせて習慣にするとムダ時間が省ける！
① ツリー表示にしたいフォルダーを開き、左上の［表示］タブを選ぶ
② ［ナビゲーションウィンドウ］の中にある「ナビゲーションウィンドウ」と「開いているフォルダーまで展開」にチェックを入れる
③ すべてのフォルダーのツリー構造が表示される
同名のファイルでも間違えなくなるわね

KEY WORD → ☑ MECE、ツリー構造

02 漏れやダブりをなくす MECE でフォルダー整理

必要なファイルを探す時間も作業効率を下げるもと。保存場所がすぐわかるように、ファイルの整理法を決めましょう。

「いざというとき、必要なファイルが見つからない」「ファイルを保存した場所がわからなくなった」という経験を持つ人は多いでしょう。**探しものを減らせれば、作業効率もぐんと上がります。パソコンのファイルを見つけやすくするために使える手法が［MECE（ミーシー）］です。**Mutually Exclusive & Collectively Exhaustive の頭文字を取ったもので「漏れなく、ダブりなく」という意味を持ち、

漏れやダブりをなくすために整理が大事

ファイルがたくさん
あって、探しているものが
パッと見つからない
保存するときに
ファイル名を
工夫するのがコツよ
探すのに
時間がかかって
しかたない

ビジネスなどで使われるフレームワークという思考技術の一種です。MECE によってフォルダーを整理するには「同一フォルダー内、同一切り口の原則」に則って整理します。企業別の業務であれば「会社名→業務の切り口→文書・作業の切り口」というように、1つのフォルダーを基点とし、木の枝（ツリー）のように末広がりにフォルダーを作成して整理する**ツリー構造**にします。この際、**フォルダーの先頭に数字やアルファベットを付けておくと、順番に並べやすいうえ、マウスでなくキーボードで選択できるようになります**。

フォルダー名は並べ替えしやすいように付ける

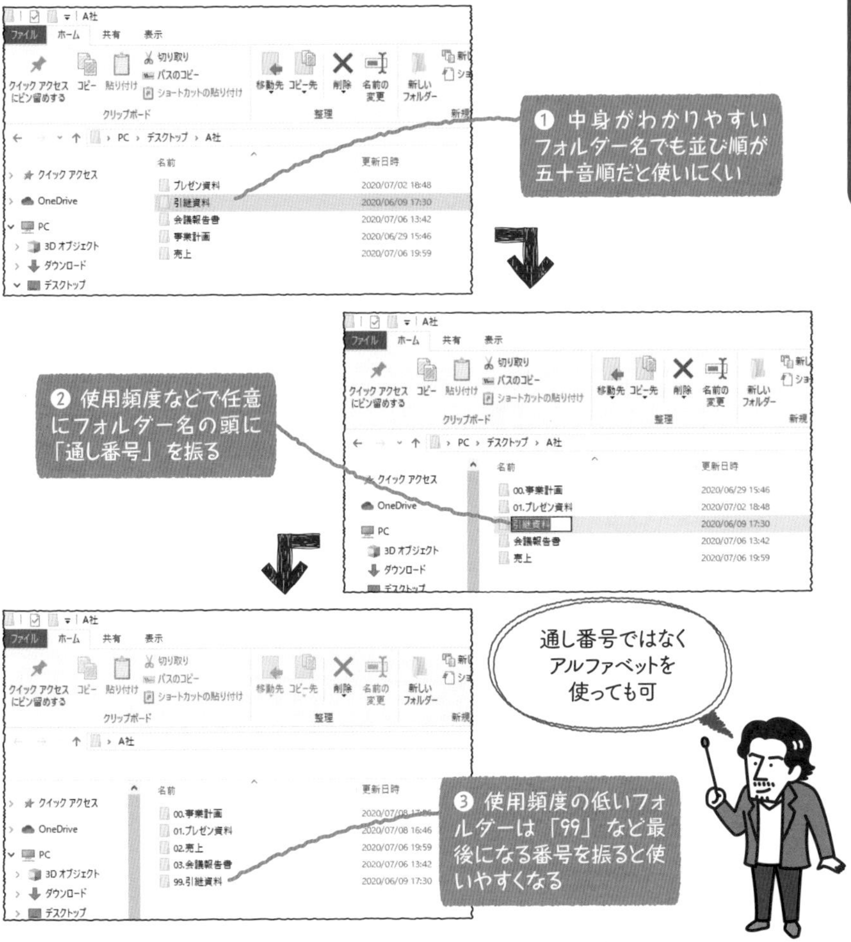

❶ 中身がわかりやすいフォルダー名でも並び順が五十音順だと使いにくい
❷ 使用頻度などで任意にフォルダー名の頭に「通し番号」を振る
通し番号ではなくアルファベットを使っても可
❸ 使用頻度の低いフォルダーは「99」など最後になる番号を振ると使いやすくなる

KEY WORD → ☑ バージョン管理、ファイル名の変更

03 最新版がひと目でわかるファイル名の付け方

データを更新して保存するファイルは、ファイル名を工夫しましょう。また、ショートカットもうまく使いこなしましょう。

エクセルなどデータをまとめて順次更新していくタイプのファイルは、バージョン管理が重要です。間違って古いデータを更新したり、メールで送ったりなどのミスを防ぐため、ファイル名の付け方を工夫しましょう。**最新のファイルがどれかすぐわかるように、一定の規則に従って以下のようにファイル名の変更を行います。**一例としてはファイル名に「項目番号」「カテゴリ」「固有名」「日付情報」「バージョ

日付やバージョンを入れると管理がしやすい

さっき送ってくれたファイル、古いものを修正しているよ！
え、本当ですか？ファイル名がわかりにくくて間違えました
どうすれば間違えないのかな……

ン番号」を含めることで、フォルダー内で規則正しくファイルを整列させられます。こうすることで新旧の間違いも減らせるうえ、必要に応じて簡単に古いデータも参照できます。また、ファイルをあちこちにコピーするのも、バージョン違いが発生しやすくなるので注意しましょう。そんなときはファイルのショートカットを作成すれば、元のファイルが更新されすべてのショートカットから最新版を参照できます。ショートカットのリンクが切れた場合は右クリックして［プロパティ］から［リンク先］の情報を修正しましょう。

更新するファイルは違いがわかるように保存

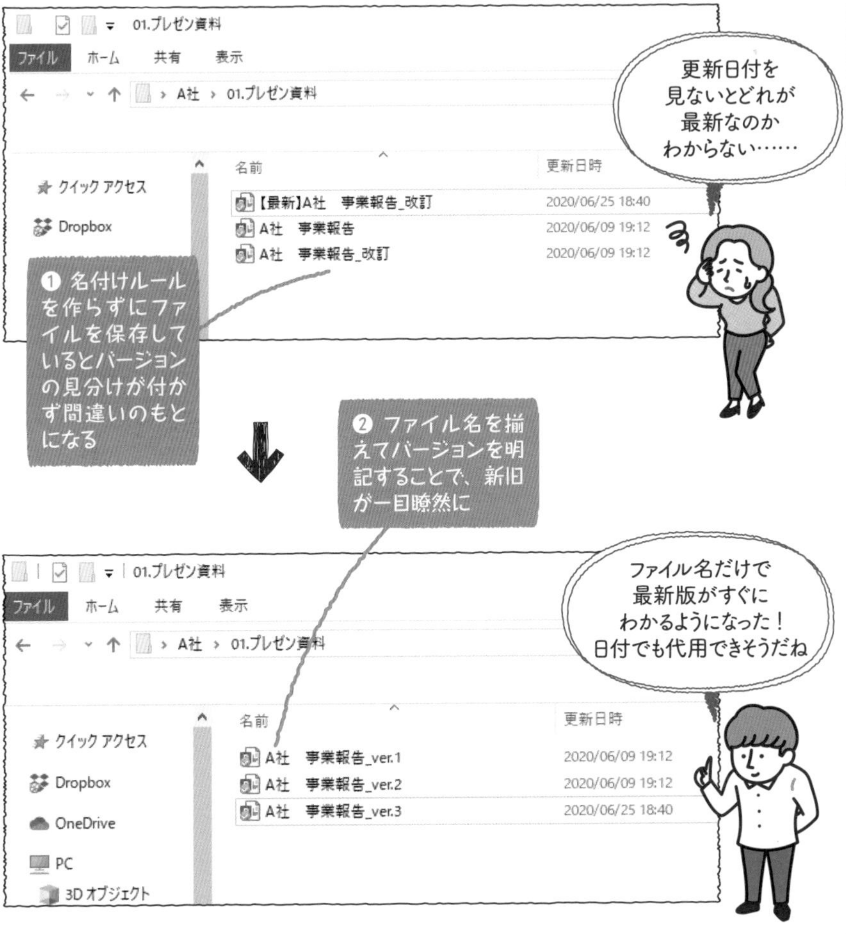

04 複数ファイルの名前を一発で変換するキー操作

ファイル名の変更を1つひとつ行うと時間がかかりますが、一気に行えばかなりの時間短縮になります。

大量のファイルを必要に応じてファイル名を変更しなければならない、という場合に使える、**ファイルのリネームを一気に行う方法を紹介します**。**ファイル名の変更**をする場合、マウスは使わず、キーボードで操作したほうがはるかに速く操作できます。ファイルを選択した状態で F2 を押せばファイル名を変更できる状態になります。通常はファイル名を入力して Enter でファイル名を変更で

あとからでも整理できるリネーム時短テク

フォルダー（ファイル）名変更テク

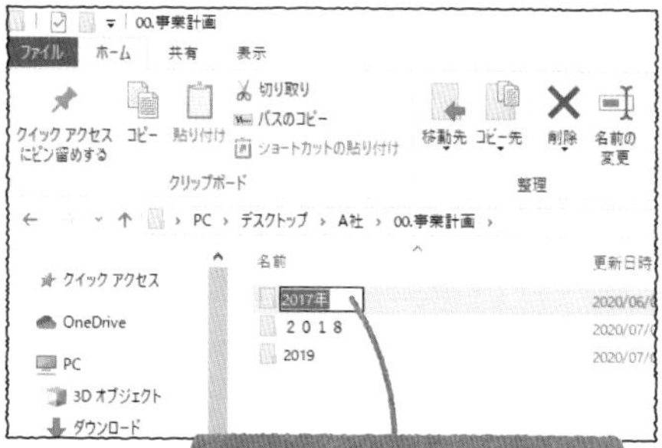

① F2 を押すと、フォルダー名（またはファイル名）を変更できる状態になる

きますが、次のファイルも続けて変更する場合は Enter を押さずに Tab を押せば、続けて次のファイル名を変更できる状態になります。さらに、**複数のファイル名を統一し、末尾に一気に連番を付ける方法もあります**。まずはファイルを、**連番**を付けたい順に並べます。そして最後の番号を付けたいファイルを選択し、Shift を押しながら最初の番号を付けたいファイルまで選択します。そこで F2 を押してファイル名を変更すると、［ファイル名（1）］というように、ファイル名に連番が付いた状態で変更されます。

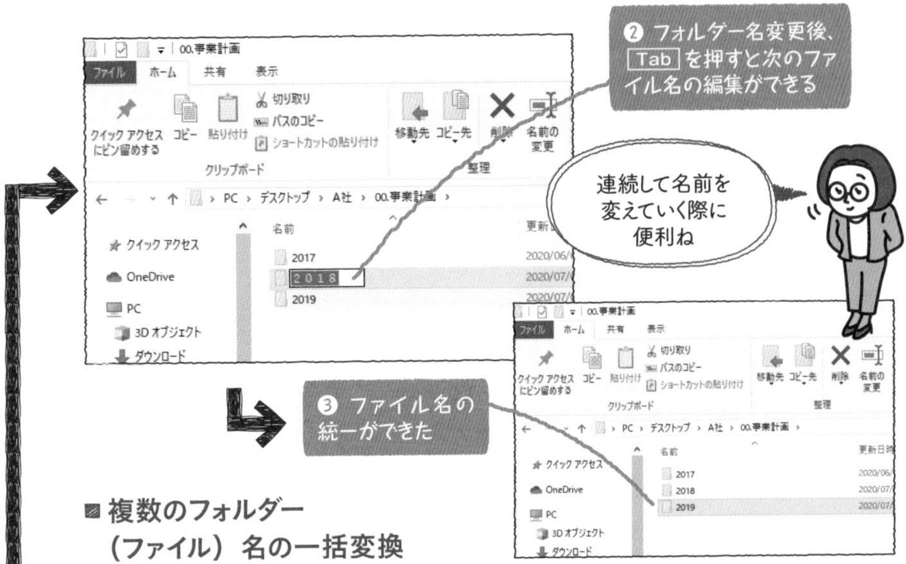

❷ フォルダー名変更後、Tab を押すと次のファイル名の編集ができる
連続して名前を変えていく際に便利ね
❸ ファイル名の統一ができた

複数のフォルダー（ファイル）名の一括変換

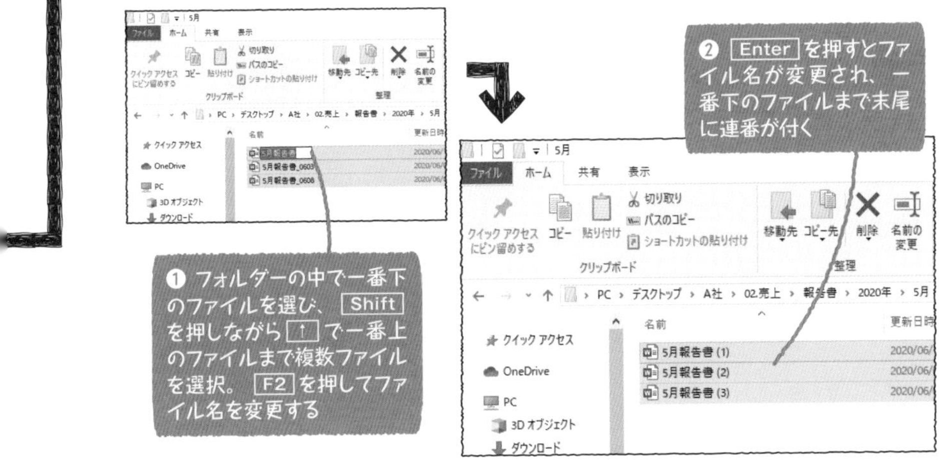

❶ フォルダーの中で一番下のファイルを選び、Shift を押しながら ↑ で一番上のファイルまで複数ファイルを選択。F2 を押してファイル名を変更する
❷ Enter を押すとファイル名が変更され、一番下のファイルまで末尾に連番が付く
5月報告書 (1)
5月報告書 (2)
5月報告書 (3)

KEY WORD → ☑ ファイルパス、ファイル／フォルダーのプロパティ

05 「場所・数・サイズ」を一瞬で把握する方法とは

ファイルの場所やフォルダー内のサイズなどのデータを自分で知ったり、他人に送ったりできる便利な機能があります。

「共有サーバー上にあるファイルの場所」や「特定のフォルダー内のファイル数やサイズ」を他人と共有したり、知りたい場合、実はショートカットキーで簡単に確認することができます。**「ファイルの場所」はフォルダーを開いた状態で Alt ＋ D を押すと、アドレスバーに移動できます。そこでフォルダーの場所を示すファイルパスをコピーすれば、メールなどでファイルの場所を共有することができ**

共有サーバーなら「圧縮して送付」の時間は不要

先輩にこのフォルダーのファイルを全部送りたいんですが、容量が大きくて……
ファイルの数は？容量はどれくらい？
う〜ん…
100ファイル800MBで階層もバラバラです
そういうときは、まず共有フォルダーに入れて、ファイルパスを送ってくれれば大丈夫だよ

ます。ただし自分のパソコン内のアドレスを送っても相手は見ることができないので注意しましょう。また、ファイルやフォルダーの先頭が英数字であれば、フォルダーを開いた状態でそのキーを押すだけで目的のファイルやフォルダーに移動できます。また、**ファイル／フォルダーのサイズやフォルダーの中のファイル数を知りたい場合、調べたいものを選択した状態で Alt ＋ Enter を押せば、そのファイル／フォルダーのプロパティ画面を一瞬で開けます。** 複数選択して開けば、合算したサイズや数が表示されます。

ファイル情報をパッと調べて時短

共有サーバーのファイルを簡単に共有する方法

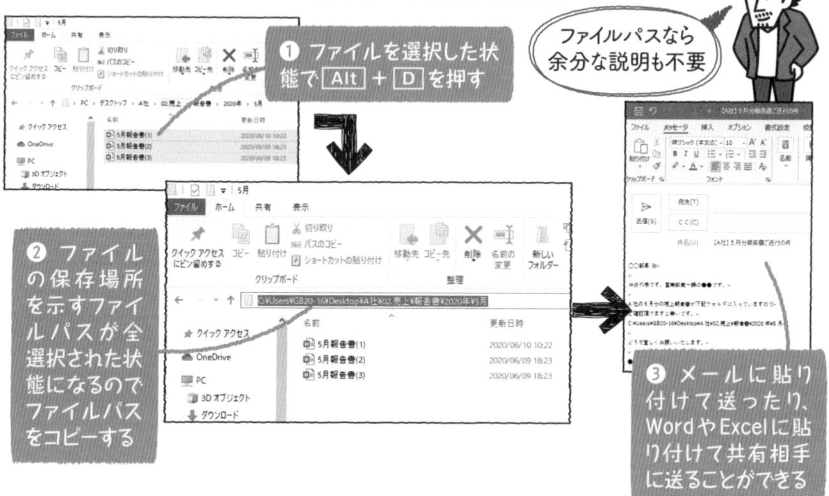
ファイルパスなら
余分な説明も不要
① ファイルを選択した状態で Alt ＋ D を押す
② ファイルの保存場所を示すファイルパスが全選択された状態になるのでファイルパスをコピーする
C:¥Users¥GB20-16¥Desktop¥A社¥02.売上¥報告書¥2020年¥5月
5月報告書(1)
5月報告書(2)
5月報告書(3)
③ メールに貼り付けて送ったり、Word や Excel に貼り付けて共有相手に送ることができる

ファイル（フォルダー）のプロパティを一瞬で開く

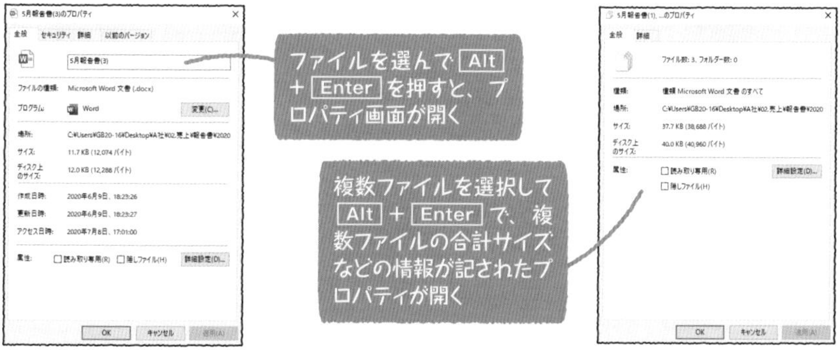
5月報告書(3)のプロパティ
ファイルを選んで Alt ＋ Enter を押すと、プロパティ画面が開く
複数ファイルを選択して Alt ＋ Enter で、複数ファイルの合計サイズなどの情報が記されたプロパティが開く

KEY WORD → ☑ Windowsキー、クラシックスタートメニュー

06 よく使うファイルは キー操作で開けるように

クラシックスタートメニューで、よく使うフォルダーへのアクセスを簡単にできます。デスクトップの整理にもなります。

フォルダーを整理して分けるようにした場合、目的のファイルにアクセスするまで、複数のフォルダーを経由する必要があります。デスクトップにファイルを並べがちな人は、そのフォルダーの移動が面倒、ということを理由にしがちです。しかし、**よく使うファイルであれば、デスクトップに置かなくても、簡単にキーボード操作でアクセスできるのです。**一番簡単な方法は [Windows] を押してス

深い階層のファイルを開く時短ワザ

ファイルの階層が深くて開くのに毎回時間がかかるんです……
そんな方法があったのね……
スタートメニューにフォルダーを追加したら使いやすいわよ

タートメニューを開き、そこによく使うファイルのショートカットをドラッグ＆ドロップするだけ。P28 で紹介した**クラシックスタートメニュー**でも同様です。ほかにも、フォルダーを選択して右クリックし、［スタートメニューにピン留めする］でも追加可能。セットしたら Windows を押してスタートメニューを開き、そこによく使うファイルのショートカットをドラッグ＆ドロップするだけです。こうすれば Windows でスタートメニューを開き、カーソルの上下で目的のファイルを選択し Enter を押すだけでファイルを開くことが可能になります。

スタートメニューに任意のフォルダーを追加する

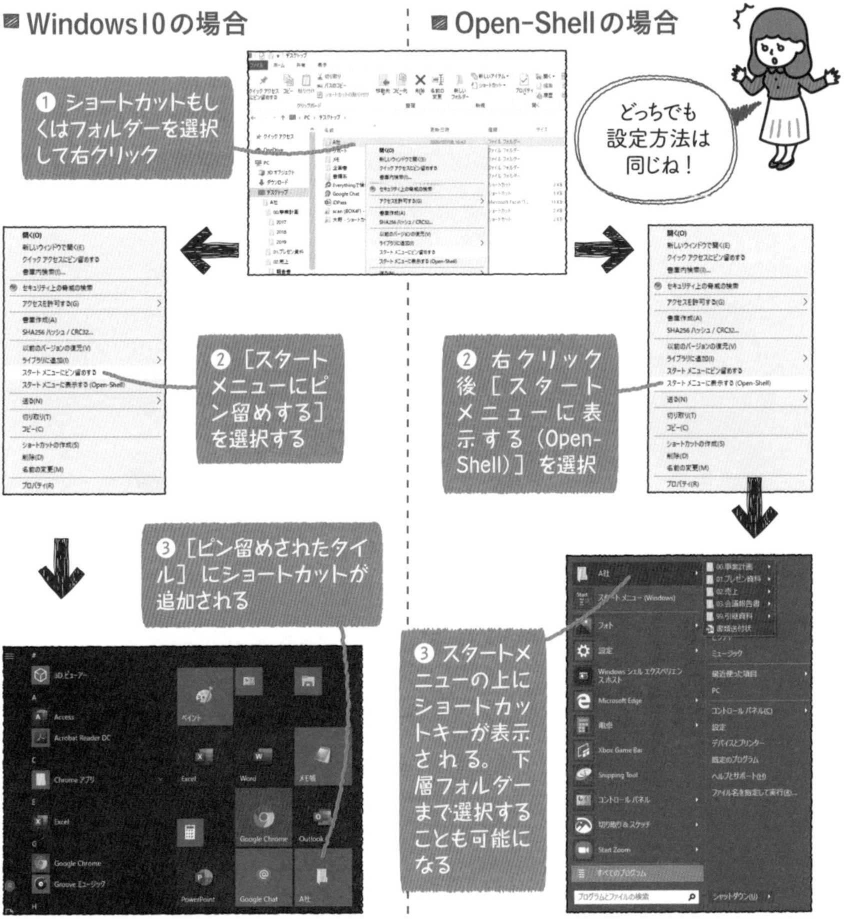
Windows10の場合
Open-Shellの場合
① ショートカットもしくはフォルダーを選択して右クリック
どっちでも設定方法は同じね！
② ［スタートメニューにピン留めする］を選択する
② 右クリック後［スタートメニューに表示する（Open-Shell）］を選択
③ ［ピン留めされたタイル］にショートカットが追加される
③ スタートメニューの上にショートカットキーが表示される。下層フォルダーまで選択することも可能になる

KEY WORD → ☑ エクスプローラー

07 検索機能に頼らずにファイルを見つける

パソコン内で迷子になってしまう人におすすめしたいのが、エクスプローラー。全体像や階層を意識して探しましょう。

フォルダーを整理したばかりのときは、複数のフォルダーを行き来することに慣れず、パソコン内で迷子になってしまうこともあるでしょう。そんなときに「迷子」から抜け出す方法をご紹介します。**ファイルやフォルダーの場所がわからなくなったときは Windows ＋ E を押して、エクスプローラーを起動しましょう**。エクスプローラーを開くと「文書」「写真」「動画」「音楽」などファイルが網羅的に

検索に頼ると時間を有効に使えない

頼んでいた会議で使う資料、あと5分だけど？
検索中なんですけど、時間がかかってて……
どれくらいかかる？
いつ検索が終わるかわからなくて……。どうしよう……
わ
わ
わ
わ
わ
わ

保存されているので、全体像や階層を意識しながら目的の情報にたどり着きやすくなります。またフォルダーの構造を俯瞰で見ることができるので、ファイルの保存場所などを再検討する際にも役立ちます。検索機能で探すことも可能ですが、時間がかかるうえ、それに頼りすぎてしまい、情報整理に必要な構造化の思考が身に付かなくなってしまうので、できるだけエクスプローラーから階層を意識して探すのがおすすめです。

エクスプローラーでファイルを見つける

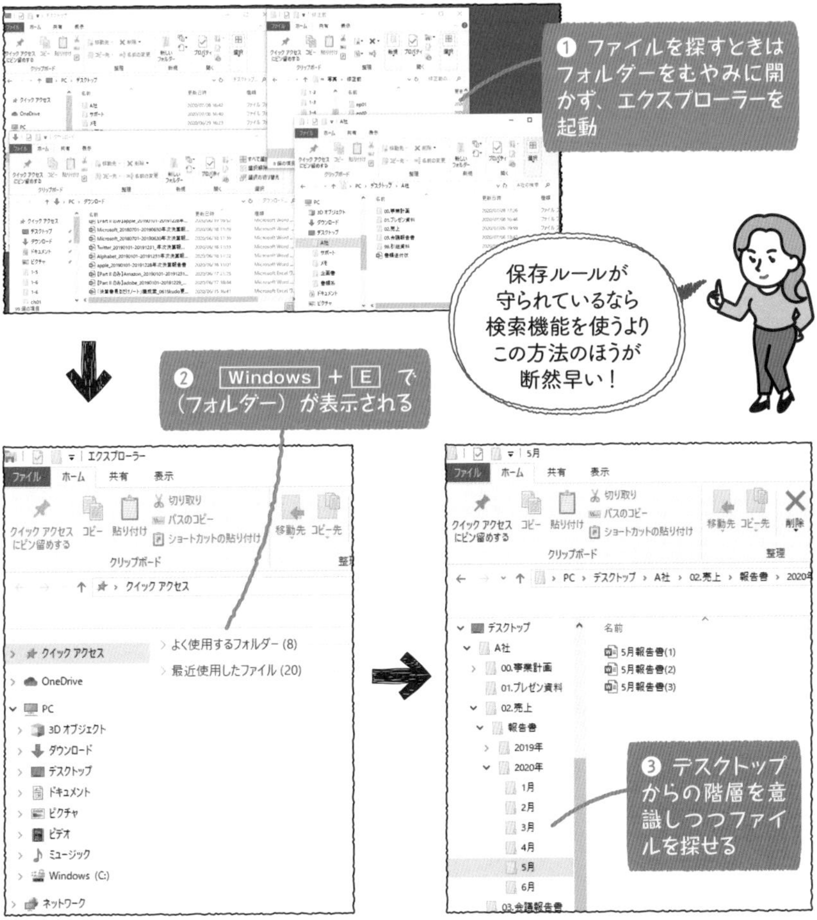

KEY WORD → ☑ ファイル名を指定して実行、ファイルパス

08 ファイルパスで仲間と保存場所を共有する

共有サーバー上にあるファイルを送る側も受け取る側も時短ワザがあります。素早くできれば、共有の時間が楽になります。

近年ではグループウェアやクラウドストレージサービスによるファイル共有が増えていますが、社内や部署内でのファイル共有にはいまだにNAS（ネットワークHDD）などのローカルファイルサーバーを利用している、という企業も多いでしょう。そうしたサーバー上にあるファイルやフォルダーを共有する際、ファイルの場所を指定するには、P44で紹介したように、 Alt ＋ D でファイルの

社内での共有はファイルパスが原則

会社戻ったら
すぐ使うんだけど、
あのファイルって
どこにある？
共有サーバーの
〇〇の中の××の
中にあります
口頭や手書きメモだと
探す時間がかかるから
ファイルパスをメールで
送ってあげて

場所（パス）を表示してコピーし、メールやメッセンジャーアプリで送信するのがおすすめ。受け取った側は、フォルダーを開いてアドレスバーに入力してもいいですが、さらに早いのが［**ファイル名を指定して実行**］。**Windows ＋ R を押して［ファイル名を指定して実行］を開き、受け取ったファイルパスをコピー＆ペーストして Enter を押す（［OK］ボタンを押す）ことで、一気に保存先のフォルダーを開けます。パスにファイル名＋拡張子まで含めて入力すれば、ファイルそのものを一気に開けます。**

共有フォルダーをファイルパスですぐに開く

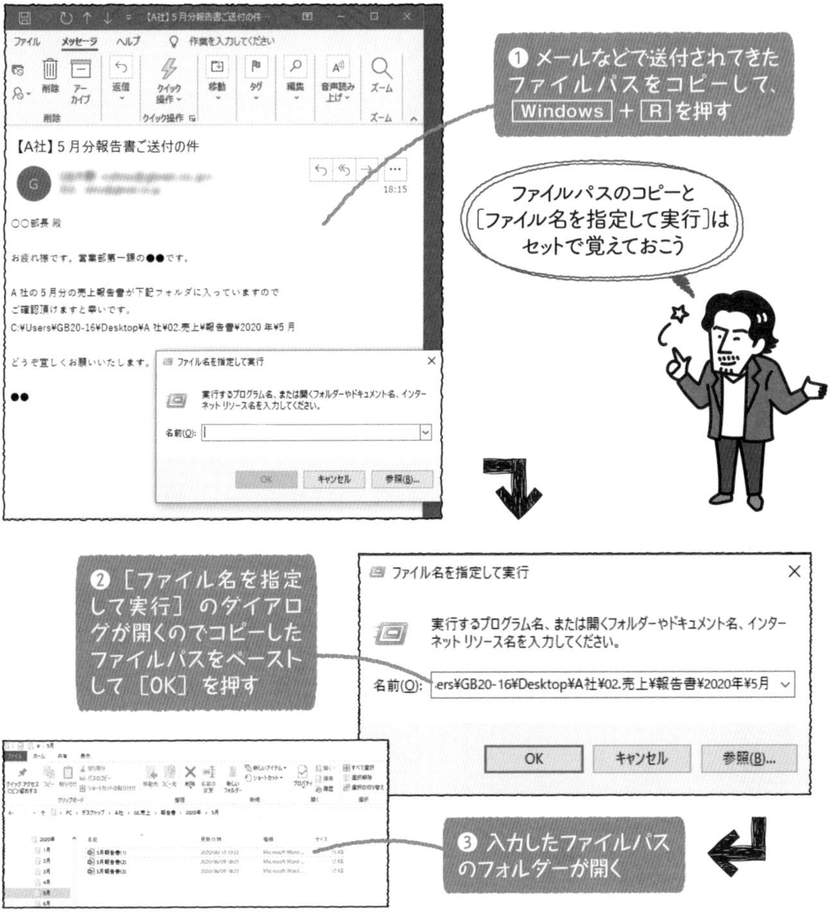
【A社】5月分報告書ご送付の件
〇〇部長 殿
お疲れ様です。営業部第一課の●●です。
A社の5月分の売上報告書が下記フォルダに入っていますので
ご確認頂けますと幸いです。
C:¥Users¥GB20-16¥Desktop¥A社¥02.売上¥報告書¥2020年¥5月
どうぞ宜しくお願いいたします。
●●
❶ メールなどで送付されてきたファイルパスをコピーして、Windows ＋ R を押す
ファイルパスのコピーと［ファイル名を指定して実行］はセットで覚えておこう
ファイル名を指定して実行
実行するプログラム名、または開くフォルダーやドキュメント名、インターネット リソース名を入力してください。
名前(O): ers¥GB20-16¥Desktop¥A社¥02.売上¥報告書¥2020年¥5月
OK
キャンセル
参照(B)...
❷［ファイル名を指定して実行］のダイアログが開くのでコピーしたファイルパスをペーストして［OK］を押す
❸ 入力したファイルパスのフォルダーが開く

09 クイックアクセスツールバーとリボンを使い分け

新しい機能「リボン」は初心者にもやさしくて便利。熟練者はクイックアクセスツールバーを試してみましょう。

Microsoft Office2007 以降では、それまでの［メニュー］ではなく［**リボン**］と呼ばれるタブ型のインターフェースが採用されました。初心者にもわかりやすくするためですが、既存のショートカットキーが使えなくなるなど、不便な部分もあります。そんな不便さやもどかしさを解消してくれるのが［**クイックアクセスツールバー**］です。**よく使う機能を画面上部に登録しておき、**Alt**と**

リボンに頼らずショートカットで作業を高速化

リボンは便利な反面、画面が狭くなる
この表をご覧ください！
メニューやリボンが邪魔で表の下が見えない
① クイックアクセスツールバーのショートカットは、Alt＋数字キーを押す（例：Alt＋1で［上書き保存］
自動保存 オフ
9月報告書 (1)
ファイル
ホーム
挿入
デザイン
レイアウト
メニュー
リボン
貼り付け
クリップボード
游ゴシック
10.5
フォント

数字キー の組み合わせで素早く実行できます。よく使う機能を登録しておけば、従来同様にショートカットキーだけで機能を呼び出せます。そのほか、Officeにおける便利なショートカットとしては、リボンの表示／非表示の切り替えが Ctrl ＋ F1 、リボンとメニュー両方の表示／非表示が Ctrl ＋ Shift ＋ F1 で行えます。目的や状況に応じて切り替えるのがいいでしょう。同様にリボンやメニューが非表示になる全画面編集は Alt → V → U と順番に押せば可能になります。元に戻すには Esc を押します。

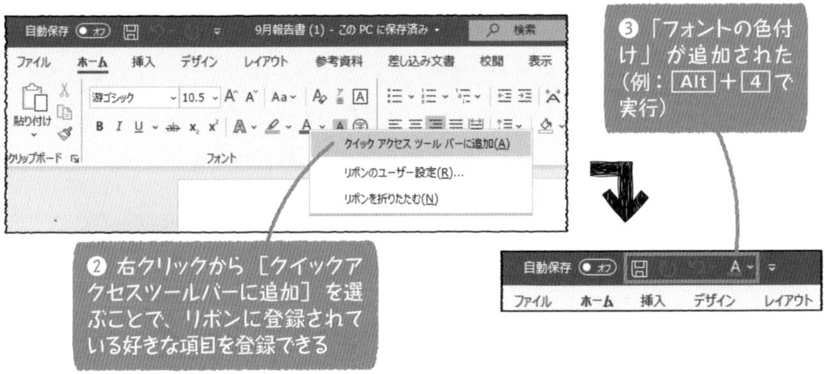
③「フォントの色付け」が追加された（例：Alt ＋ 4 で実行）
② 右クリックから［クイックアクセスツールバーに追加］を選ぶことで、リボンに登録されている好きな項目を登録できる
クイック アクセス ツール バーに追加(A)
リボンのユーザー設定(R)...
リボンを折りたたむ(N)

リボン・メニューの表示・非表示

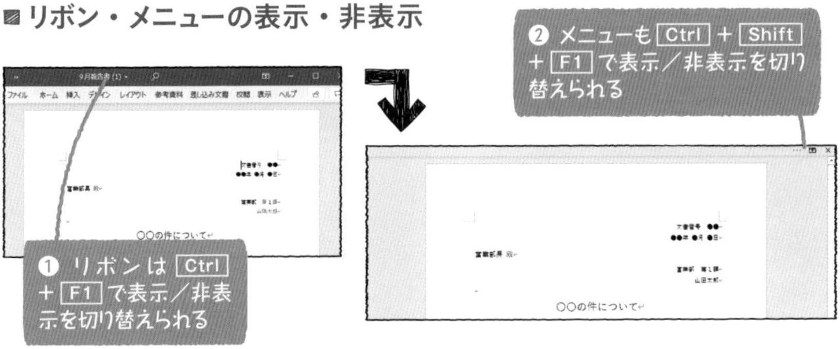
① リボンは Ctrl ＋ F1 で表示／非表示を切り替えられる
② メニューも Ctrl ＋ Shift ＋ F1 で表示／非表示を切り替えられる
〇〇の件について

一度でリボンとメニューを非表示にする

Alt → V → U でもリボンとメニューを非表示にできる。再表示は Esc を押す
〇〇の件について

KEY WORD → ☑ ショートカットキー、ウィンドウのサイズ変更

10 キーボード操作でフォルダーを開く

目的に応じてキーボード操作でフォルダーが開けるようになるとても便利です。ほかのソフトでも使える操作方法です。

これまでにも何度か紹介してきましたが、**よりスピーディなパソコン操作には、極力マウスを使わず、キーボードのショートカットキーなどで操作するのがポイント**。特にフォルダーを開く動作では、同じフォルダーを別ウィンドウで開きたい、前のフォルダーを残して新しく開きたいなど目的もさまざまです。そんなときに便利なのが、**目的に応じたフォルダーの開き方のショートカットキー**。エクスプロー

繰り返す作業こそムダ時間が積み重なる

同じ作業量だったはずなのに何で帰れるの？
教えてもらったショートカットキーを使ったら作業がスムーズだったな……
終わってないの？仕方ないわね

ラーで任意のフォルダーを開いた状態で Ctrl ＋ Enter を押せば、選択したフォルダーを別のウィンドウで開くことができます。また､開いているフォルダーを別のウィンドウで改めて開くには、 Ctrl ＋ N を押します。さらに、 Alt ＋ Space を押したあと S を押すと、ウィンドウの中央に十字のカーソルが表示され、カーソルキーの上下左右で**ウィンドウのサイズ変更**をすることができます。これはエクスプローラー以外のソフトのウィンドウでも利用できることが多いので覚えておくと便利です。

ウィンドウを開くショートカットキー

選択したフォルダーを新しいウィンドウで開くショートカットキー

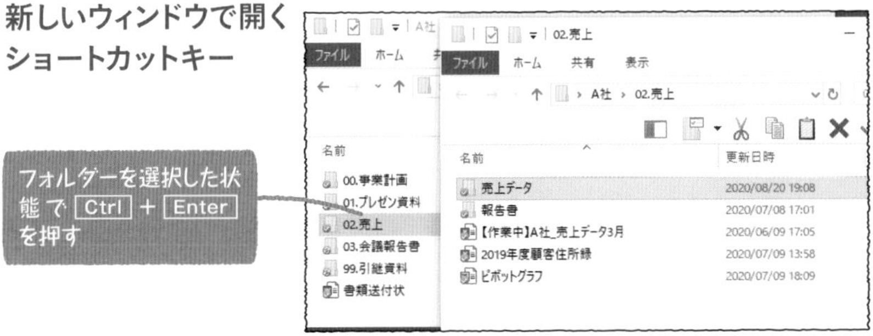

開いているフォルダーを別ウィンドウで開くショートカットキー

Column 02

PC音声入力は不要？ 必要？

Cortanaは消して Siriは使う

iPhoneのSiriと同じように、Windows10ではCortanaという音声アシスタントシステムがあります。パソコン作業の補助機能の1つですが、このCortanaは非常に使いにくいでしょう。その最大の理由が「仕事中にパソコンに話しかける」という非日常的な行動が必要な点です。

そもそも多くのオフィスワーカーは、職場でパソコンを使っています。その中でパソコンに話しかけるというのは、周囲に同僚や上司などがいることを考えれば、機能を論じる前にそもそもハードルが高すぎるといえます。また、オフィスで音声認識を使うのは、周囲の人の集中力を乱す

［スタートアップ］でCortanaを探す場合は、名前を昇順にすると探しやすい

ことになるので、現実的には使う機会は少ないでしょう。

そんな理由から使う人が少ない機能ですが、このCortanaもパソコンの負担を重くするものの1つ。タスクバーに検索窓と一緒にあるのは邪魔なので、OFFにしましょう。

①Ctrl + shift + Escで［タスクマネージャー］を開く
②［スタートアップ］タブを選択
③［Cortana］までリストをスクロールする
④［Cortana］を右クリックして［無効にする］を選択
⑤［タスクマネージャー］を閉じる

一方、iPhoneの音声アシスタントのSiriは、イヤホンマイクを付けていれば移動中にかばんや荷物などで手がふさがっているときに、フリーハンドでアプリを起動したり、経路検索をしたりできるので、非常に使い勝手がいい機能。移動中であれば音声入力が問題ない場面も多く、これらの機能は便利です。Siriは起動の設定などもありますが、その手間を払っても惜しくないと思えるほど役に立ちます。

Chapter 02

SHINSOKU PC
SHIGOTOJUTSU
MIRUDAKE
notes

マウスなし！で最速操作術

自己流で時間をムダにしない

文書のページが長くてマウスを動かすの大変!!
ファイルがこのフォルダーのどこかにあるはずなんだけど
仕事じゃなくてパソコンで疲れるなんて
問題があるなら先輩に聞くほうが時間短縮よ
こんな風に

パソコン作業には「マウスとキーボードが必要」と思っている人は少なくありませんが、実は多くのパソコン動作はマウスがなくてもできます。ソフトを開いたり、ファイルやフォルダーを移動したり、設定画面を開くことも可能です。多くのパソコンの達人たちが「マウスを使うと作業が遅くなる」というのは、マウスを動かしている時間がもったいないからです。マウスは誰でも作業できるように作られたものですが、そのせいで仕事の時間が増えてしまうのは本末転倒。目的を素早く遂行するのが仕事であり、パソコンをそのためのツールとして使うのであれば、効率的な使い方を身に付けて、早く終わらせるほうがずっといいでしょう。

マウスを使わず
ショートカットキーを使うと、
仕事はメチャクチャ早くなる
ショートカットキーの
効率的な使い方は？
よく使うものを
タスクバー、次にスタート
メニューに置くのよ
なるほど！
一度覚えてしまえば百人力！
ショートカットキーは使って覚える
すぐショートカットキー
を忘れちゃうんです
繰り返し
使うものはよく
覚えるわよ

01 手の置き方を覚えれば キーボード操作も速くなる

パソコン作業の時間短縮にはキーボード操作が欠かせません。ポイントは正しい手の置き場所です。

文字入力の際、キーボードを操作しやすいように手を置く場所を**ホームポジション**といいますが、文字入力ではなく、**ショートカット**操作をするときにも、操作に適したホームポジションがあります。ショートカット向けのホームポジションは、文字入力より手を外に持っていくのがポイントです。具体的には、**左手は左の Alt と Shift と Tab の位置に、右手はカーソルキーか、右の Ctrl と Enter**

パソコン操作の基本は手の置き方

ショートカットを使ってみようかと……
どうしました、社長？
ムム…
まず両手を正しい位置に置かないと、時短になりませんよ

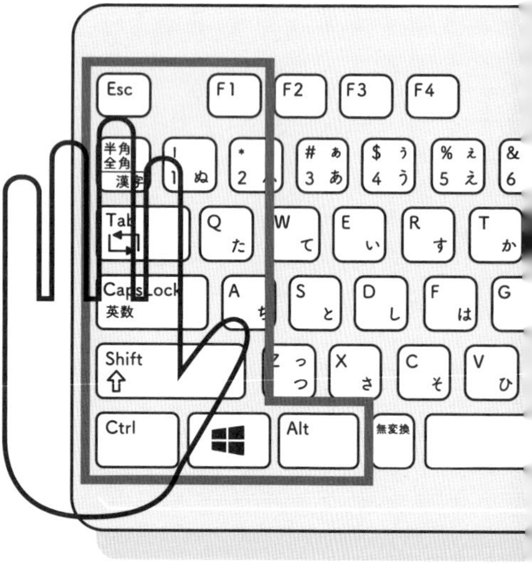
Esc
F1
F2
F3
F4
半角 全角 漢字
Tab
CapsLock 英数
Shift
Ctrl
Alt
無変換

の位置に置いておくと、いろいろな状況に柔軟に対応できるようになります。左手に関しては各種コピーや貼り付けに用いる C V D R や Esc 、ファンクションキーなどを操作することもあるので、少し上にして届きやすいようにするのがいいでしょう。文字入力と同様に、これらのキーも見ないで操作できるようになれば、かなり効率的に操作できるようになるでしょう。もちろん個人差はありますので、自分の操作しやすいポジションを見極めるのが重要です。

02 タスクバーのアプリはショートカットで起動する

アプリを起動させるのにもキーボード操作でスピードアップ。
ショートカットキーを少しずつ使い慣れていきましょう。

さまざまなアプリ、特に頻繁に使うアプリに関しては、できるだけ素早く起動させて使用したいものです。そのためにはショートカットアイコンを利用するのが一番いいのですが、デスクトップに**ショートカット**を置くのは情報管理の観点から推奨しません。本書がおすすめしたいのは、デスクトップ下部の**タスクバー**のショートカットを利用することです。**利用頻度の高いアプリを［タスクバー**

優先度の高いものはタスクバーに入れる

ソフトの起動はどれがいいの？
スタートメニュー？デスクトップにショートカット？
慣れるまでは見えるところからがいいよ
タスクバーのショートカットから覚えましょう！

にピン留めする］もしくはショートカットアイコンをタスクバーにドラッグ＆ドロップすればアプリをタスクバーに登録できます。ピン留めしたアプリの起動方法は、マウスでアイコンをクリックしてもいいのですが、よりスピーディなのが Windows ＋ 数字キー での起動です。スタートメニューに近い順番に 10 個までは 1 ～ 0 の数字キーで起動できます。11 番目以降は、 Windows ＋ T でタスクバーに移動し、 ← → で移動して Enter で起動できます。

タスクバーを使いこなして超時短

タスクバーのショートカット起動方法

Windows ＋数字キーを押す
テンキーだと
起動しないので注意！
＋
1
2
3
4
5
6
7

11 番目以降の起動方法

❶ Windows ＋ T を押し、白枠を登場させる
❷ ← → で起動するアプリを選んで Enter

KEY WORD → ☑ ランチャー機能、ショートカット

03 よく使うアプリを一発で起動するワザ

ショートカットキーで起動したい項目が 10 個以上の場合、ランチャー機能を使用してみましょう。

前項目のタスクバーに登録する方法は、10 項目を超えるとキーボードショートカットでは起動できなくなります。マウスでクリックすれば起動できますが、**キーボードショートカットで起動したい場合は、Windows に標準で備わっているランチャー機能を使うのがいいでしょう**。これは、**自分の好きなショートカットでアプリを起動できる機能です**。ランチャー機能を使用するには、スタートメニューなど

ランチャー機能でショートカットを増やす

せっかくタスクバーの
ショートカットを
教えてもらったのに、
入れすぎてショートカットキーで
開けない！
ぴえ〜ん
これもあれも
タスクバーに入れちゃえ！
タスクバーでなくても
大丈夫なんですよ。
オリジナルのショートカット
を設定してみましょう

からアプリのショートカットアイコンを右クリックして［その他］を開き、［ファイルの場所を開く］を選択。その後、登録したいアプリを右クリックして［プロパティ］を開きます。［ショートカット］タブを選択し、［ショートカットキー］欄に任意のキーを登録すると、Ctrl ＋ Alt を押しながら登録したキーを押せば、アプリを起動できます。Excel なら E 、Word なら W といったように、アプリの頭文字など、わかりやすく覚えやすいショートカットを設定するといいでしょう。

オリジナルのショートカットを設定する

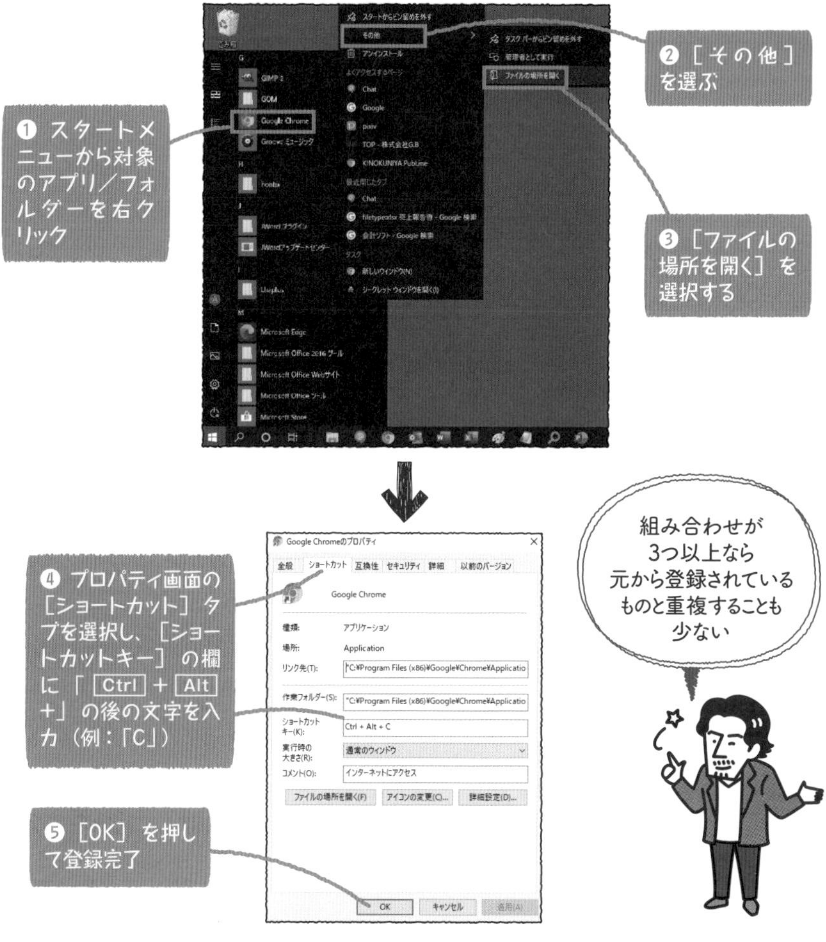

❶ スタートメニューから対象のアプリ／フォルダーを右クリック
❷［その他］を選ぶ
❸［ファイルの場所を開く］を選択する
❹ プロパティ画面の［ショートカット］タブを選択し、［ショートカットキー］の欄に「Ctrl＋Alt＋」の後の文字を入力（例：「C」）
❺［OK］を押して登録完了
組み合わせが3つ以上なら元から登録されているものと重複することも少ない

04 たまにしか使わないものはスタートメニューで起動

アプリやフォルダーは、タスクバーやランチャーではなく、スタートメニューから開く方法もあります。

これまでさまざまなショートカットでアプリを直接起動する方法を紹介してきましたが、**直接起動するほど頻繁には使わないアプリにまでショートカットを設定する必要はありません。そういうアプリはスタートメニューから選択する方法がおすすめです**。当たり前のようですが、スタートメニューからの起動にもいろいろな利点があります。マウスで選択して起動するだけでなく、 Windows を押せばス

タスクバーとスタートメニューを使い分ける

わ！　タスクバーにたくさんアプリやファイルがあるね。本当に全部よく使うの？
しょっちゅう使うわけではないけれど……。でもわからなくなってしまうと困るので
う～ん…
そういうときは、スタートメニューに入れておくのがいいわよ

タートメニューが開くので、カーソルキーでアプリケーションなどを選択し、起動することができます。これまでに紹介したさまざまな方法を使えば、マウスなどのポインティングデバイスを使わず、すべてキーボードからソフトの起動も可能に。ほかにも、スタートメニューにはフォルダーのショートカットを入れることもできます。これらを利用してスタートメニューをカスタマイズすることで、仕事の効率が格段に上がります。

スタートメニューへの登録作業

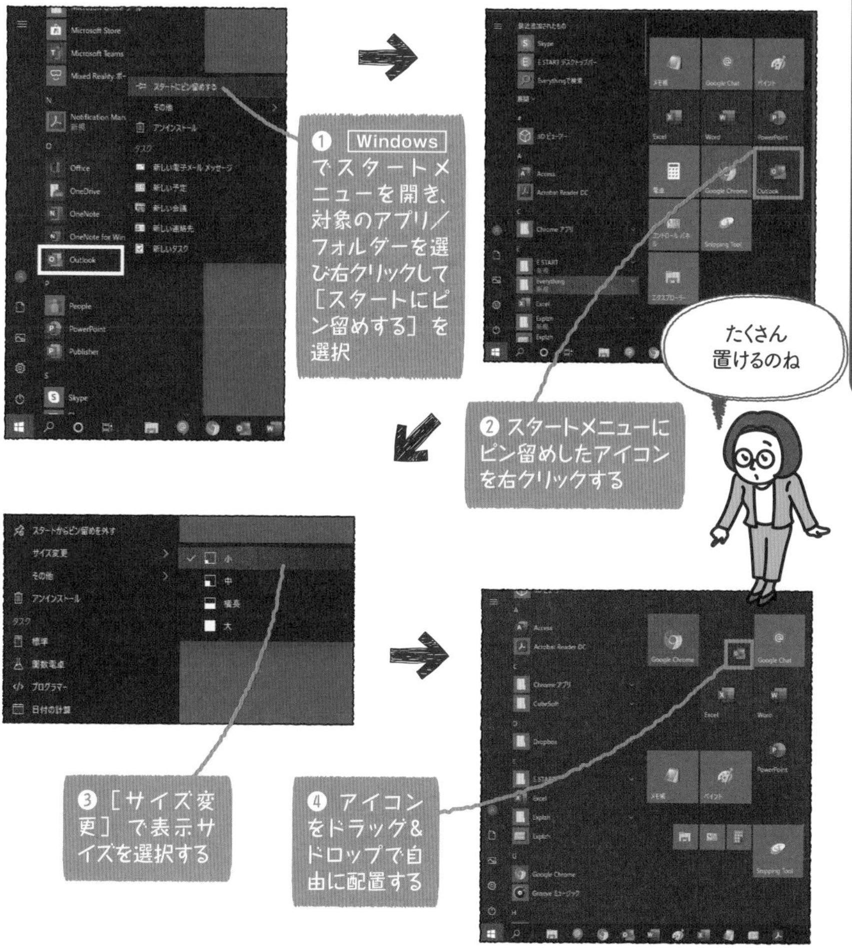
❶ Windows でスタートメニューを開き、対象のアプリ／フォルダーを選び右クリックして［スタートにピン留めする］を選択
❷ スタートメニューにピン留めしたアイコンを右クリックする
たくさん置けるのね
❸［サイズ変更］で表示サイズを選択する
❹ アイコンをドラッグ&ドロップで自由に配置する

KEY WORD → ショートカット、ウィンドウの切り替え

05 マウスを使わずに複数ウィンドウを切り替える

複数のファイルやアプリを開いて作業する際、ショートカットでウィンドウの切り替えができます。

同時に複数のファイルを開いたり、アプリを起動したりして作業している場合、アプリやファイルを切り替えたい場面が多くあると思います。そのようなときにおすすめしたいのが、**ショートカットでウィンドウを切り替える方法**。状況に応じていくつか方法があるので順に紹介します。まずは Alt を押したまま Tab を押す方法。開いているすべてのウィンドウを順に選択することができます。

ウィンドウはショートカットキーで切り替える

たくさんウィンドウを開くと、いちいちマウスでウィンドウを切り替えるのが面倒なんですよね
ショートカットキーでも切り替えはできるわよ！
え、そうなんですか？知らなかった……

Windows + Tab は、ウィンドウが作業した時系列順に並び、最新のファイルを行き来する場合に便利。 Alt + Esc は選択画面なしに切り替えができ、開いているウィンドウが少ない場合に適しています。現在開いているアプリの中だけで**ウィンドウの切り替え**をしたいときは Ctrl + F6 。Excel で複数のファイルを切り替えたい場合に便利です。最後は Windows + D 。これは開いているウィンドウをすべて最小化してデスクトップに移動できます。

合わせて覚えたいウィンドウ移動術

開きたいものを選んで切り替える

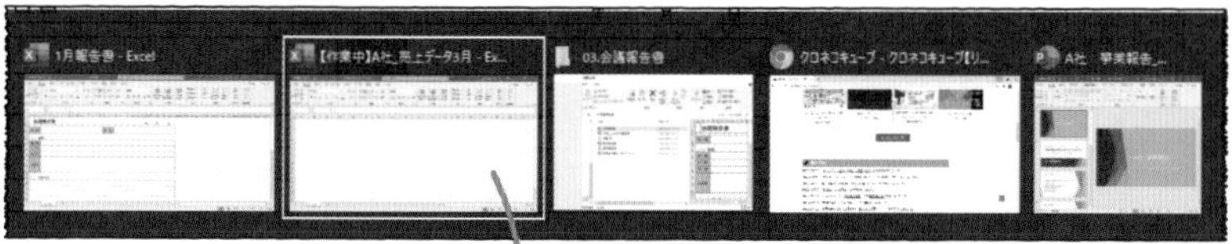

Alt + Tab で、バックグラウンドで開いているウィンドウ一覧が開くので、 Alt を押したまま Tab もしくは ← → で選択し Enter を押す

開いているウィンドウの一覧を表示して切り替える

Windows + Tab で、開いているすべてのウィンドウが一覧で表示されるので選んで Enter を押す

- 開いている別ウィンドウに切り替える
  Alt + Esc
- 同じソフトの別ウィンドウに切り替える
  Ctrl + F6

Windows + D ですべてのウィンドウを最小化してデスクトップ画面になるのね

KEY WORD → ☑ 最大化、最小化

06 キーボード操作でウィンドウを動かす

複数のウィンドウを開いて作業する際、マウスを使わずにショートカットキーでウィンドウの大きさを変更できます。

複数のウィンドウを開いて作業しているときなどは、ウィンドウの大きさや位置を変えたり、**最小化**／**最大化**したいことがあるでしょう。そういったときでも、マウスを使わずキーボードですべて作業できます。**ウィンドウを開いた状態で [Windows] とカーソルキーの [←] や [→] を押すとウィンドウが画面の左右端に移動してピッタリとくっ付きます**。複数のウィンドウを並べたいときに便利です。また、

ウィンドウの移動もマウスなしでできる

そんなに必死に
なってどうしたの？
開いている
複数のウィンドウを
整列させるのが
大変で……
ウィンドウの整列は
一瞬でできるわよ！

ウィンドウを大きく、また小さくする場合は [Windows] とカーソルキーの [↑] [↓] です。通常ウィンドウから [↑] で大きく、[↓] で小さくできます。その後、逆方向を押すと、元のサイズに戻ります。また、 [Windows] ＋ [Shift] ＋ [↑] を押すと、ウィンドウを縦方向に最大化できます。そのほか、ウィンドウを複数開いた状態で [Windows] ＋ [Home] を押すと、背面にあるウィンドウがすべて最小化されます。一方、 [Windows] ＋ [M] はすべてのウィンドウを最小化し、 [Windows] ＋ [Shift] ＋ [M] で元に戻します。

ウィンドウのサイズを一瞬で変える方法

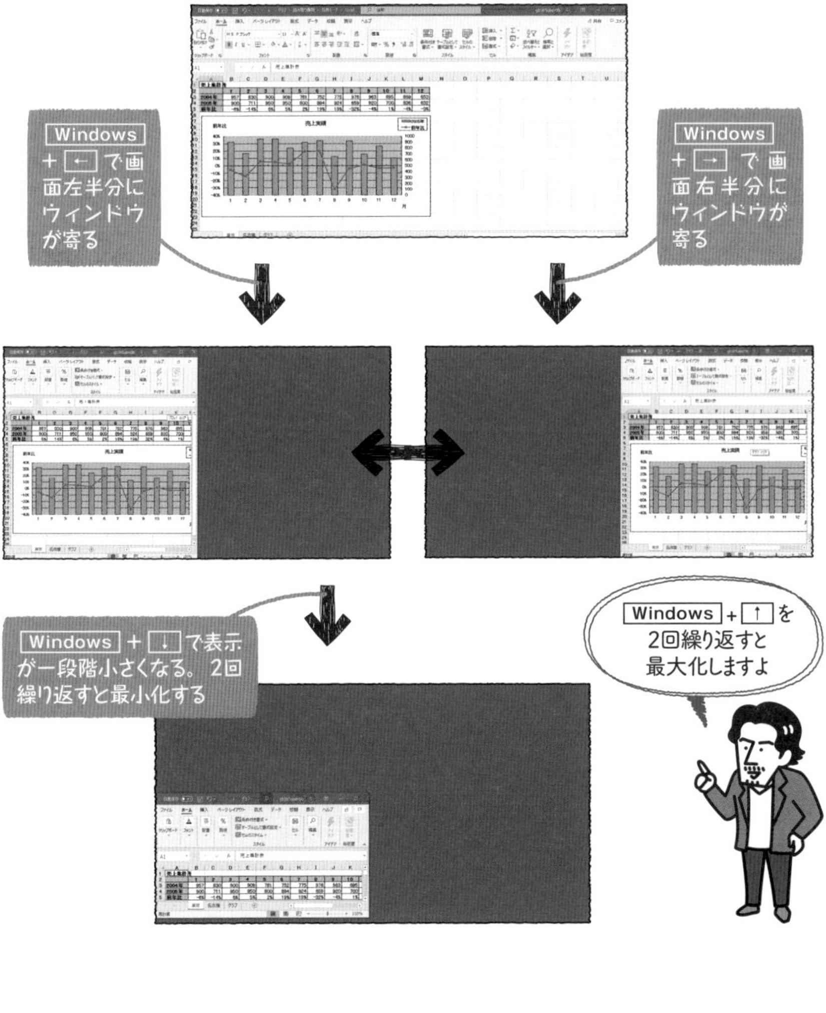

[Windows] ＋ [←] で画面左半分にウィンドウが寄る
[Windows] ＋ [→] で画面右半分にウィンドウが寄る
[Windows] ＋ [↓] で表示が一段階小さくなる。2回繰り返すと最小化する
[Windows] ＋ [↑] を2回繰り返すと最大化しますよ

KEY WORD → ☑ ウィンドウを閉じる、アプリの終了

07 「閉じる」「アプリ終了」のショートカットを覚える

キーボード操作ではさまざまなことができますが、フォルダーやアプリを終了したいときにも使えます。

作業が一段落したときや、長時間離席するときなど、**フォルダーやアプリのウィンドウを閉じたい場合には、 Ctrl ＋ W でウィンドウを閉じることができます。** Office ソフトなど Microsoft 製のアプリはもちろん、多くのソフトで有効ですが、一部別のショートカットが設定されているアプリもあるので気を付けましょう。また、**アプリケーションそのものを終了したい場合は Alt ＋ F4 で閉じることが**

ファイル・ソフトを素早く閉じて時短

ソフトがフリーズしちゃって仕事が進まない……
ウィンドウを1つずつ閉じるのは面倒だわ！
どっちもショートカットキーで解決できるわよ

できます。ただし、ファイルごとに保存などを確認しながら閉じたい場合は、Ctrl ＋ W で1ウィンドウずつ閉じたほうがいいでしょう。また、**アプリがフリーズしてしまった場合には Ctrl ＋ Shift ＋ Esc を押し、［タスクマネージャー］を開きましょう**。該当のアプリやウィンドウを選んで［タスクの終了］を選択すれば、強制的に**アプリの終了**をすることができます。こうして閉じた場合、データは保存されないので、こまめなセーブを心がけましょう。

ファイル・ソフトの終了を手早く行うには

ファイルのウィンドウを閉じる方法

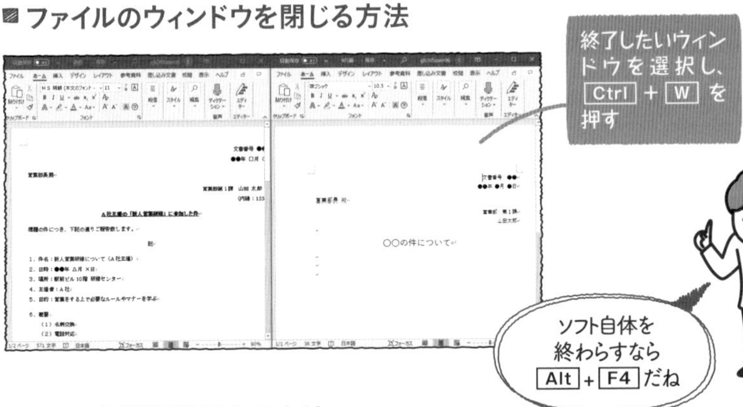

ソフトを強制終了する方法

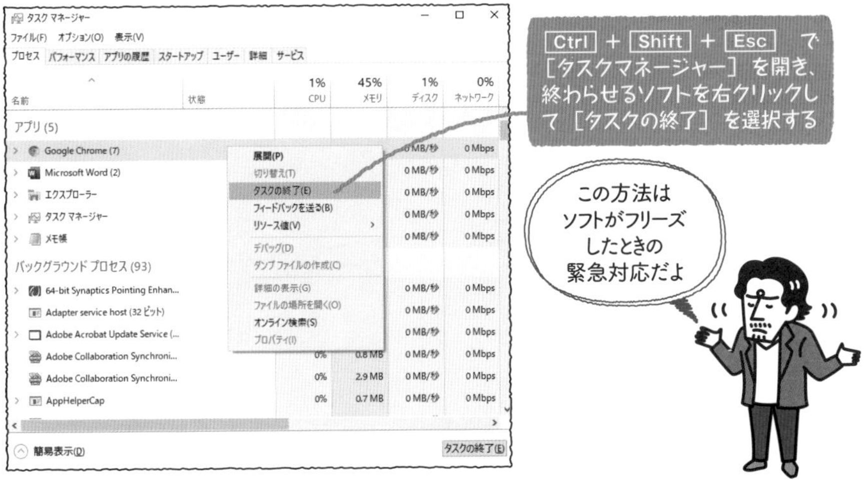

KEY WORD → ☑ コンテキストメニュー、アプリケーションキー

08 右クリックもキー操作で！その2つの方法とは

マウスの右クリックもキーボード操作で代替が可能です。2通りあるため、使いやすいほうを覚えるといいでしょう。

本書ではマウスの作業を極力キーボードで行うことを推奨しています。マウスで行う操作の1つに右クリックがあります。主に**コンテキストメニュー**と呼ばれる操作メニューを呼び出す場合に用いますが、これもキーボード操作で代替することができます。**右クリックをキーボードで代替するには2つの方法があります。1つ目は [アプリケーションキー] を使うことです**。これは [Space] の右の並びにある

マウスの右クリックもキー操作でできる

ショートカットキーだけで仕事したいのに、右クリックだけマウスを使わなくちゃいけないのね……
何言ってるの？右クリックもショートカットキーはあるわよ
うーん…
知らなかった……これでマウスなしで作業できますね

四角形に横線が入ったマークのキーですが、キーボードによっては存在しない場合もあります。**もう１つが Shift ＋ F10 です**。ファイルやフォルダーを選択してこれらのキーを押すと、右クリックしたときと同じメニューが現れます。後者の場合はファイルやフォルダーのパスをコピーする［パスのコピー］も利用できます。 アプリケーションキー で［パスのコピー］を利用する場合は Shift ＋ アプリケーションキー で同じ機能を使えます。

マウスを使わずに右クリックする方法

■ アプリケーションキー を押す

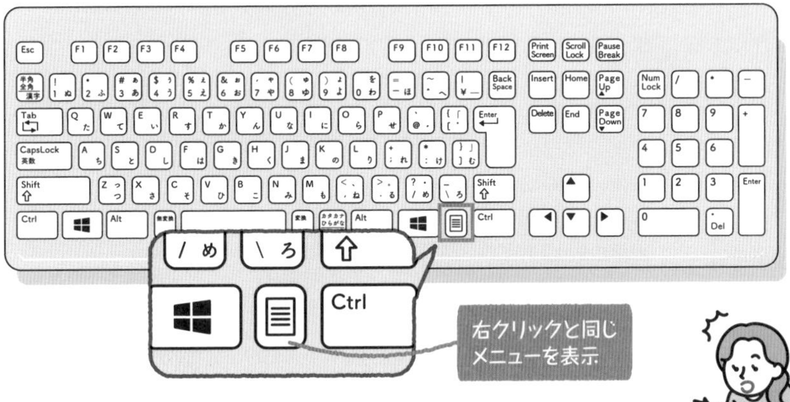

/ め
\ ろ
Ctrl
右クリックと同じ
メニューを表示

アプリケーションキー が
なくても使えるのか！

■ Shift ＋ F10 を押す

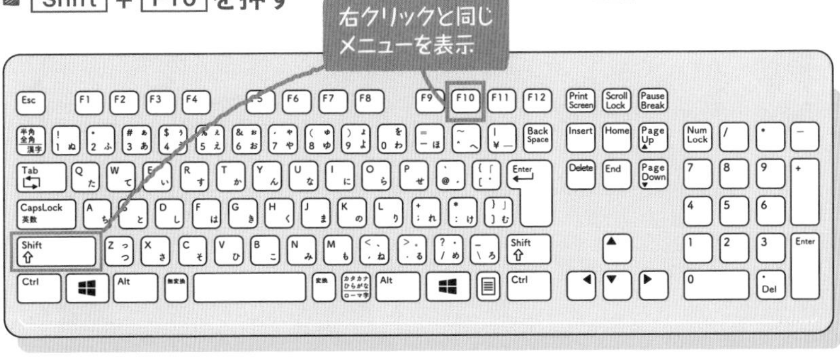

右クリックと同じ
メニューを表示

09 PCロックでスマートに秘密保持をする

いったん席を離れるときなどは画面をロックして、セキュリティ対策を行いましょう。ダウンロードなどの作業も止まりません。

休憩や会議に参加するときなど、パソコンの画面を表示したまま離席している人がいますが、情報セキュリティや情報管理の面から考えても、誰でも見られる状態のまま放置するのはよくありません。しかし、**席を離れるたびにログアウトしたり、休止状態にしたりするのは、再ログオンなどに手間がかかります。そこで利用したいのが画面のロック機能です。** Windows ＋ L を押せば、すぐにロッ

自動スリープに頼るのはNG

コラッ
お客様の情報を
表示させたまま
席を外しちゃダメよ！
でも勝手に
切り替わるし……
画面のロックなら、
再開するときの時間も
短くなるのよ
画面ロック、
すごいな……

クが掛かります。復帰するには Enter を押してログオン画面を表示させ、パスワード入力。指紋認証などでログオンしている場合も同じ手順を踏めば復帰できます。**ロックはログアウトと違ってパソコンの作業を止めないので、データのバックアップなど時間のかかる作業を中断する必要がなく、ログオンし直す場合に比べてもはるかに素早く復帰できます**。情報の保護と仕事の能率を両立させるために、ぜひ覚えてきましょう。

画面ロックで再開時の時間を短縮

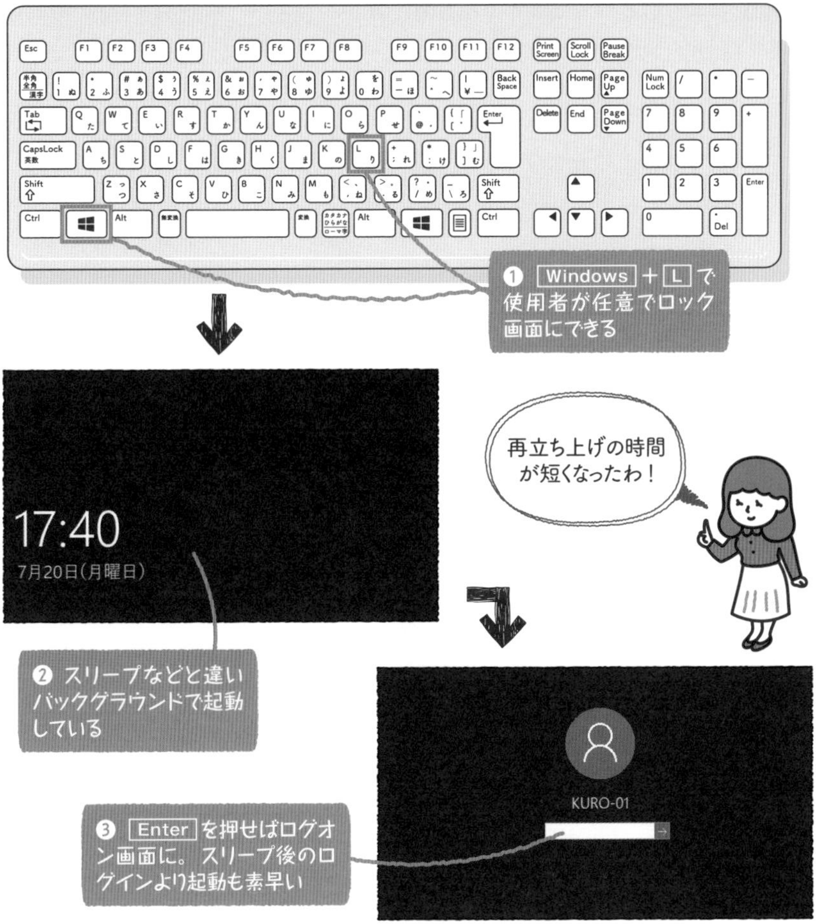

① Windows ＋ L で使用者が任意でロック画面にできる
17:40
7月20日(月曜日)
再立ち上げの時間が短くなったわ！
② スリープなどと違いバックグラウンドで起動している
KURO-01
③ Enter を押せばログオン画面に。スリープ後のログインより起動も素早い

10 相手に今すぐ画面を見せたいときの4つのワザ

スクリーンショットは、自分が今見ている画面を画像として保存できる方法です。他人と共有することもでき便利です。

遠方の相手とパソコン画面を見ながらやり取りをしていると、「画面が見られたら話が早いのに」と思うことがあるはずです。そんなときに便利なのが**画面のコピー（スクリーンショット）を撮って相手に送ることです。一番手軽な方法が PrintScreen です。そのまま押すと画面全体が、 Alt ＋ PrintScreen であれば一番手前のウィンドウがクリップボードにコピーされます**。その後、画像を扱えるア

画面キャプチャを活用する

画面右側の
メニューの中から、
［ファイルの編集］を
選択してください
どこにあるの?
右側メニューが
どれのことか……
?
?
?
画面の
スクリーンショットを
チャットで送りました
のでご確認ください

▨ スクリーンショットの場合

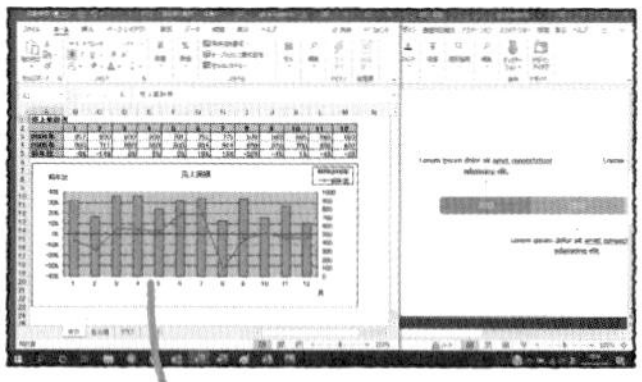

PrintScreen だけ押すと画面全体が、 Alt ＋ PrintScreen を押すと現在のウィンドウだけがクリップボードにコピーされる

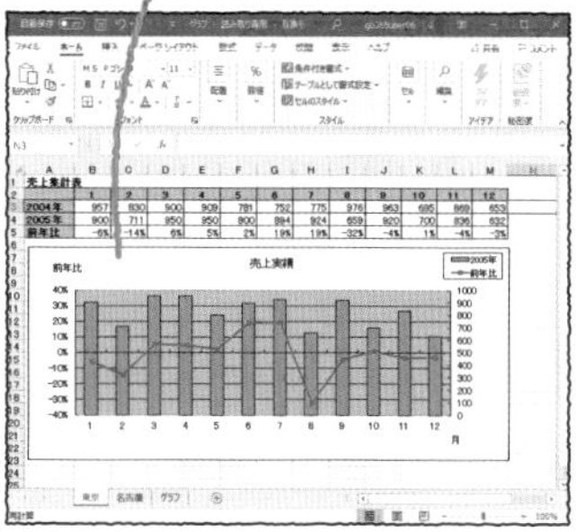

プリに貼り付ければ保存することができます。設定や操作の説明には後者のほうが適しています。画面の一部だけをコピーする場合は、ウィンドウのサイズ調整をするよりWindows標準機能である［Snipping Tool］を使用したほうが便利。スタートメニューの［Windows アクセサリ］から起動し［新規］ボタンを押してから、コピーしたい部分をドラッグして選択すればOK。同様に、Windows10標準機能の［切り取り&スケッチ］は Windows ＋ Shift ＋ S を押すと起動するので、そのままコピー範囲を選択します。

合わせて覚えたい画面コピー術

Snipping Toolの場合

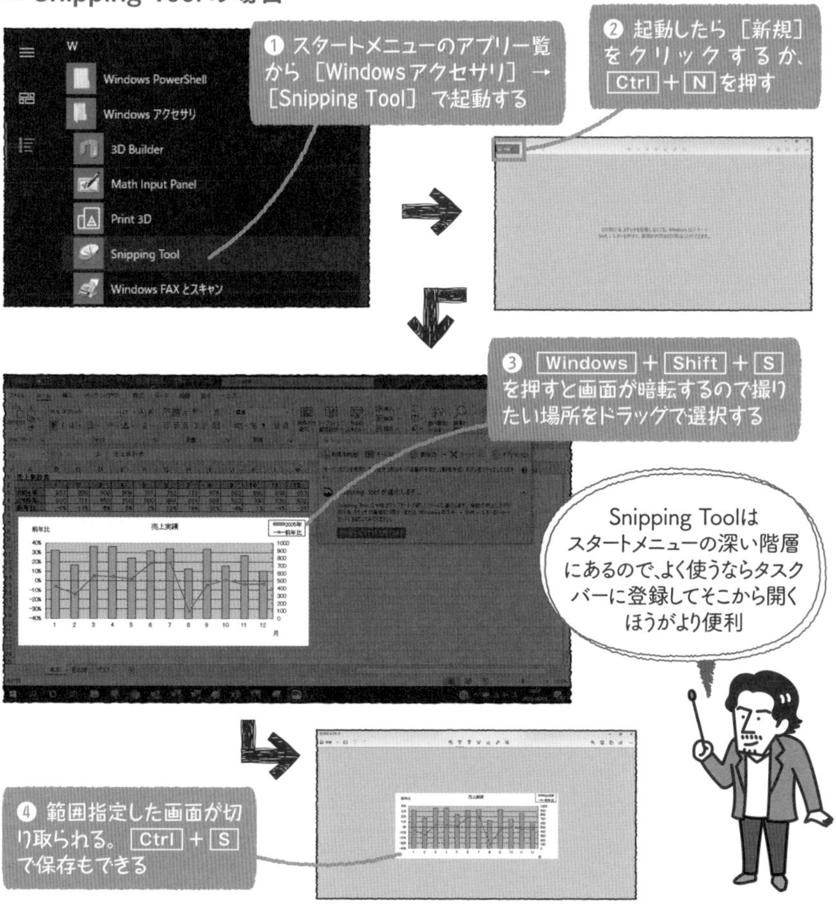

W
Windows PowerShell
Windows アクセサリ
3D Builder
Math Input Panel
Print 3D
Snipping Tool
Windows FAX とスキャン
❶ スタートメニューのアプリ一覧から［Windowsアクセサリ］→［Snipping Tool］で起動する
❷ 起動したら［新規］をクリックするか、Ctrl ＋ N を押す
❸ Windows ＋ Shift ＋ S を押すと画面が暗転するので撮りたい場所をドラッグで選択する
売上実績
❹ 範囲指定した画面が切り取られる。Ctrl ＋ S で保存もできる
Snipping Toolはスタートメニューの深い階層にあるので、よく使うならタスクバーに登録してそこから開くほうがより便利

KEY WORD → ☑ 一時ファイル、デスクトップ

11 デスクトップ保存はNG！一時保存後は整理する

デスクトップは机の上といってもいいでしょう。常に綺麗にしておくために、一時的な保存に留めるのがコツです。

ここまで、ファイルの保存場所として**デスクトップ**は使わないように、ということを述べてきましたが、デスクトップの利用が適している場合もあります。それが一時的に保管するファイル、つまり**一時ファイル**の保存場所としての利用です。**作業途中のファイルを一時的に保存しながら作業する必要がある場合、フォルダーをいちいち移動する必要がないデスクトップにファイルを保存するほうが効**

デスクトップを有効に使う

作業中のファイルの
階層が深くて、
探すのが大変なんです……
作業中だけファイルを
デスクトップに置いて、完了したら
保存フォルダーに移すのがいいわよ

率的です。デスクトップは Windows ＋ D を押すことでいつでも開くことができるので、作業効率が格段に向上します。ポイントは、作業が終わったらデスクトップからファイルを移動し、きちんと自分の規則に従ったフォルダー構造の中にファイルを保存することです。そうすれば常に「机の上」＝デスクトップを綺麗なままで使うことができるうえに、最新の作業がひと目でわかるようになるので、一石二鳥なのです。

机と同じくデスクトップは整頓が大事

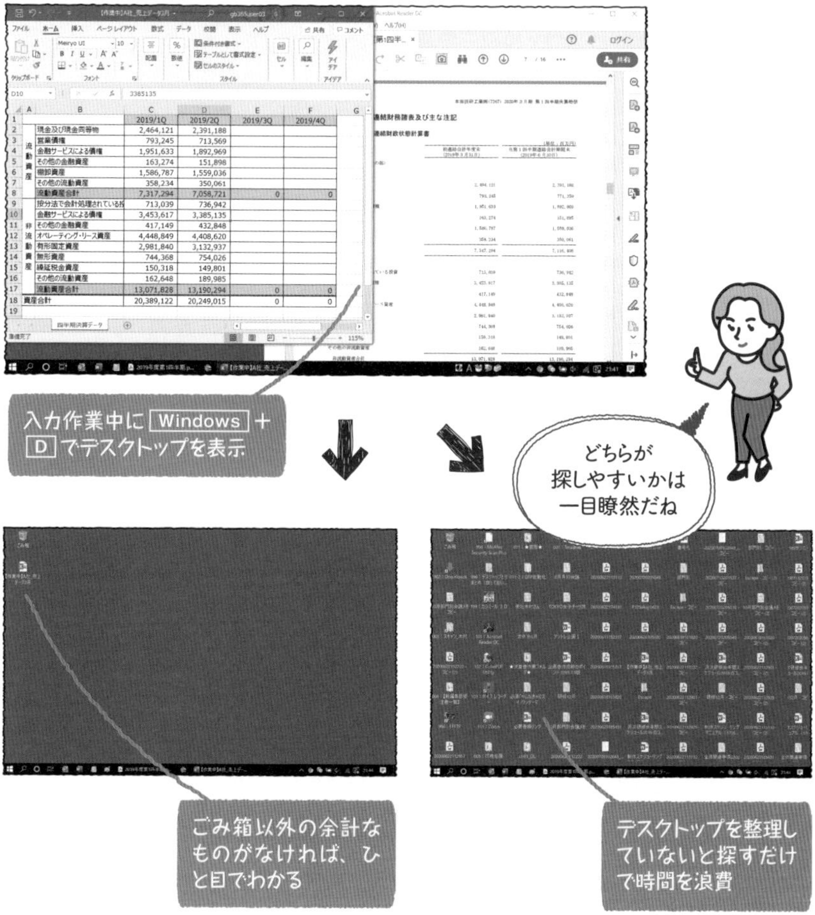
入力作業中に Windows ＋
D でデスクトップを表示
どちらが
探しやすいかは
一目瞭然だね
ごみ箱以外の余計な
ものがなければ、ひ
と目でわかる
デスクトップを整理し
ていないと探すだけ
で時間を浪費

12 作業前にフォルダー内を最新にする習慣を付ける

クラウド上で共有しているファイルなどは、最新の状態に更新されているかどうか確かめるクセを付けましょう。

クラウドや、共有サーバーを利用して**ファイル共有**を行っている場合、問題になるのが「ある人が保存したはずのファイルが見つからない」という事態です。それだけならまだしも、古いファイルしかないと思って上書きしてしまい、せっかくの修正がすべてムダになってしまうといったトラブルも起きかねません。これを避けるためには、**フォルダーを表示した状態で F5 もしくは Ctrl + R**

共同作業をするときの必須習慣

共有フォルダーに置いてある明日の会議用の資料、直してある？
さっき修正して上書き保存しておきましたよ
あれ……？。さっきなら、フォルダーを更新してなくて見逃したのね。ゴメン
こんなことにならないよう、誰かと共有しているフォルダーなどは特に注意を払う必要があるね

を押しましょう。フォルダーの内容が［最新の状態に更新］されます。複数人で同じファイルを共同で作業をしている場合は「最新版ではないもので作業する」などの事故が起きやすいので特に気を付けて、フォルダーが最新の状態になっているかに注意しましょう。また、この2つのショートカットキーは、Webブラウザでも使用できますので、Webの更新作業などを行う人は覚えておくといいでしょう。

常に情報を更新して最新の環境に

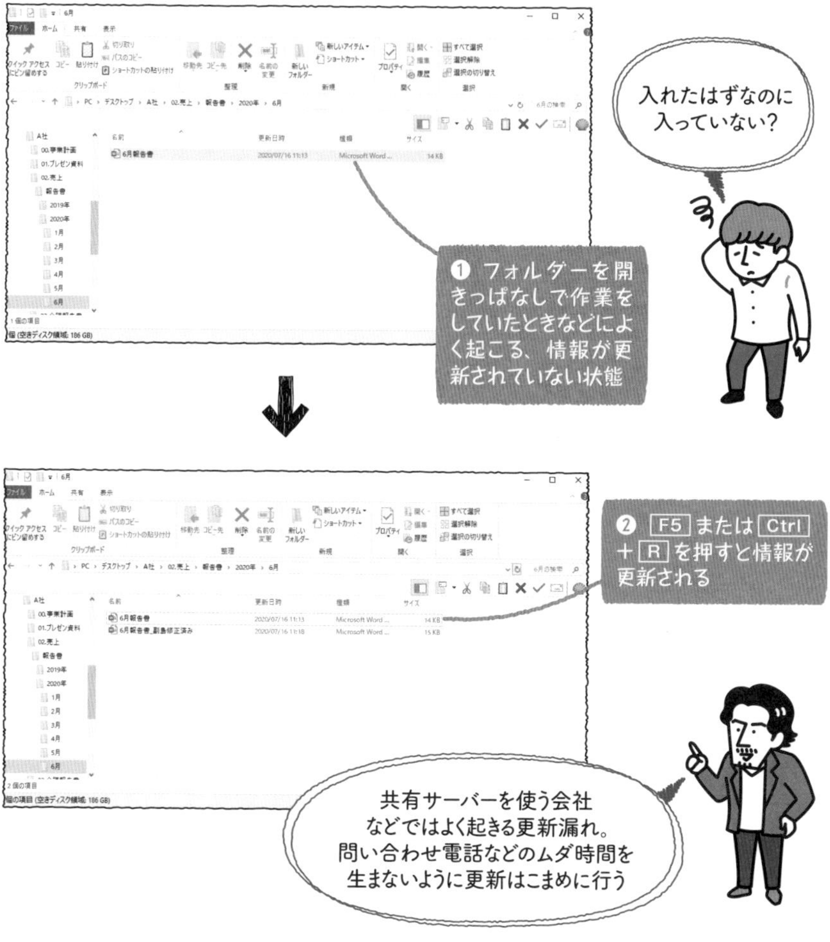
入れたはずなのに
入っていない?
① フォルダーを開きっぱなしで作業をしていたときなどによく起こる、情報が更新されていない状態
② F5 または Ctrl ＋ R を押すと情報が更新される
共有サーバーを使う会社などではよく起きる更新漏れ。問い合わせ電話などのムダ時間を生まないように更新はこまめに行う

KEY WORD → ☑ 通知トレイ、タスクトレイ

13 Wi-Fiのオン／オフもキーボードで簡単操作

タスクバーの右側にあるWi-Fi設定やスピーカーの音量設定、電源設定などもショートカットで操作できます。

タスクバーの右側（タスクバーが画面下の場合）には、さまざまな常駐ソフトやWi-Fiのオン／オフをはじめとした設定ボタンが並ぶ**通知トレイ（タスクトレイ）**が存在します。ここに並んだアイコンの操作はマウスで行う人が多いと思いますが、実はキーボードのショートカットキーでも操作できます。**[Windows] ＋ [B] を押したあと、[Enter] を押せばタスクトレイにあるアイコンがフォーカスされ、**

通知トレイの設定もマウスなしで

違うWi-Fiに
切り替えてみたら？
何だか
Wi-Fiが弱くてネットに
つなげられないな
Wi-Fiメニューを
開くのはショートカットキー
が速いわよ

カーソルキーで選択して Enter で実行できます。また、 Shift ＋ Tab を押すたびにタスクバーの各項目を移動するので、そこでタスクトレイに移動することも可能です。タスクトレイには、Wi-Fi 設定のほかにもスピーカーの音量設定、電源設定、日本語入力など、状況に応じて操作する必要のある項目が並んでいるので、このショートカットを覚えておくとマウスを使わずに効率よく設定変更することができます。

ショートカットキーで通知トレイを操作

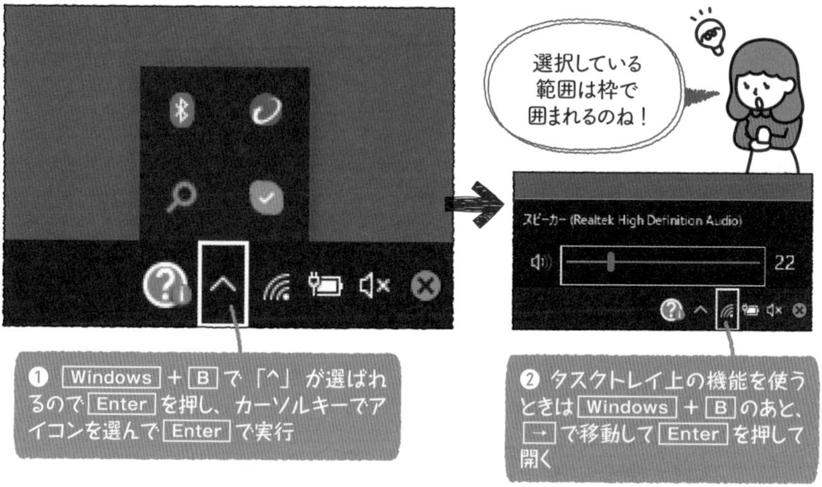

選択している範囲は枠で囲まれるのね！
スピーカー (Realtek High Definition Audio)
22
❶ Windows ＋ B で「^」が選ばれるので Enter を押し、カーソルキーでアイコンを選んで Enter で実行
❷ タスクトレイ上の機能を使うときは Windows ＋ B のあと、→ で移動して Enter を押して開く

タスクバーに移動してソフトを起動する

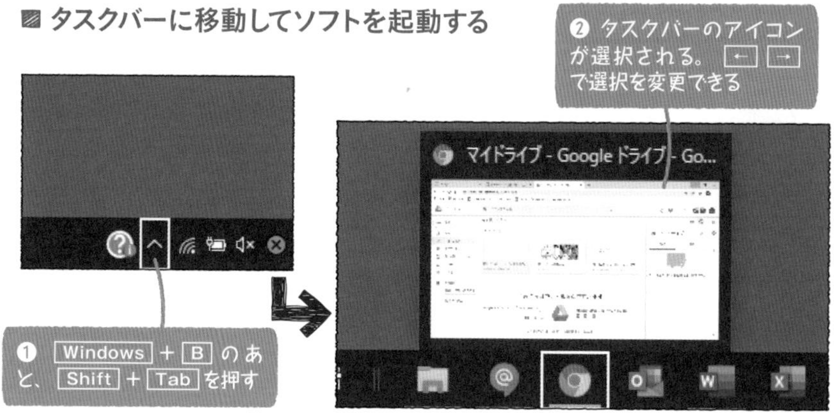

❷ タスクバーのアイコンが選択される。← → で選択を変更できる
マイドライブ - Google ドライブ - Go...
❶ Windows ＋ B のあと、Shift ＋ Tab を押す

KEY WORD → アドバンスドメニュー、アクションセンター

14 細かいパソコン設定もパッと変更・確認できる

［設定］画面からはさまざまな設定の確認や変更ができます。設定画面を開くのも、ショートカットキーで簡単に行えます。

Windows10ではさまざまな設定は［設定］画面から行います。従来のコントロールパネルに近い機能で、デバイスなどの細かい設定も可能です。**［設定］画面を開くには Windows ＋ I を押します**。それ以外にも設定変更のショートカットは存在しており、**スタートボタンを右クリックしたときに現れるアドバンスドメニューは Windows ＋ X で開くことができます**。［ディスクの管理］や［コンピュー

切り替え設定もマウスなしで

背景画面、目が疲れるから変更したいな
わたしはスリープになる時間を変更したいな
背景は［設定］画面、電源オプションは［アドバンスドメニュー］のショートカットキーで開くのが速いわよ

ターの管理］［タスクマネージャー］など、［設定］以外にもさまざまな項目が表示され、電源周りの設定やシャットダウン・サインアウトも行えます。また、**アクションセンターを開くには Windows ＋ A を押します**。アクションセンターは、Wi-Fi や Bluetooth の切り替えなどでよく使う機能。マウスを使わずに切り替えができるので便利です。表示項目の追加方法などは P30 で細かく紹介しているので、そちらを参考にしながら使いやすくカスタマイズしましょう。

設定画面などへの移動の手間を省略

Windowsの［設定］を開く

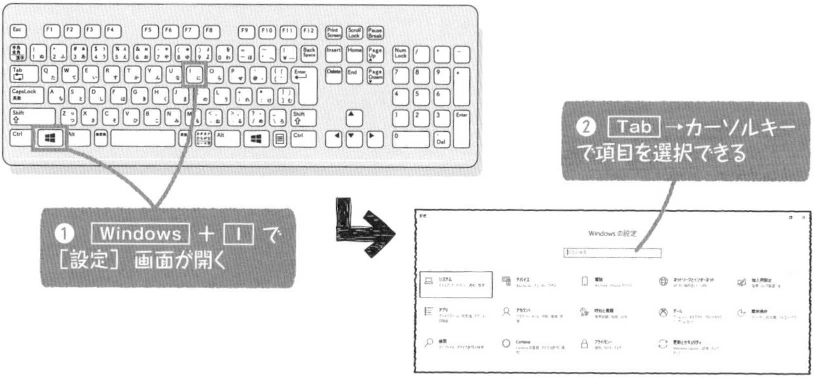

アクションセンターを開く

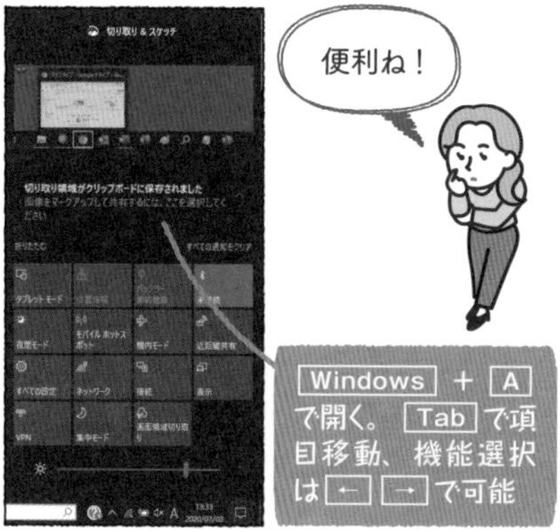

アドバンスドメニューを開く

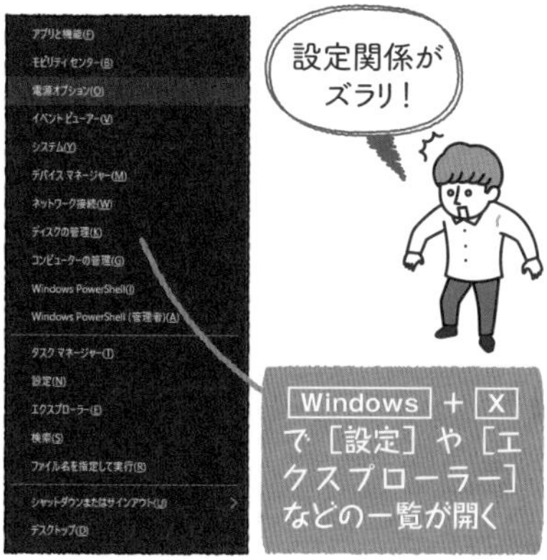

KEY WORD → システム情報、コントロールパネル

15 システム情報でOSやパソコン性能を確認

パソコンのOSのバージョンや性能の確認も、ショートカットキーなら一瞬で可能です。

新しいアプリをインストールするときやパソコンの買い替えを検討しているときなど、自分のパソコンのOSのバージョンや、CPUなどの本体性能を知りたい状況はあると思います。マウスでクリックしていると、設定の深い部分まで移動しなくてはいけませんが、ショートカットキーを使えばこれも一瞬で開くことができます。**[システム] を開くには Windows ＋ Pause を押します**。さらに

パソコンの設定関係をすぐに表示する方法

お客さんからのデータ、ダウンロードするには容量が大きい……。空き容量は大丈夫かな……
途中で容量がいっぱいになるのは困るよね
すぐに確認する方法もあるわよ

このウィンドウが開いた状態で Shift ＋ Tab を押すと、［デバイスマネージャー］や［システムの詳細設定］を開くことも可能です。そのほかの情報や、**設定に関してはコントロールパネルから開きます。Windows ＋ Pause を押してシステム情報を開いたあと、BackSpace を押せばたどり着くことができます。**本書でもコントロールパネル経由での設定変更は数多く紹介していますので、覚えておくと効率よく設定を変更できます。

システム情報をパッと確認できるショートカット

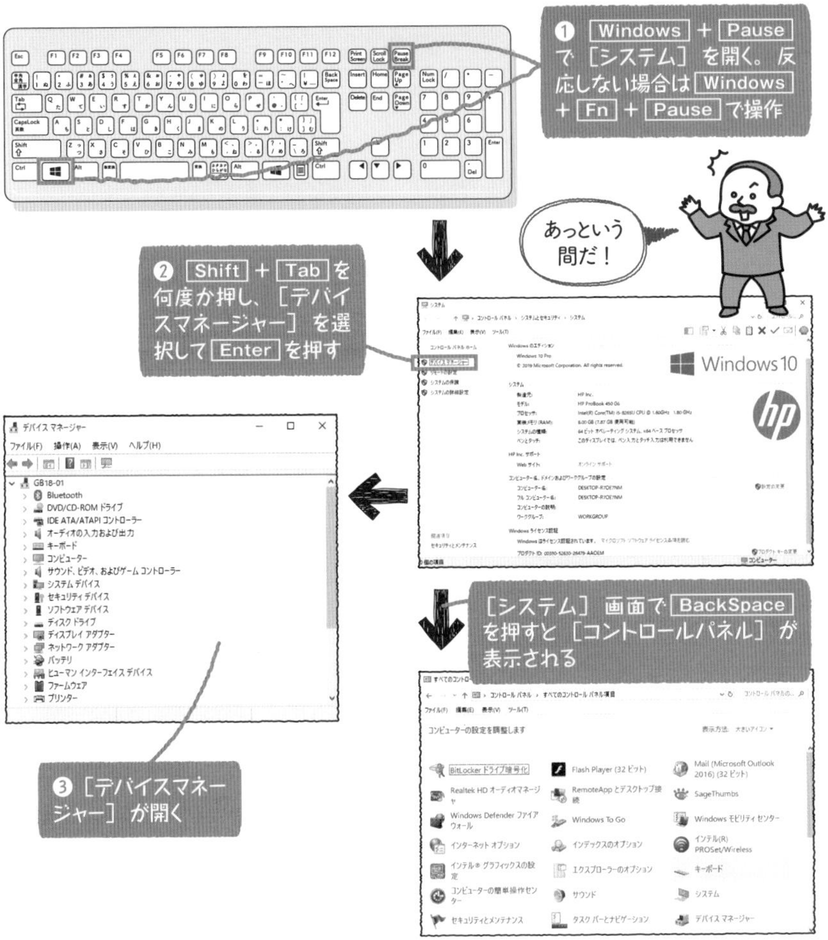

❶ Windows ＋ Pause で［システム］を開く。反応しない場合は Windows ＋ Fn ＋ Pause で操作
あっという間だ！
❷ Shift ＋ Tab を何度か押し、［デバイスマネージャー］を選択して Enter を押す
［システム］画面で BackSpace を押すと［コントロールパネル］が表示される
❸［デバイスマネージャー］が開く

Column 03

マウスレスにこだわらず

ドローイングアプリはマウスも使う

パソコンの使い方の本には「マウスは絶対使わない」と、少々大げさに書かれているものもありますが、わたしはマウスを使うことが絶対にダメだとは思っていません。ただ、マウスを使うよりも効率的な方法があるなら、それを使うべきだと思っているだけです。

「ショートカットキーを覚えきれない」というのであれば、使う頻度が多くて時間短縮につながるものをまずは覚え、マウス操作と並行して使うようにすればいいでしょう。もちろん、ショートカットは全部を一度に覚える必要はありま

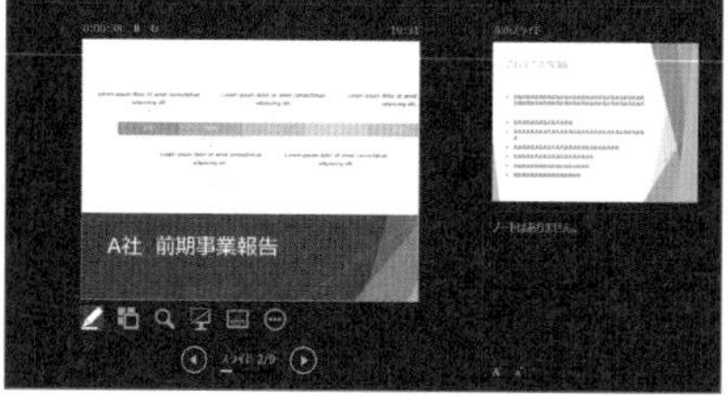

PowerPointは資料作成時以外にも、スライドショーの［発表者ツール］などマウスが必要な場面も多い（P212）

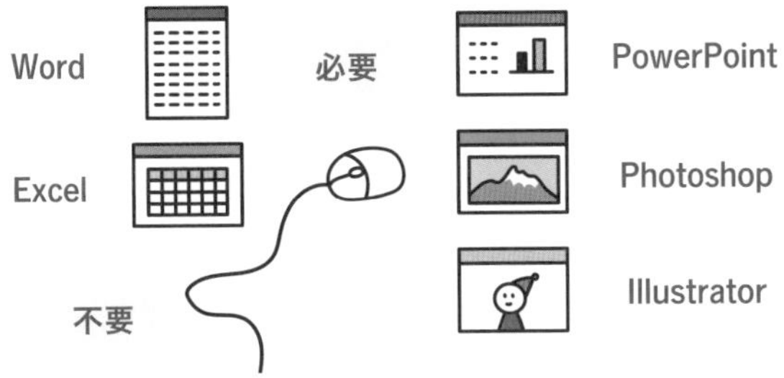

せんが、時短できることを一度実感してしまえば、全部覚えたくなるものです。

しかし、ショートカットキーと相性が悪いソフトも実際にあり、その代表格がPowerPointやPhotoshop、Illustratorなどのドローイングソフト。実際に使ってみるとわかりますが、ドローイングソフトは「線」を引く動作が非常に多く、キーボードでは無理があります。意地を張らずにマウスを使いましょう。

デザイン系の仕事でもなければPhotoshopやIllustlatorは使わないかもしれませんが、ビジネスパーソンであればPowerPointは避けられません。そのため、PowerPointで資料を作るときは、もちろんマウスも使う必要があると心得ておきましょう。

とはいえ、PowerPointもOfficeソフトなので共通ショートカットキーを使うことも可能です。テキストやボックスのコピペはショートカット、描画やボックスのサイズ変更などはマウス、というように臨機応変に使い分けると資料作りもスムーズに、時間をかけずに作れるでしょう。

Chapter 03

Officeソフト共通！文書作成超時短テク

共通する操作に
気付いたみたいね
そうか！　わかった。
あれと一緒だ
パチン！
これはアレのとき
やったヤツね！
やってきたことが
つながったね
ガタッ
ガタッ
ニコッ
うんうん

一般の企業で最も多く使われている、いわゆるOfficeソフト。意識しないで使っているでしょうが、これらはMicrosoft社のOSに合うように作られていて、そのため操作なども共通のものが多くあります。たとえば、Officeソフトで当たり前のように行っているコピー＆ペーストのショートカットキーが、メモ帳やメールソフトでも使えるなど、共通ワザは1つ覚えてしまえばほかでも使えるのです。この章では、ソフトごとの特徴に合わせた便利ワザではなく、基本的なパソコン作業で効率アップにつながるものを取り上げて解説。非常に簡単で、覚えてしまえば忘れない必須ワザ・知識ばかりです。

便利機能に振り回されず
使いこなせるようになるのが大事
あったらイイなと思うことは
用意されてることが多いからそれを探す！
面倒くさいと思うことは大抵解決されているわ
バージョンアップするたびにどんどん便利になるよ
そう！　パソコンのために時間を使わず仕事にパソコンを使おう

KEY WORD → カーソル移動、ショートカット

01 文章中のカーソルを瞬間移動させる方法

文章の作成で欠かせない効率的なカーソル移動を極めることで、作業時間の大幅な短縮ができます。

パソコンを仕事で使う人の中には、文章の作成や編集に多くの時間を費やしている人もいるでしょう。文字入力の時間を除けば、カーソルの移動にかかる時間は、それぞれが１秒ずつでも積み重なれば膨大な時間になります。マウスの反応速度をアップしたり（P20）、マウスホイールを利用している人も多いでしょうが、**カーソル移動**の**ショートカット**キーの使用が一番の時短につながるのでおす

マウスでスクロールしないで済む移動術

ページ数が膨大な資料は
前や後ろのページを
何度も行き来して見るのは
大変だなあ……
スクロールすると
手や指が疲れちゃう。
いい方法ない？
ページ移動を
ショートカットできると
作業効率も上がるよ！

すめです。文章の作成時にカーソル移動を効率的に行えるのが、**現在のカーソル位置から行頭に跳ぶ Home キーと、行末まで跳ぶ End キーの操作。使う機会が少ないキーだと思われがちですが、使えるようになると作業が非常にはかどるようになり便利。さらに上記のキーと Ctrl を組み合わせることで、文書の最初または最後に移動することができます**。ただし、キーボードの種類によっては、一部のショートカットを使用できない場合があるので注意が必要です。

文書の中でカーソルを高速移動させる

行頭・行末にカーソルを移動

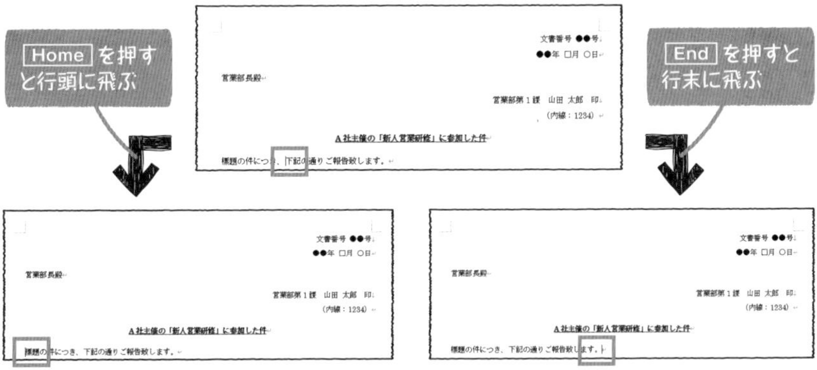

Home を押すと行頭に飛ぶ
End を押すと行末に飛ぶ

文書の最初・最後にカーソルを移動

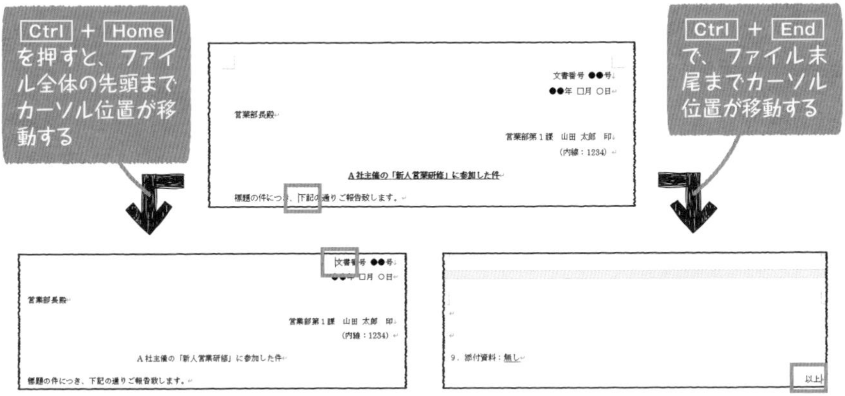

Ctrl + Home を押すと、ファイル全体の先頭までカーソル位置が移動する
Ctrl + End で、ファイル末尾までカーソル位置が移動する

02 文書や文字をマウスなしで選択する

カーソル移動だけでなく、文字や文章の選択もキーボードで行うことで、さらに作業時間を短縮できます。

文書作成中に文字の選択をする際、多くの人がマウスを使って**ドラッグ**しています。しかし、これは効率が悪く、選択ミスも起こりやすいやり方です。そんなときは、キーボードで文字や文章を一発選択する方法が便利です。**[Shift]を押しながら[←][→]キーで文字選択、[↑][↓]キーで複数行を選択できます。また、[Shift]を押しながら[Home]または[End]を押すと行頭・行末まで選択すること**

移動と選択の基本ワザが時短の基礎

仕事で"使える"ショートカットって、どんなものがありますか？
マウスなしで複数行を選択してコピー&ペーストとかかな。できる？
複数行の選択をマウスなしで？わたしにも教えてください！

が可能で、さらに Ctrl を同時に押せば、文頭や文末まで選択することができます。これらは、Office ソフト共通で使うことができるワザです。特定文字を**コピー&ペースト**したり切り貼りしたりするときなど、文章編集のさまざまな場面で活用することができます。このやり方を身に付ければ、作業する際のストレスはびっくりするほど軽減され、文書作成にかける時間も大幅に短縮することができるでしょう。意識しないでできるようになるまで、何度も繰り返し練習してみましょう。

マウスなしで範囲選択する方法

Shift + ← →

2．日時：●●年 △月 ×日↓

カーソル位置からカーソルキーを押した回数分だけ選択

Shift + Home

2．日時：●●年 △月 ×日↓

カーソル位置から行の先頭まですべて選択

Shift + End

2．日時：●●年 △月 ×日↓

カーソル位置からその行の最後の文字まで選択

Shift + Ctrl + Home

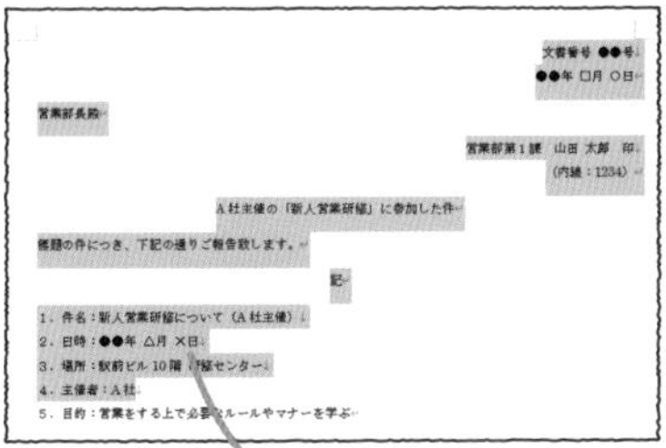
文書番号 ●●号
●●年 □月 ○日
営業部長殿
営業部第1課 山田 太郎 印
(内線：1234)
A社主催の「新人営業研修」に参加した件
標題の件につき、下記の通りご報告致します。
記
1．件名：新人営業研修について（A社主催）
2．日時：●●年 △月 ×日
3．場所：駅前ビル 10階 研修センター
4．主催者：A社
5．目的：営業をする上で必要なルールやマナーを学ぶ

カーソル位置から前の文章すべてを選択

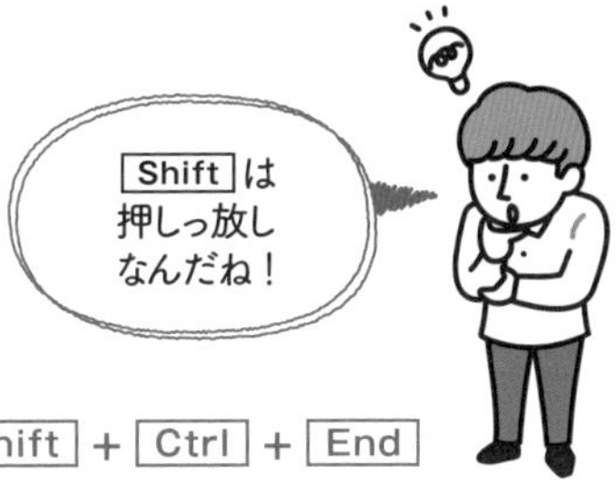
Shift は
押しっ放し
なんだね！

Shift + Ctrl + End

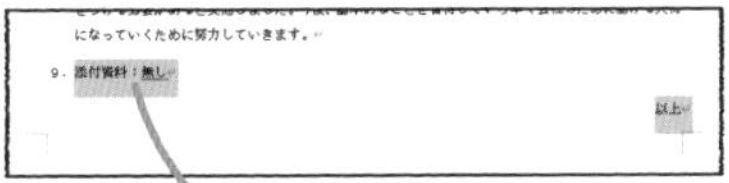
になっていくために努力していきます。
9．添付資料：無し
以上

カーソル位置より後ろの文章すべてを選択

03 よく使うフレーズは辞書登録で自動入力！

時間がかかりがちな文字入力も、よく使うフレーズは辞書に登録しておくと毎回入力せずに済みます。

わたしたちは普段同じ言葉を何度も使っていますが、この繰り返しの言葉を入力する手間を省ければ、多くの時間を節約することができます。そのためには、ここでは日本語ツールに搭載されている辞書ツールの機能「**辞書登録**」を活用します。日本語入力ツールはWindows標準機能であれば［**Microsoft IME**］。好みに合わせて［Google日本語入力］をインストールして使ってもいいでしょう。

長い定番の文章は辞書登録して時短

わぁ～ん！
同じ文章を何度も
打つのはもうイヤ～！
予測変換も
あるけど長い文章だと
やっぱり面倒……
よく使う長い文章は
辞書登録をすれば
手間が省けるよ

辞書ツールによく使う言葉を登録しておけば、2～3文字入力するだけで任意の言葉や単語に変換することが可能です。効率化を図れるだけでなくミスの削減にもつながります。辞書にはやや長めの文章も登録できます。**登録は［Microsoft IME］なら Ctrl ＋ F10 、［Google日本語入力］なら［プロパティ］からキー設定しておけば、ショートカットキーで辞書ツールを起動でき、［よみかた］の欄に入力する文字を、［語句（単語）］の欄に表示させたい文字を入力すれば完了**。忘れやすい情報を記録しておく目的でも使えて、たいへん便利です。

辞書登録のメリットとやり方

長いフレーズも予測変換の上位になる

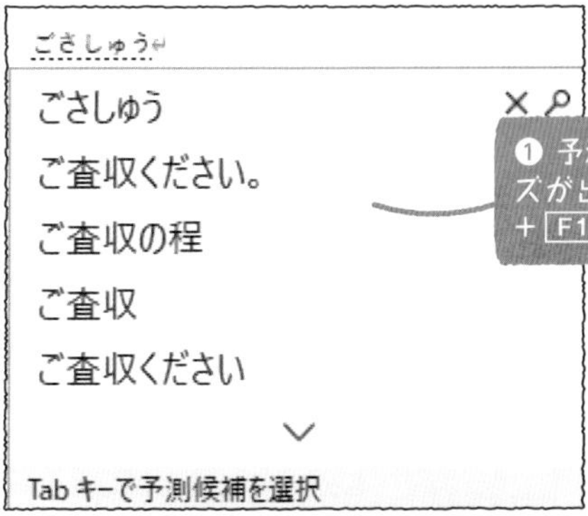

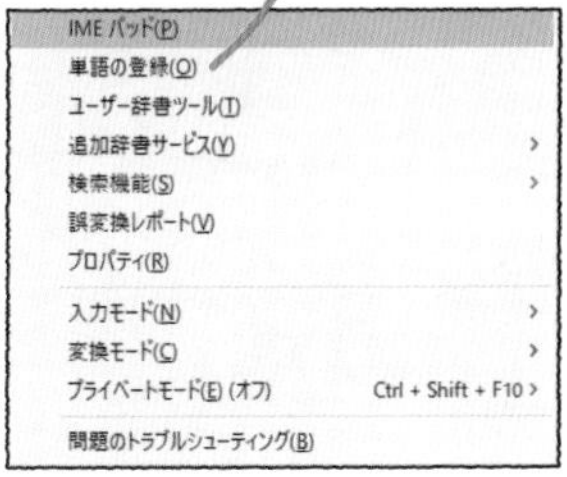

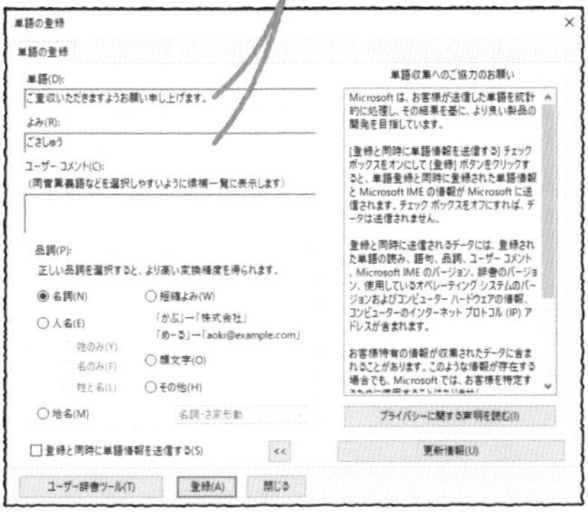

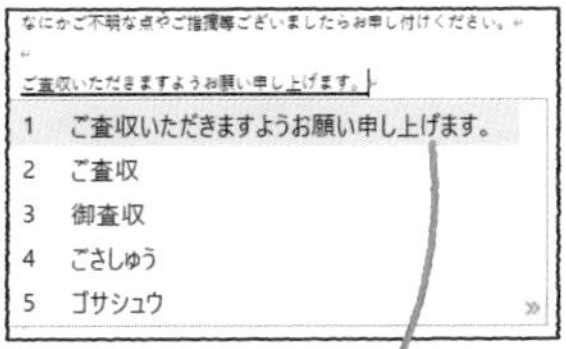

04 入力済みの文字のかな変換・英数字変換

F6 ～ F10 を使って、入力した文字をひらがなやカタカナ、アルファベットの全角や半角に簡単に変換できます。

［ローマ字入力**かな変換**］で入力する場合、一度アルファベットで入力したものを日本語に変換しなくてはならないので、入力効率が低下します。変換候補も漢字、カタカナ、英数字と幅広く、さらに英数字には全角・半角と、複数の文字種があることも入力効率を低下させる要因です。そこで文字変換の負担を減らすため、 F6 、 F7 、 F8 、 F9 、 F10 のキーを使って文字変換をす

文字変換はファンクションキーが便利

一昨日頼まれていた
フリガナ入力が
やっと終わりました……
ヘトヘト…
えっ!?
1日以上
かかったの？
500人分ですから……。
別のやり方ありました？
カタカナ変換は
手打ちだと時間のムダ。
簡単な方法があります！

る便利なワザを紹介しましょう。**「ローマ字入力かな変換」のモードで文字入力、または変換したい文字を選択して「変換」を押した状態で F6 を押すと、入力した文字をひらがなに変換することができます。F7 を押すと、入力した文字を全角のカタカナに、F8 を押すと入力した文字を半角のカタカナに変換。F9 を押すと入力した文字を全角のアルファベットに、F10 を押すと入力した文字を半角のアルファベットに変換できます**。**英数字変換**は(F9 や F10)は、押す回数によって、小文字→大文字→先頭のみ大文字、と変換されます。

合わせて覚えたい文字変換術

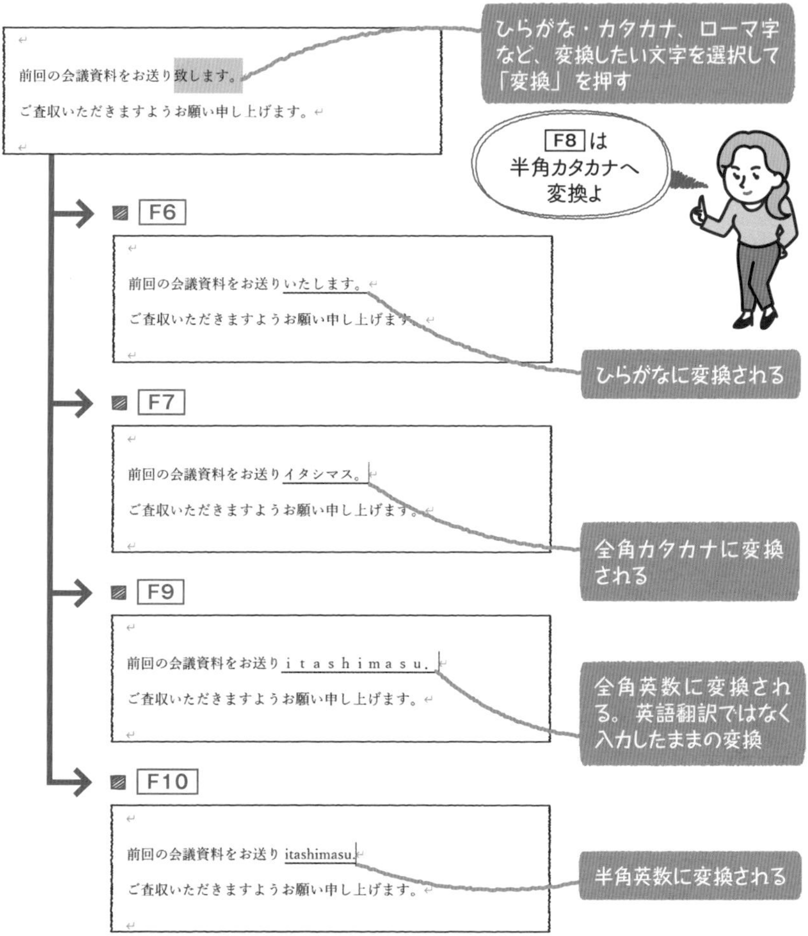

前回の会議資料をお送り致します。
ご査収いただきますようお願い申し上げます。
ひらがな・カタカナ、ローマ字など、変換したい文字を選択して「変換」を押す
F8は半角カタカナへ変換よ
F6
前回の会議資料をお送りいたします。
ご査収いただきますようお願い申し上げます。
ひらがなに変換される
F7
前回の会議資料をお送りイタシマス。
ご査収いただきますようお願い申し上げます。
全角カタカナに変換される
F9
前回の会議資料をお送りｉｔａｓｈｉｍａｓｕ．
ご査収いただきますようお願い申し上げます。
全角英数に変換される。英語翻訳ではなく入力したままの変換
F10
前回の会議資料をお送り itashimasu.
ご査収いただきますようお願い申し上げます。
半角英数に変換される

05 文字の誤変換はマウスを使わず修正する

変換ミスがあっても、Enter で確定した直後なら変換可能な状態に戻すことができるので、入力し直す必要がありません。

文書などを入力していると、必ず**変換ミス**が発生します。そのような場合、多くの人は最初から文字を入力し直すか、変換ミスした文字をマウスで選択して変換キーを押すでしょう。しかし、**確定直後であれば、Ctrl + BackSpace を押すと、再び変換可能な状態に戻せます。また、再変換する箇所を選択した範囲の中から細かく指定することも可能です。Ctrl + BackSpace を押して長めの**

変換ミスの修正に時間をかけない

長文を変換したら、
あちこちに変換ミスが……。
修正が面倒だなぁ
大丈夫！
確定直後だったら、
変換し直せるから
確定する前に
再変換していくのが、
時間がかからない方法よ

文章を再変換可能な状態にした場合、[Shift]を押しながら[←][→]を押すと、変換箇所の範囲を指定したり、変換箇所を移動させたりすることができます。このワザを身に付ければ、たくさんの文字を打ってから、まとめて変換・確定することができるようになります。そのため頻繁に変換・確定を繰り返す必要がなくなり、ミスを気にせず、どんどん入力していけるので、入力作業全体の生産性を上げることができるのです。

文字の修正もマウスなしで可能

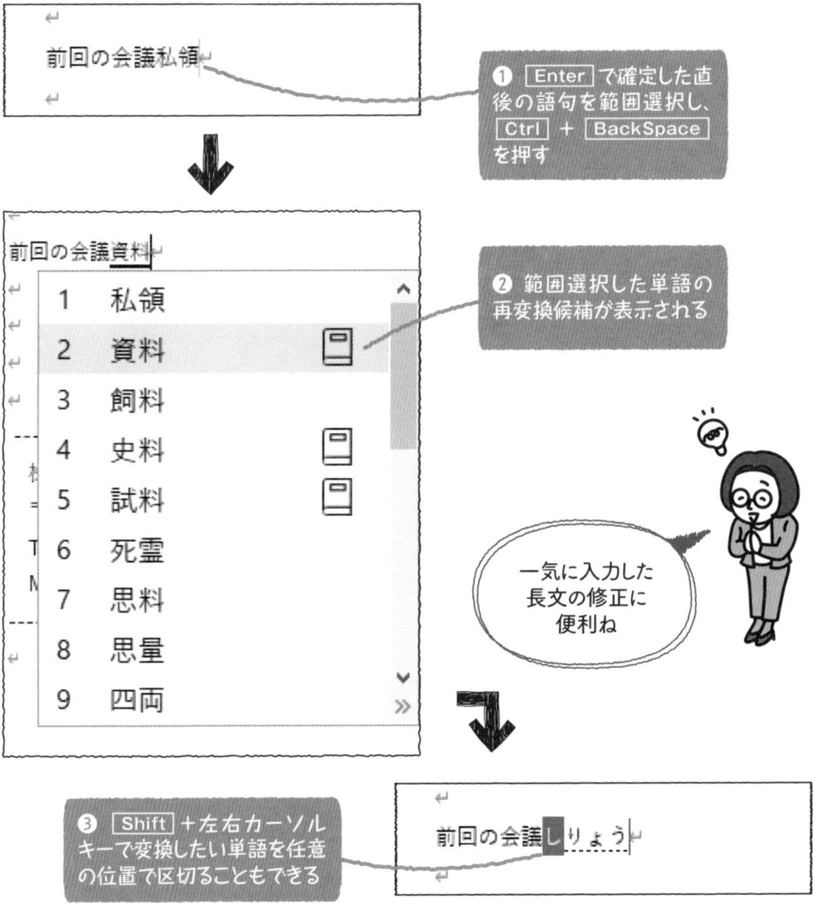
前回の会議私領
① Enter で確定した直後の語句を範囲選択し、Ctrl + BackSpace を押す
前回の会議資料
1 私領
2 資料
3 飼料
4 史料
5 試料
6 死霊
7 思料
8 思量
9 四両
② 範囲選択した単語の再変換候補が表示される
一気に入力した長文の修正に便利ね
③ Shift +左右カーソルキーで変換したい単語を任意の位置で区切ることもできる
前回の会議しりょう

KEY WORD → 住所変換機能、郵便番号辞書

06 目からウロコの住所入力の超簡単ワザ

一見、時間がかかりそうな住所入力ですが、事前設定による便利ワザを使えば名刺管理ソフトは不要になります。

人からもらった名刺をデータ化する場合、手入力では時間がかかるし、OCR（光学的文字認識技術）は読み取り精度が低いなどの問題があります。そこで紹介するのが、日本語入力ツールの**住所変換機能**です。**まず郵便番号を選択して［変換］を押すと、その郵便番号にあたる住所情報が変換候補として表示されます。この機能を利用するには、［Microsoft IME］の場合、少しだけ事前設定が必**

郵便番号を変換すると自動で住所に

講演会に参加した お客さんのリストに名刺から 住所を追加してくれる？
2人でこの名刺を 全部ですね。 200枚はあるかしら……
それ全部ですか!? 結構時間が かかりそうだなぁ……
名刺から住所だけ 打ち込みするなんて 全然時間かから ないわよ？

要です（[Google 日本語入力] では不要）。タスクバーの通知トレイの［あ /A］を右クリック→［プロパティ］（もしくは、Ctrl + F10 を押してから Ctrl + 変換 ）→［詳細設定］→［辞書 / 学習］タブ→［システム辞書］の欄で［郵便番号辞書］にチェックを入れ、［追加］→［適用］で事前設定は完了です。この機能を使えば、名刺管理ソフトにデータを取り込んだあとの修正も簡単。一部を選んで部分修正をするよりも、郵便番号を都度手入力して変換させて番地を追加するほうが時間がかかりません。

面倒な住所入力を時短する方法

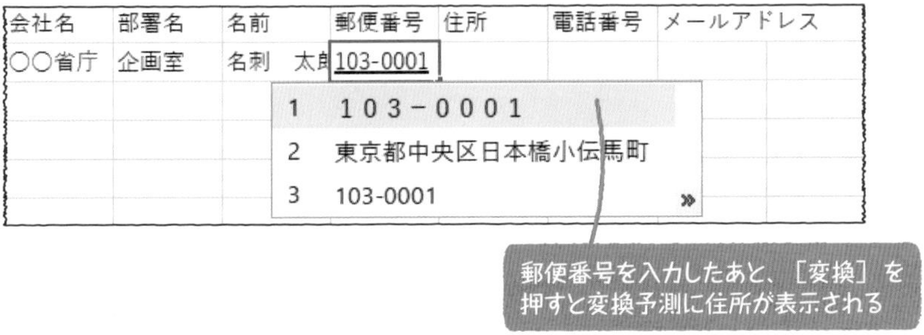

変換予測に住所が出ないときの設定方法

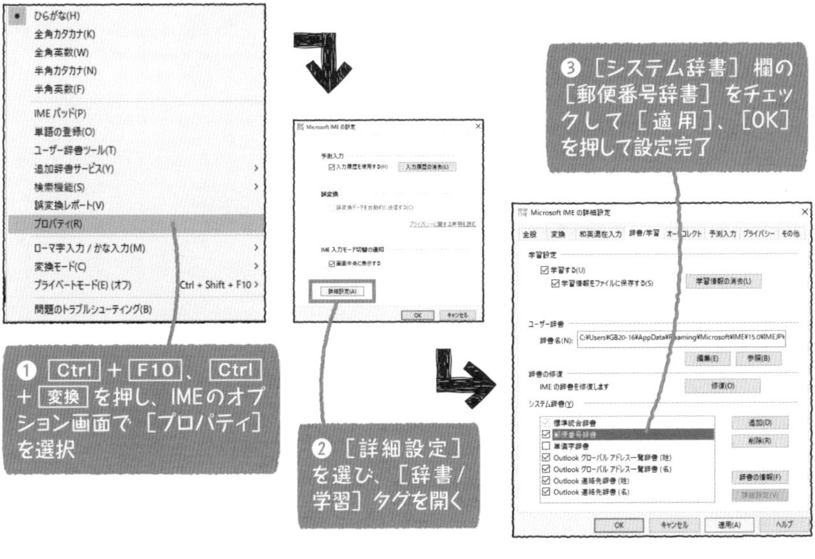

07 難読漢字は手書き入力で変換の時間を短縮

読み方がわからない難読漢字を入力したい場合は、手書き文字入力機能を使えばスムーズです。

「鰊（にしん）」「鯢（さんしょううお）」など、どう読むかわからない漢字を見て戸惑った経験があるのではないでしょうか。漢字の読み方がわからなければ、検索することもできません。そんなときに便利なのが、**手書き文字入力機能**です。**[Google 日本語入力］の場合、文字の入力先のアプリを起動し、文字を入力できる状態にしておきます。次にタスクトレイ上のアイコンを右クリックして［手書き文**

難読漢字は手書き検索が一番簡単

難しい漢字が読めなくて入力できないんですけど、どうすればいいですか？
IMEパッドの手書き入力を使えばいいのよ
マウスで文字を書けば候補が表示されるのよ
え？パソコンなのに手書き？使ったことないです

字入力］を選択すると、手書き入力エリアが開きます。手書き入力エリアに漢字を書いていくと途中で部首が判別され、候補が絞られていきます。当該の漢字を見つけてマウスポインターをあわせると、訓読みと音読みがポップアップ表示されるので確認してクリック。**［Microsoft IME］では、Ctrl + F10 を押して表示されるメニューから［IME パッド］を選択すると、手書き入力エリアが開きます**。漢字を書いていくと途中で部首が判別され、候補が絞られていきます。

難読漢字の入力方法

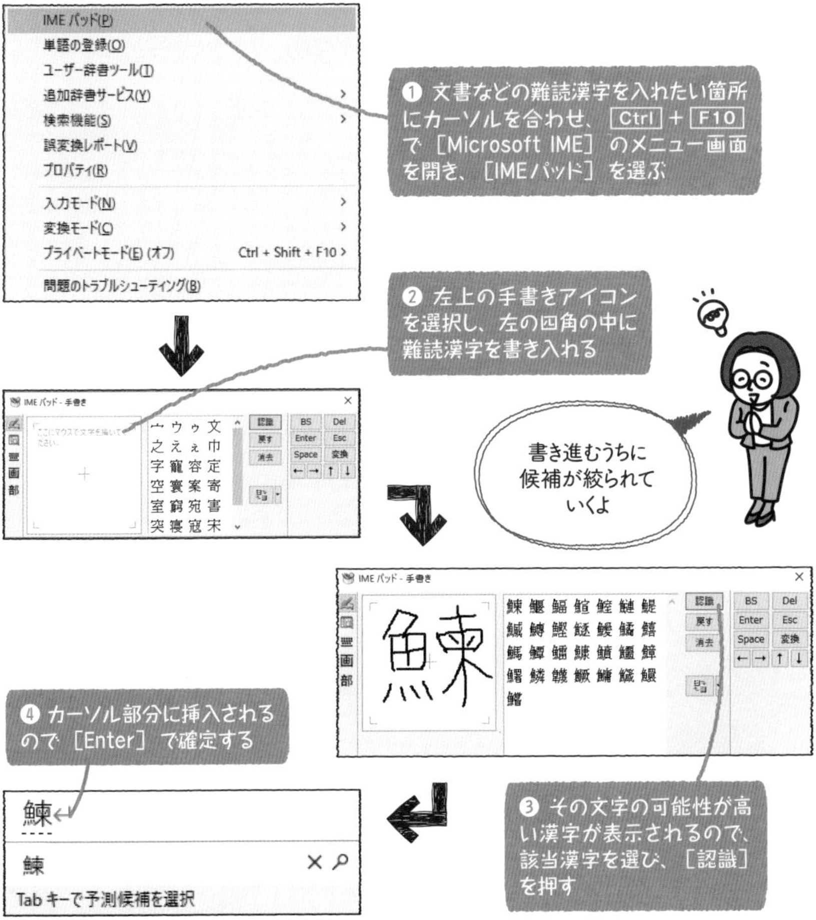

IME パッド(P)
単語の登録(O)
ユーザー辞書ツール(T)
追加辞書サービス(Y)
検索機能(S)
誤変換レポート(V)
プロパティ(R)
入力モード(N)
変換モード(C)
プライベートモード(E) (オフ)
Ctrl + Shift + F10
問題のトラブルシューティング(B)
① 文書などの難読漢字を入れたい箇所にカーソルを合わせ、Ctrl + F10 で［Microsoft IME］のメニュー画面を開き、［IMEパッド］を選ぶ
② 左上の手書きアイコンを選択し、左の四角の中に難読漢字を書き入れる
IME パッド - 手書き
書き進むうちに候補が絞られていくよ
③ その文字の可能性が高い漢字が表示されるので、該当漢字を選び、［認識］を押す
④ カーソル部分に挿入されるので［Enter］で確定する
鰊
Tab キーで予測候補を選択

08 議事録はメモ帳でまとめ

メモ帳を使えば、簡単な操作であっという間に作業の開始と終了時刻を記録することができます。

パソコンで会議の議事録を作成したり、アイデアをまとめたりするときに、起動が速くて動作が軽く、使いやすいのがWindows標準の「**メモ帳**」です。その機能はシンプルですが、必要最低限の機能が備わっていて、中でも便利なのは、現在の時刻を瞬間表示することができる機能です。**メモ帳が開いている状態で、F5 キーを押すと「0：15 2020/05/20」のように現在時刻が瞬時に**

メモ帳の便利機能を使う

それでは企画会議を始めます
今日はあなたの企画ね。なら議事録はお願いね
え!? 議事録ってどうやって取るんですか?
Windowsの「メモ帳」がいいよ。日付も自動で入力できるし

入力されます。この時刻はWindowsのシステム時計が基準になっているので、パソコンがネットにつながっていれば、常に正しい時刻が表示されます。この機能をメモ帳などのアプリの一発起動と組み合わせれば、急にメモの必要が生じた場合でも、起動後すぐに日時を入力して記録を始めることができます。**メモ帳のデータを保存するときは、メモ帳画面の先頭に「.LOG」と入力して保存すると、保存したファイルをメモ帳で開くたびに文末に日時が自動的に入力されます。**

メモ帳で現在の日時を一瞬で入れる方法

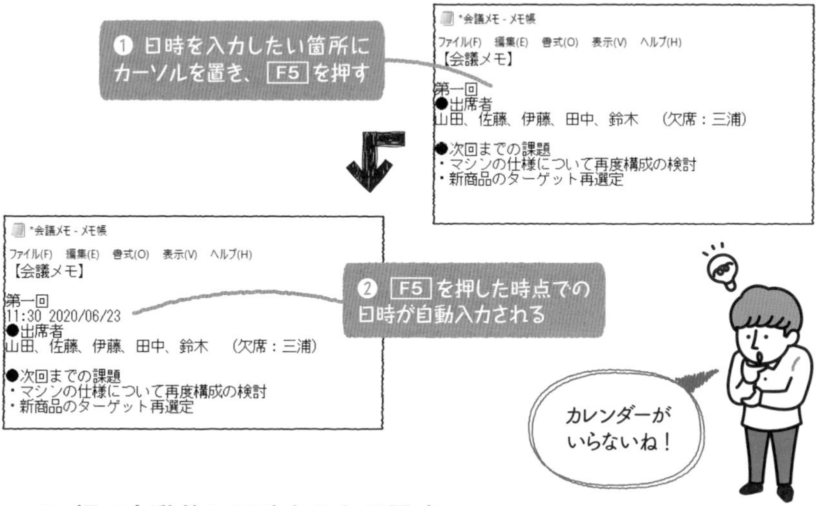

❶ 日時を入力したい箇所にカーソルを置き、F5を押す
*会議メモ - メモ帳
ファイル(F) 編集(E) 書式(O) 表示(V) ヘルプ(H)
【会議メモ】
第一回
●出席者
山田、佐藤、伊藤、田中、鈴木 (欠席：三浦)
●次回までの課題
・マシンの仕様について再度構成の検討
・新商品のターゲット再選定
*会議メモ - メモ帳
ファイル(F) 編集(E) 書式(O) 表示(V) ヘルプ(H)
【会議メモ】
第一回
11:30 2020/06/23
●出席者
山田、佐藤、伊藤、田中、鈴木 (欠席：三浦)
●次回までの課題
・マシンの仕様について再度構成の検討
・新商品のターゲット再選定
❷ F5を押した時点での日時が自動入力される
カレンダーがいらないね！

メモ帳で自動的に日時を入れる設定

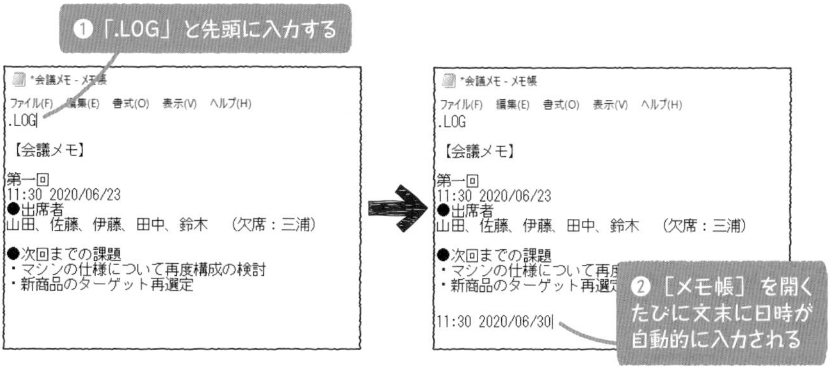

❶「.LOG」と先頭に入力する
*会議メモ - メモ帳
ファイル(F) 編集(E) 書式(O) 表示(V) ヘルプ(H)
.LOG
【会議メモ】
第一回
11:30 2020/06/23
●出席者
山田、佐藤、伊藤、田中、鈴木 (欠席：三浦)
●次回までの課題
・マシンの仕様について再度構成の検討
・新商品のターゲット再選定
*会議メモ - メモ帳
ファイル(F) 編集(E) 書式(O) 表示(V) ヘルプ(H)
.LOG
【会議メモ】
第一回
11:30 2020/06/23
●出席者
山田、佐藤、伊藤、田中、鈴木 (欠席：三浦)
●次回までの課題
・新商品のターゲット再選定
11:30 2020/06/30
❷［メモ帳］を開くたびに文末に日時が自動的に入力される

09 長文で必要な言葉を一瞬で見つけるワザ

長文の中から特定のキーワードを見つけたいときは、パソコンの検索機能に任せましょう。

文書ファイルやWebサイトの中からキーワードを探し出す際に、カーソルを移動したり画面をスクロールしたりして、目視で探している人がいます。これは効率が悪いだけでなく、漏れや見落としが発生する可能性があります。目視の検索で漏れや見落としが起こりやすくなるのは、カーソルやスクロールで画面が動くと、どうしても視線を動かさなくてはならなくなり、集中力が低下してし

人の目で見るより検索機能で漏れなく素早く

午前中にお願いした資料の誤字チェックは終わった？できたら今日中に確認したいんだけど
まだです……。1つずつ目でチェックしてるので時間がかかっているんです
そうか……。文字検索のやり方を知らなかったのね。説明しなくてごめんね

まうからです。**重要なキーワードを検索しなくてはならない場合には、アプリケーションの「検索機能」を使いましょう。ショートカットキーは Ctrl ＋ F です。**これは、Windows や Office ソフト、ブラウザなどで共通ですが、Word だけ方法が異なるので注意しましょう(詳細は下記の One point 参照)。記録や反復、検索といったコンピューターが得意とする分野は、作業の効率化のためにも、人為的なミスを防ぐためにも任せてしまうのがいいのです。

文字検索はショートカットを使う

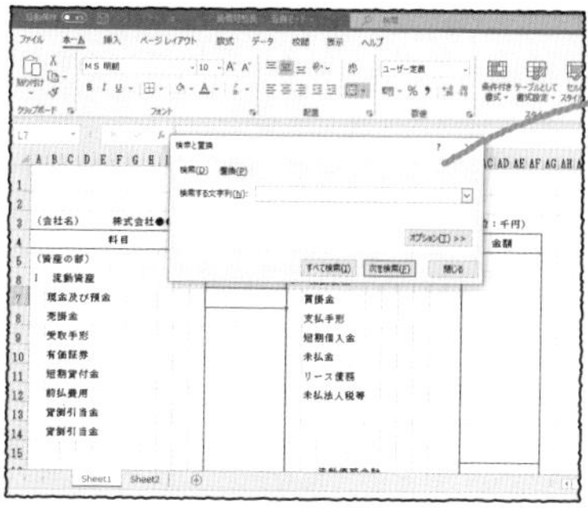

❶ Ctrl ＋ F で検索ダイアログを表示させる

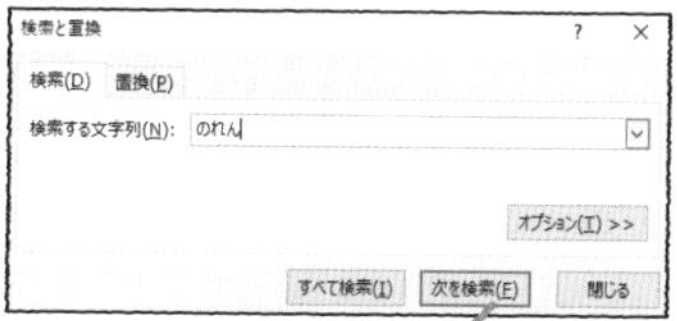

❷［検索する文字列］にワードを入力して［次を検索］を選択

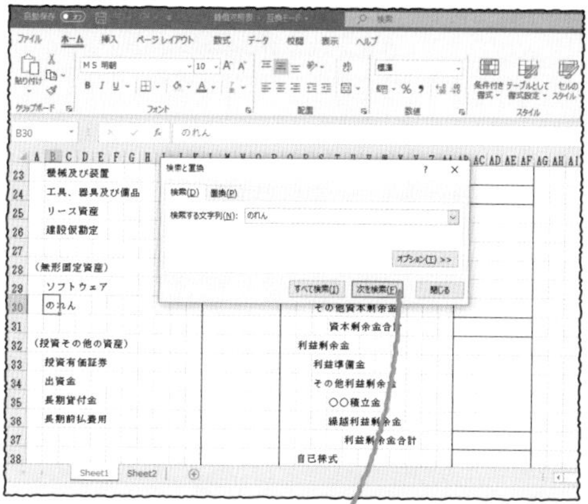

❸ 検索と同じワードが入った場所が表示される。複数ある場合は［次を検索］を選ぶごとに次のヒット箇所が表示される

One point

Microsoft365 の Word は Ctrl ＋ F で［ナビゲーション］が開いてしまうので、検索するときはまず、Ctrl ＋ H で［検索と置換］を開き、Ctrl ＋ PgUp を押して、検索タブに切り替えて検索を行います。

10 文書の編集に便利な「検索」「置換」機能

検索機能と同様に、特定のキーワードを変更したい場合、一瞬で置き換える置換機能を使ってみましょう。

特定のキーワードを別のキーワードに置き換えるときは、「**置換機能**」が便利です。検索機能（P110）と同じく、複数のアプリ間で共通して使える機能です。**[メモ帳] で置換機能を使う場合は、Ctrl + H を押すと [置換] ダイアログが開き、検索する文字列と、置換後の文字列を入力します。そこで、キーワードを検索するだけか（[次を検索]）、1つずつ置換するか（[置換して次に]）、一気にまとめて置**

手作業を減らすとミスが減り時間も省ける

さっき課長に言われた製品名の変更を資料に反映するっていう仕事なんだけど、どうやればいいのかな？
この前教わった検索で1つずつ直すしかないんじゃない？
うーん…
検索とほぼ同じ使い方で置換機能は使えるから手打ちする必要はないよ！

換するか（[すべて置換]）を選ぶことができます。また、キーワードの指定方法を工夫すると、いろいろな使い方が可能です。たとえば［検索する文字列］欄に全角または半角の空白を入れ、［置換後の文字列］欄に何も入れずに置換すると、目視では見つけにくい不要な空白を一気に削除することができるのです。このようなワザを身に付けると、便利であると同時に、文書作成や編集時に心の余裕が持てるようになります。

漏れなく修正に便利な置換機能

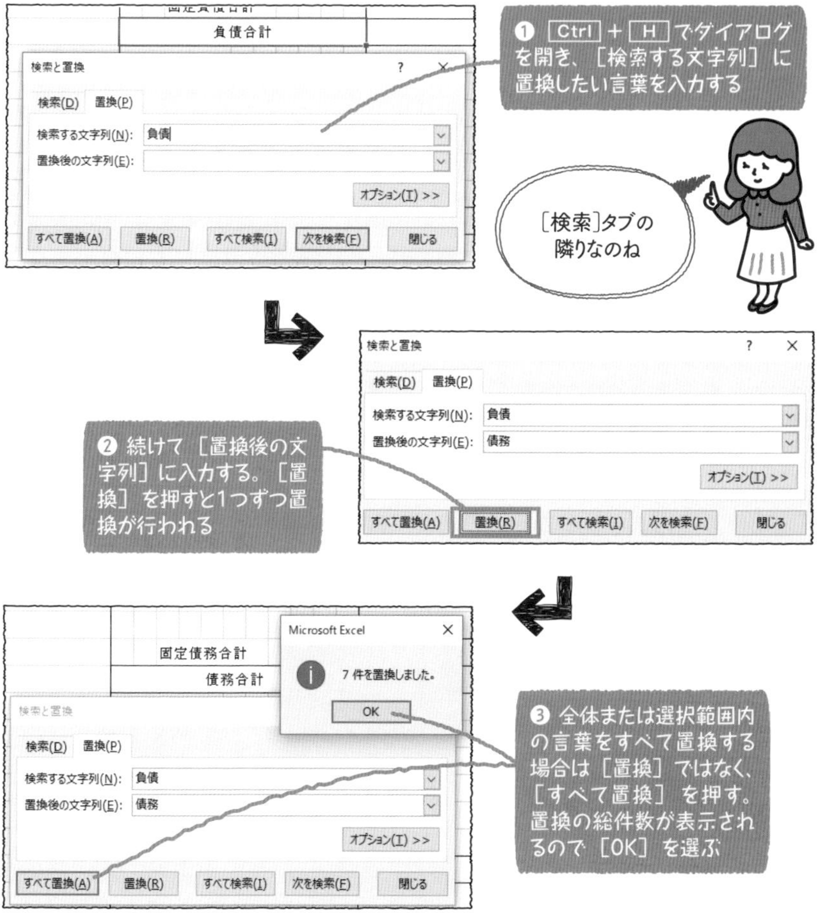
❶ Ctrl ＋ H でダイアログを開き、［検索する文字列］に置換したい言葉を入力する
［検索］タブの隣りなのね
検索と置換
検索(D) 置換(P)
検索する文字列(N): 負債
置換後の文字列(E): 債務
オプション(T) >>
すべて置換(A) 置換(R) すべて検索(I) 次を検索(F) 閉じる
❷ 続けて［置換後の文字列］に入力する。［置換］を押すと1つずつ置換が行われる
Microsoft Excel
7 件を置換しました。
OK
固定債務合計
債務合計
❸ 全体または選択範囲内の言葉をすべて置換する場合は［置換］ではなく、［すべて置換］を押す。置換の総件数が表示されるので［OK］を選ぶ

Column 04

思い込みは捨てよう

簡単にPDF文書化できる方法

Officeソフトは、保存時にPDF形式を選ぶことができます。また、PhotoshopやIllustlatorなどの有料の描画ソフトの中には、PDF形式で保存ができるものが多くあります。しかし、Windows10で標準搭載されているペイントやフォトなどの無料ソフトでは、PDFでの保存はできません。また、多くのテキスト作成ソフトもPDFで保存することができないので、一度文章をWordに写すなどの手間がかかります。

そんな手間をなくす方法が、PDF変換仮想プリンターソ

CubeSoft（https://www.cube-soft.jp/）社はPDFの無料ソフトを配布。CubePDFをインストールすれば仮想プリンターが使えるようになる

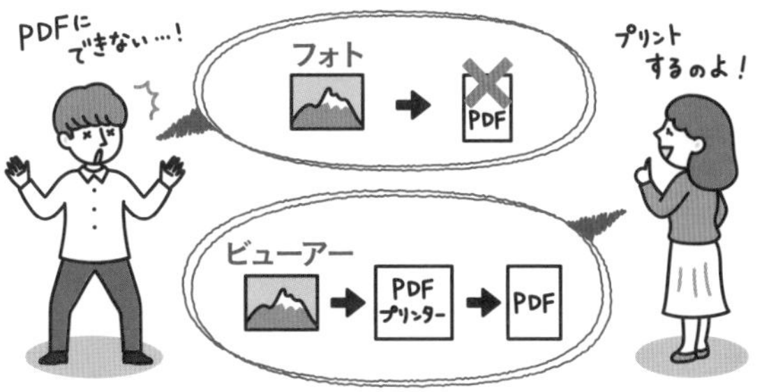

フト。通常の印刷と同じ方法で印刷を選び、〔プリンター〕で仮想プリンターを選ぶとPDFにすることができます。

これらのソフトの便利なところは、①Officeソフトを使わなくてもPDFにできる。②通常の印刷と、PDF変換の切り替えは〔プリンターの選択〕で選ぶだけで済む。③インストールするだけで仮想プリンターが作成され、設定の手間がいらないという点です。

PDF変換プリンターは通常、PDF作成ソフトのオプションなので、PDF作成ソフトを起動して読み込み、そのあと印刷することもできますが、手間がかからないのは仮想プリンターとして選択する方法。ぜひ試してみてください。基本的な手順は以下の通りです。

①印刷したいファイルを開く
②開いたファイルの〔印刷〕コマンドを選ぶ
③〔プリンターの選択〕で仮想プリンターを選ぶ
④〔印刷〕を選択
⑤変換したPDFを保存する場所を選ぶ
⑥〔変換〕または〔実行〕などを選ぶ

Chapter 04

SHINSOKU PC
SHIGOTOJUTSU
MIRUDAKE
notes

アイコンがなくても簡単 Wordの神速操作ワザ

丁寧すぎて遅いのはあまりイイことではないわ！
効率的な手順はすぐ出てくるようにしなくちゃね
提出する文書だけに気を遣わなくちゃ……
何度も同じ操作をするのは非効率……
う〜〜ん
う〜〜ん

オフィスワーカーにとってよく使うソフトの1つであるWord。しかし、文書作成のスピードは人により大きく異なります。その理由は、タイピングのスピードだけではなく、Wordをうまく使いこなせているかどうかです。機能はどんどん進化していますが、それを使いこなせている人は多くはなく、むしろ機能が多すぎて「決まった機能しか使わない」という人もいるでしょう。この章では「その機能は知っている」という基本的なワザも登場しますが、それらはショートカットキーを使うことでスピードアップできる方法です。使いやすくて、しかも時間短縮にもなる便利テクをぜひ身に付けてください。

Wordのお約束を覚えて
超スピーディに
太字にするのは？
これは?
あそび？
まぜてよ
はい！
Ctrl + B！
ピコンッ
時短ワザクイズをやっているんです！
あ～
わかってたのに！
瞬発的に
覚えたことが出てくる
ための練習です

01 文字サイズの変更や太字処理の手間を減らす

フォントや色だけでなく、文字サイズや太字を上手に使うこともわかりやすい文書作成のコツです。

文書のタイトルや宣伝広告などで、強調したい部分の**文字サイズ**を大きくしたり、**太字**にしたりすることがあります。そんなとき、いちいちリボンからマウスを操作してフォントサイズの変更や太字処理をするのは面倒なので、ショートカットキーを使って手間を省き、素早く実行できるようにしましょう。やり方は、対象の文字を選択して、次のショートカットキーを押すだけです。

よく使うからこそ文字設定は最初に覚える

ここの文字をもう少し大きくすると読みやすいわよ
あ → あ
文字の大きさ変更はリストから選んで……
フォントの変更はよく使うのでショートカットキーを覚えておこう
いちいちリボンでサイズを変えなくてもショートカットキーを使えば簡単よ

①文字を一回り大きくする：Ctrl ＋ Shift ＋ >

②文字を一回り小さくする：Ctrl ＋ Shift ＋ <

③文字を太字にする：Ctrl ＋ B

これら3つのワザは、日常的に使うことが多い文字装飾の基本ワザです。文章の意図をよりわかりやすく相手に伝えるために、文字サイズや太字処理を効果的に使いましょう。

使用頻度の高い文字装飾のショートカット

文字のサイズを変える

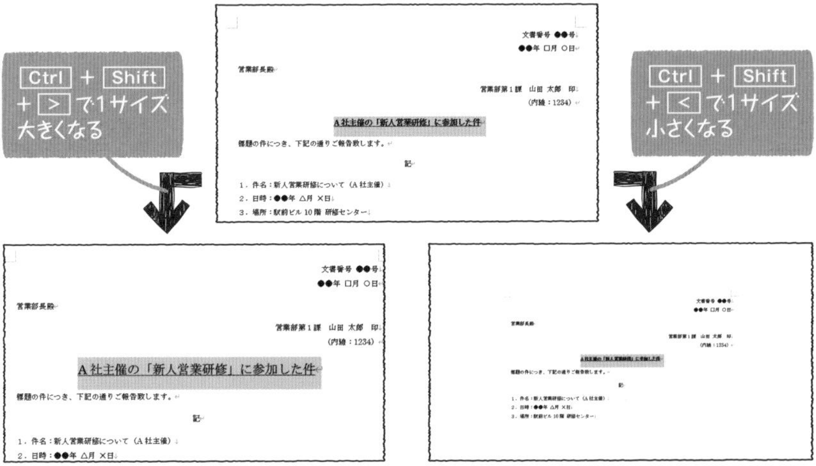
Ctrl ＋ Shift ＋ > で1サイズ大きくなる
Ctrl ＋ Shift ＋ < で1サイズ小さくなる
文書番号 ●●号
●●年 □月 ○日
営業部長殿
営業部第1課 山田 太郎 印
(内線：1234)
A社主催の「新人営業研修」に参加した件
標題の件につき、下記の通りご報告致します。
記
1. 件名：新人営業研修について（A社主催）
2. 日時：●●年 △月 ×日
3. 場所：駅前ビル10階 研修センター

文字を太くする

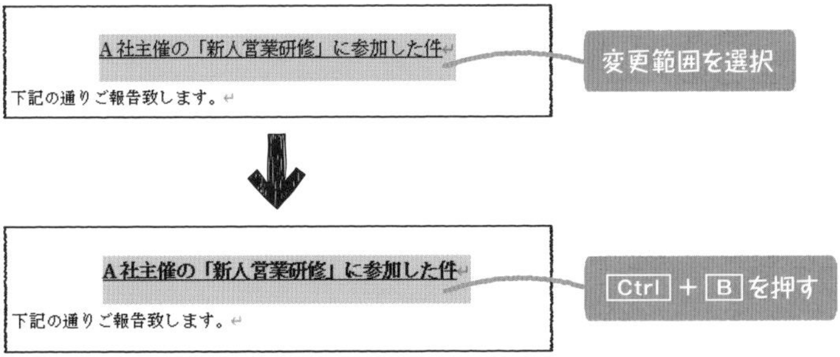
A社主催の「新人営業研修」に参加した件
下記の通りご報告致します。
変更範囲を選択
A社主催の「新人営業研修」に参加した件
下記の通りご報告致します。
Ctrl ＋ B を押す

02 目的に合ったフォントや文字色を選ぶ

フォントの種類や色を変えることも、ショートカットキーで行えます。目的に合わせて使い分けましょう。

文書を作成するとき、文字のサイズ変更や太字処理の次によく使うのが、**フォント**の種類や**文字色**の変更です。Ctrl + D を押すと［フォント］の設定画面が開き、マウスを使わずにショートカットキーを使って行うことができます。フォントの種類の変更は、［日本語用のフォント］や［英数字用のフォント］から目的に合ったものを選びます。**一般的なビジネス文書やレポートであれば［MS 明**

提出文書は見やすさが大切

一昨日のミーティングの議事録はもうできた？
初めて作ったんですが、少し読みにくい気がしていて……
うーん…
あ
あ
太さや大きさとかフォントを工夫すると読みやすくなるわよ

朝]、マニュアルやプレゼン用では識字性の高い［MSP ゴシック]、英数字であれば汎用性の高い「Century」や「Arial」などがよく使われます。フォントの色は、デフォルトでは［自動］になっており、黒が用いられていますので、強調したい箇所は赤、何らかの意味を付加したいときは青など、効果的に使い分けるようにしましょう。文字装飾に迷ったら、 Ctrl ＋ D を押して設定画面を開き、プレビューを見ながら作業してみてもいいでしょう。

リボンを使わずフォント設定を行う方法

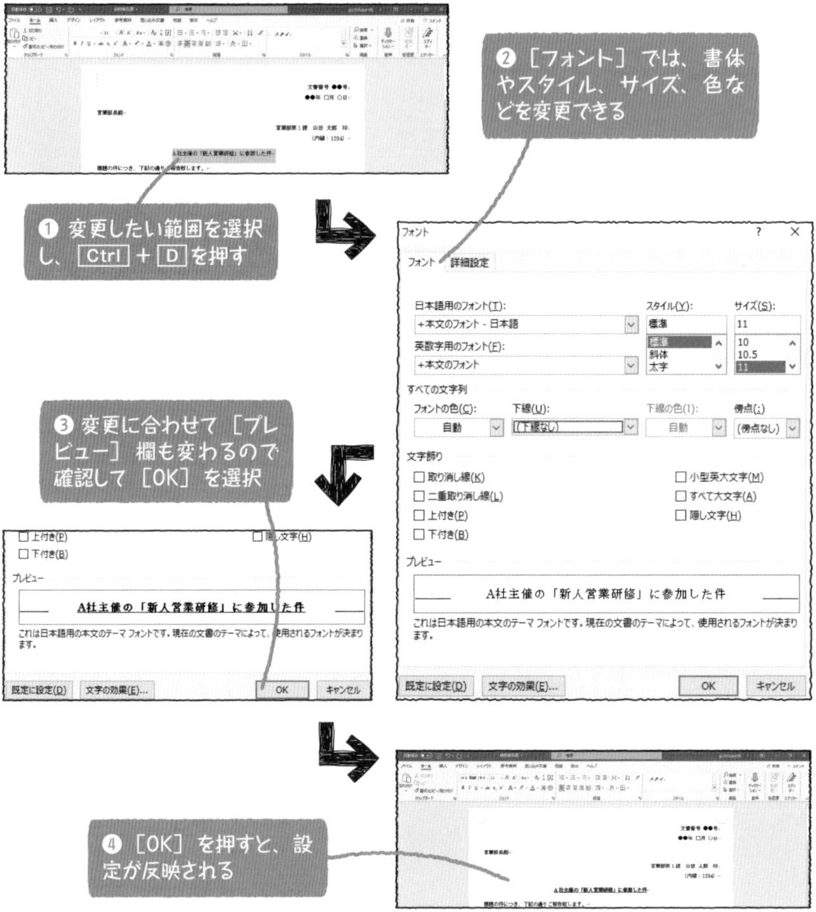
❶ 変更したい範囲を選択し、Ctrl + D を押す
❷［フォント］では、書体やスタイル、サイズ、色などを変更できる
❸ 変更に合わせて［プレビュー］欄も変わるので確認して［OK］を選択
❹［OK］を押すと、設定が反映される

03 モノクロ印刷を意識したアンダーライン活用法

アンダーラインは、白黒印刷でも効果的なうえに複数の役割をこなすことが可能です。

文字の下に引く**アンダーライン**。誰でも知っている機能ですが、アンダーラインにはいくつかの便利な利用方法があります。**アンダーラインを引くためのショートカットキーは、文字選択をしてから Ctrl + U です。太字処理（P118）と一緒に使われることが多いので、セットで覚えましょう**。以下ではアンダーラインの代表的な3つの使い方を紹介します。①読み手にとって重要な部分を伝える：ア

空白部分を目立たせる方法

アンケート作ったけど記入欄ってどうすれば目立つかなぁ……
うーん…
一番簡単なのは、スペースを空けてアンダーラインを引く方法よ
単純だけど時間がかからないからおすすめね
複雑に考えるよりムダな時間を減らすほうが重要よ

ンダーラインを引くだけで、重要な箇所を相手に間違いなく伝えることができます。**アンダーラインは、白黒印刷でもはっきり視認でき、太字よりも目立ちやすいという利点があります**。②自分が備忘的に覚えておきたい部分に引く：自分が忘れないようにするために、文章にアンダーラインを引いておきます。③空白欄を作る：「□□」のように空白欄を作ります。申し込みフォームやアンケートの回答欄を作るときには、必須のスキルです。

使い勝手のいいアンダーラインの時短テク

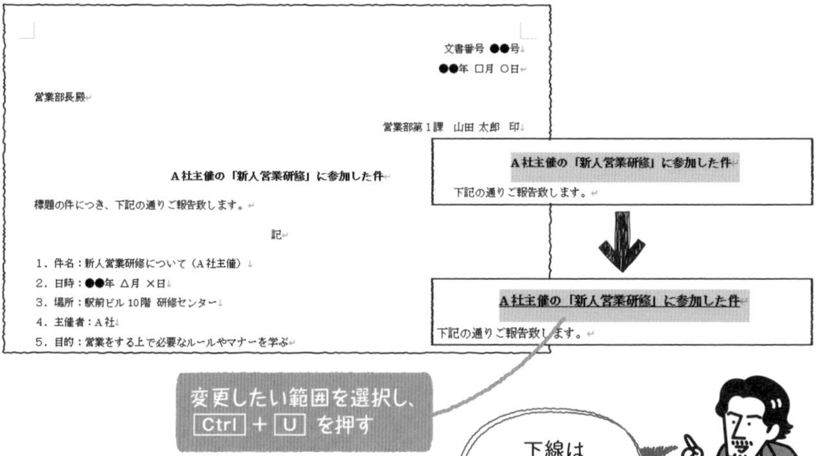
文書番号 ●●号
●●年 □月 ○日
営業部長殿
営業部第1課 山田 太郎 印
A社主催の「新人営業研修」に参加した件
標題の件につき、下記の通りご報告致します。
記
1．件名：新人営業研修について（A社主催）
2．日時：●●年 △月 ×日
3．場所：駅前ビル10階 研修センター
4．主催者：A社
5．目的：営業をする上で必要なルールやマナーを学ぶ
A社主催の「新人営業研修」に参加した件
下記の通りご報告致します。
A社主催の「新人営業研修」に参加した件
下記の通りご報告致します。
変更したい範囲を選択し、Ctrl ＋ U を押す

下線は
アイキャッチに
なります！

署名などの空欄を目立たせる

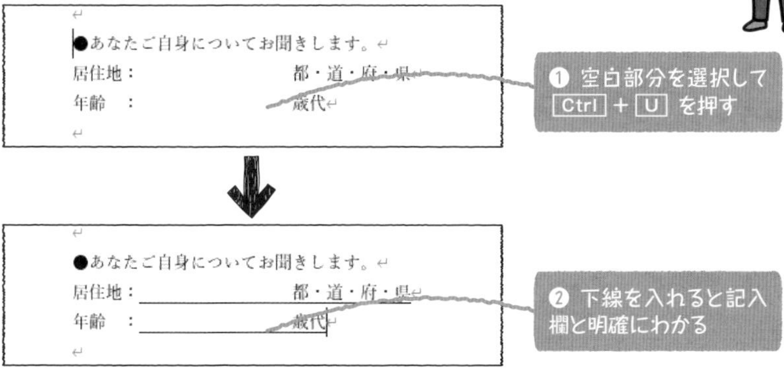
●あなたご自身についてお聞きします。
居住地： 都・道・府・県
年齢 ： 歳代
① 空白部分を選択して Ctrl ＋ U を押す
●あなたご自身についてお聞きします。
居住地： 都・道・府・県
年齢 ： 歳代
② 下線を入れると記入欄と明確にわかる

04 印刷プレビューでイメージ通りに印刷

印刷プレビュー機能で、印刷後のイメージを確認してから印刷しましょう。ここで細かい設定もできます。

Word や Excel で作った文書を印刷してみたら、画面表示とイメージが違っていたということがあります。そんなときは、［**印刷プレビュー**］で印刷したあとのイメージを確認しながら印刷をしたほうが確実です。**［印刷プレビュー］を開くには Ctrl + P を押します。取り消しは Esc です**。印刷プレビューでよく使う印刷設定には、次のようなものがあります。①印刷するページの選択：すべて

印刷ミスをなくしてムダな時間を削減

しまった！
1枚に収まってなかった……。
やり直しだ
時間のムダね……。
印刷前にプレビューで
確認しなかったの？
長い文章も
ページ区切りとかを
確認できるから印刷し
直しがなくなるわよ

のページ、または必要なページの指定。②片面・両面印刷の選択：両面印刷対応プリンターで両面印刷するときに使用。③印刷単位の選択：ページ単位で印刷、または部単位で印刷するかを選択。④印刷の方向（縦・横）：印刷用紙の長いほうを、縦・横どちらに向けるか指定。⑤用紙の選択：用紙サイズの選択。日本では A4 が一般的。⑥余白の幅設定：デフォルトは余白が広いため、必要に応じて設定。⑦1枚あたりの印刷ページ数：コンパクトな冊子やラベルの印刷に使用。

印刷前は必ず印刷プレビューで確認

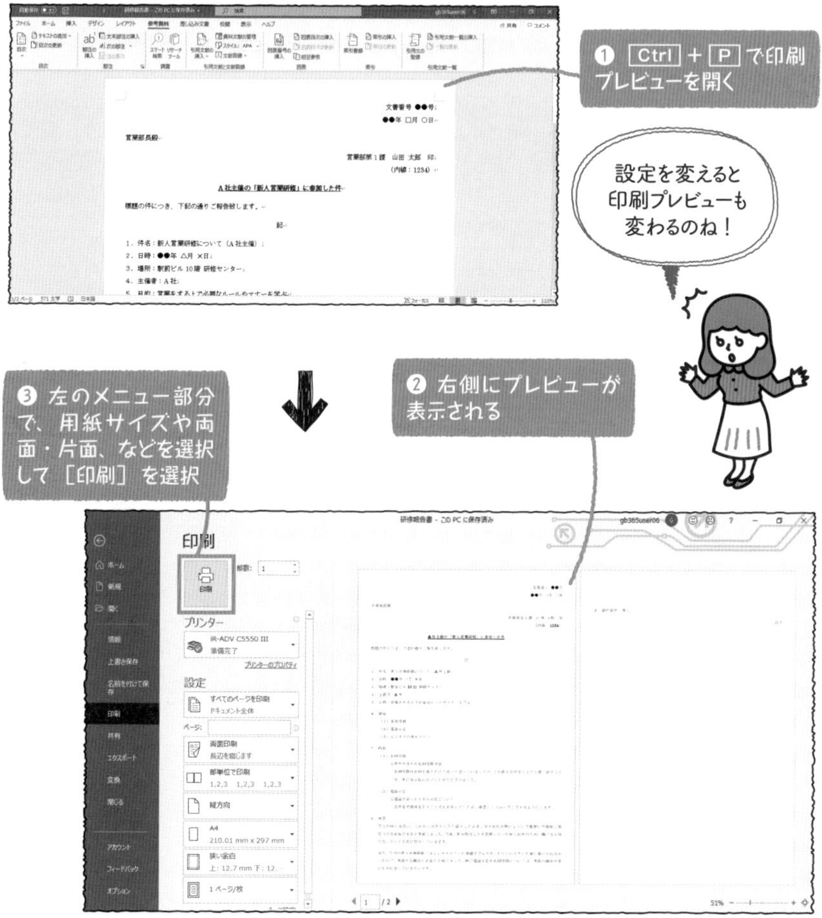

❶ Ctrl + P で印刷プレビューを開く
設定を変えると印刷プレビューも変わるのね！
❸ 左のメニュー部分で、用紙サイズや両面・片面、などを選択して［印刷］を選択
❷ 右側にプレビューが表示される

05 スペルチェックと文章校正で仕上げチェック

Word の便利な機能の1つに F7 があります。こまめに押して文章を校正するクセを付ければミスを防げます。

文書作成の際、誤った言葉や漢字を使っていたり、句読点を入れ忘れていたりすることがあります。Word には誤字や英語のスペルミスなど、文章中のミスを見つけ、対処する**スペルチェック**など、**文章校正**の支援機能があります。**Word で文書を開いて F7 キーを押すと、入力誤りの指摘や修正候補が表示されます。修正候補の中に適切なものがなければ［1回無視］や［この問題を確認しない］**

資料の誤字脱字をなくして会議もスムーズに

それでは次のページをご確認ください。アンケートによると……
あ、誤字！しっかり確認したつもりだったのに……
あ～あ……
誤字……
会議資料の誤字脱字はみんなの集中力を下げてしまうので厳禁！

を押すと、続く文章の確認に進めます。また、修正候補が表示されても元の語句のままでよければ［辞書に追加］を選択。こうすることで、以後、正しい単語として認識されるようになります。Word では、難読漢字の使用、用字・用語の不統一、送り仮名の付け方、かな漢字遣い、旧かな遣いの使用、英語のスペル、間違いやすい語句の指摘、句読点の不統一、文体の不統一などを確認・指摘してくれます。普段から F7 を押して、こまめにチェックするクセを付けておきましょう。

誤字脱字の自動チェック機能を使う

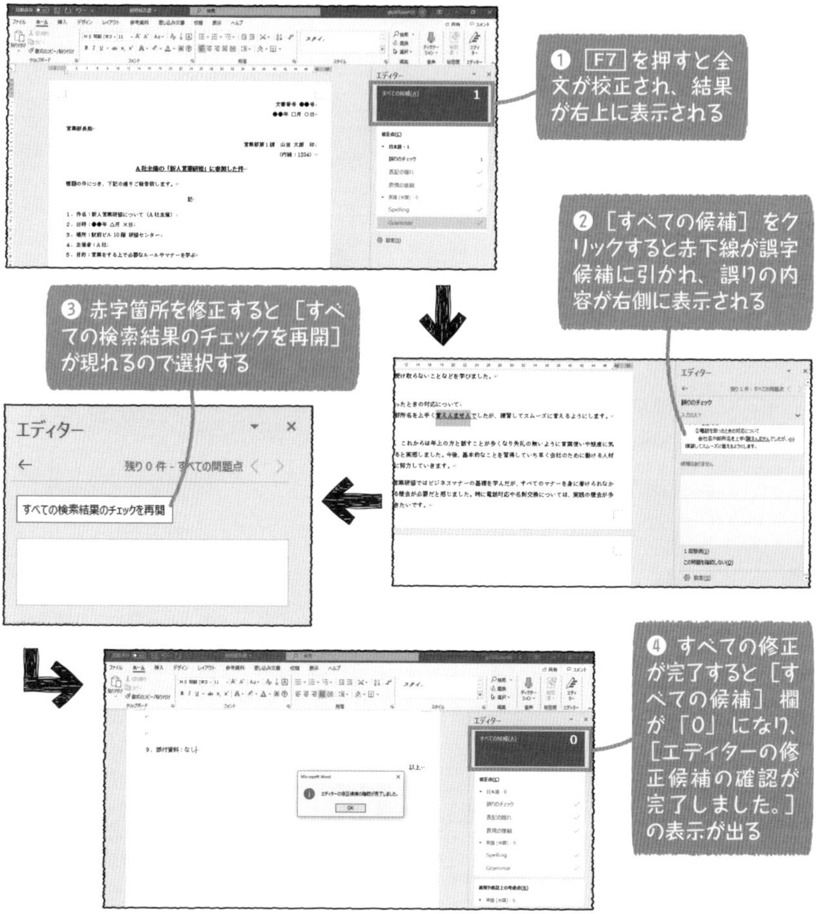

❶ F7 を押すと全文が校正され、結果が右上に表示される
❷［すべての候補］をクリックすると赤下線が誤字候補に引かれ、誤りの内容が右側に表示される
❸ 赤字箇所を修正すると［すべての検索結果のチェックを再開］が現れるので選択する
エディター
残り 0 件 - すべての問題点
すべての検索結果のチェックを再開
❹ すべての修正が完了すると［すべての候補］欄が「0」になり、［エディターの修正候補の確認が完了しました。］の表示が出る

06 単語・行・文・段落・全体を一気に選択するクリック法

よく使う文字選択は、マウスを使って効率的に行いましょう。いくつか種類があるので、効果的に使い分けましょう。

本書ではできるだけキーボード操作で完結することをおすすめしますが、**文字選択はマウス操作のほうが効率的です**。マウスを使った５つのワザを紹介しましょう。①**単語**の選択：**段落**内の任意の位置で２回クリックすると、その単語を選択することができます。特定の単語をコピーするときなどに便利です。②**行**の選択：選択したい行の左側の余白までポインターを移動して ⇒ になった

ショートカットキーにこだわりすぎない

ショートカットキーだと長文の文字選択のときにちょっと不便……
うーん…
フフッ。作業によってはマウス使ったほうが早いわよ
キラーン
え！マウスのほうが早いこともあるんですか!?
ショートカットキーでムダに時間を使うならマウスを使うなど、臨機応変に！

ら、1回クリックすると［行］を選択できます。行のコピーや切り取りでよく使います。③**文**の選択：段落内の任意の位置で Ctrl を押しながらクリックすると、直近の［。］までの文が選択されます。④段落の選択：段落内の任意の位置で3回クリックするか、左側の余白の部分でポインターが ⇒ になったら2回クリックすると、段落が選択されます。⑤**全体の選択**：段落内の任意の場所で Ctrl ＋ A 、左側の余白で Ctrl を押しながらクリック、左側の余白で ⇒ になったら3回クリックの3つの方法があります。

マウスで超速！範囲選択ワザ

単語のみ選択

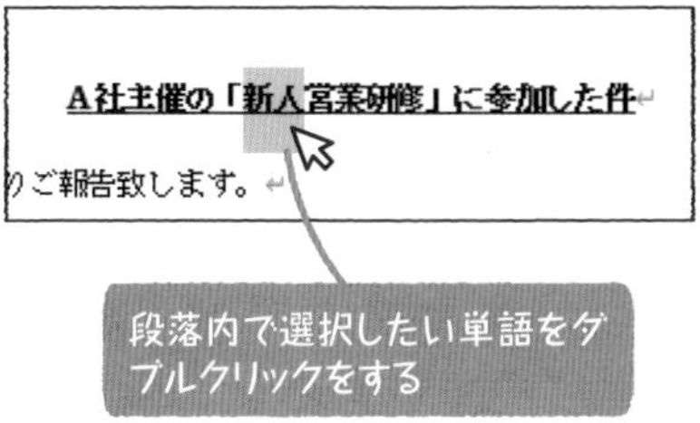
A社主催の「新人営業研修」に参加した件
りご報告致します。
段落内で選択したい単語をダブルクリックをする

行を選択

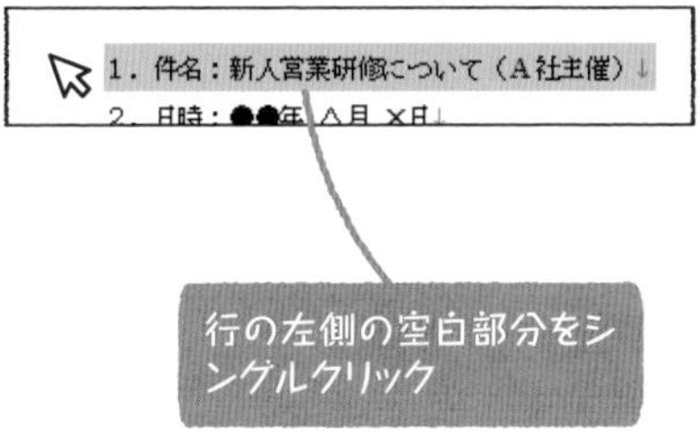
1．件名：新人営業研修について（A社主催）
行の左側の空白部分をシングルクリック

文（直近の句点まで）を選択

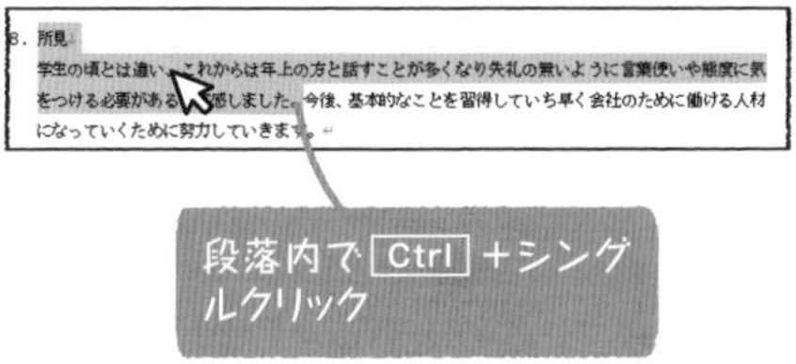
段落内で Ctrl ＋シングルクリック

段落を丸ごと選択

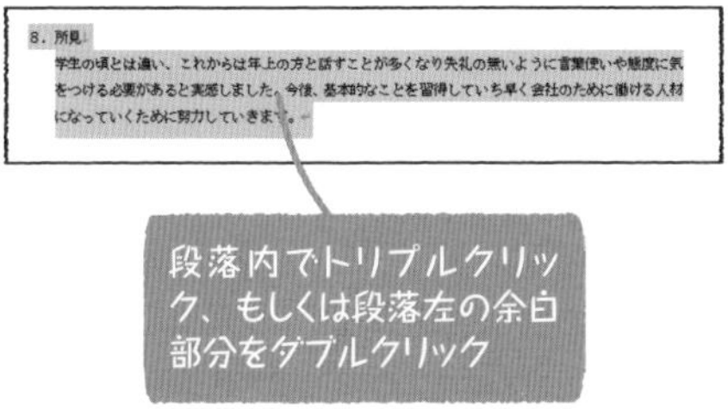
段落内でトリプルクリック、もしくは段落左の余白部分をダブルクリック

文章全体を選択

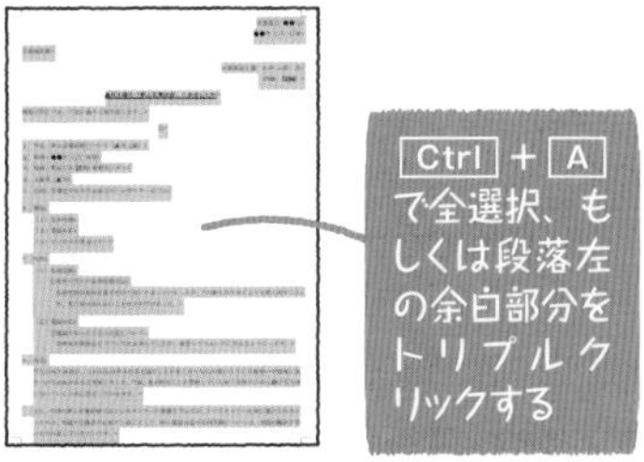
Ctrl ＋ A で全選択、もしくは段落左の余白部分をトリプルクリックする

07 間違え上書き&未保存のミスをリカバーする設定方法

保存ミスを元に戻すことができる［バージョンの管理］機能です。事前の設定が必要なので最初に行っておきましょう。

文章の作成中に間違って**上書き保存**したり、最終バージョンを**未保存**で終了したりといった**保存ミス**を防ぐため、Office2010 以降では［バージョンの管理］という機能があります。①事前設定：Office アプリで［ファイル］→［オプション］→［保存］を選択し［次の間隔で自動回復用データを保存する］をオンに。さらに［保存しないで終了する場合、最後に自動保存されたバージョンを残す］

自動保存の設定でもしものときも安心

ああっ!!
2時間かかったのに保存しないで終了しちゃった！
ガタッ
キラーン
大丈夫。
復活する方法はあるから落ち着いて

設定する

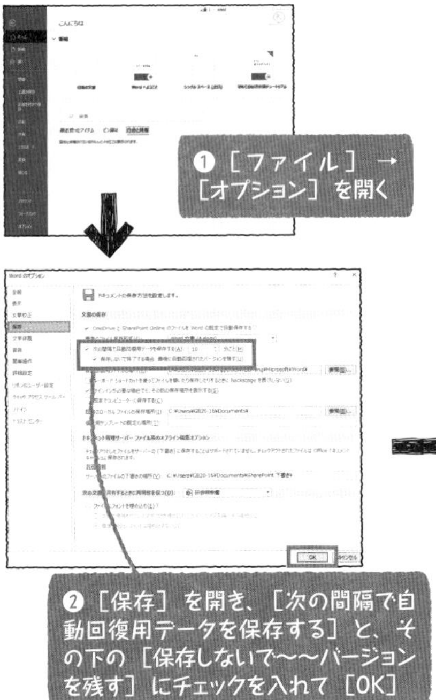
❶［ファイル］→［オプション］を開く
❷［保存］を開き、［次の間隔で自動回復用データを保存する］と、その下の［保存しないで〜〜バージョンを残す］にチェックを入れて［OK］

もオンにして［OK］。②一度も保存せず復活：一度も保存していないファイルを閉じた場合、自動保存の間隔時間を過ぎていれば、Office アプリのリボンから［ファイル］→［情報］→［文書の管理］→［保存されていない文書の回復］→該当するファイルを選択→［開く］→［名前を付けて保存］で保存。③保存後、以前のバージョンに復活：［ファイル］→［情報］→［バージョン履歴］の自動保存されたファイルの中から復活させたいファイルをクリック。上部のメッセージバーで［復元］→［OK］を選択→指定したバージョンで上書きされます。

▨ 自動保存したファイルを開く

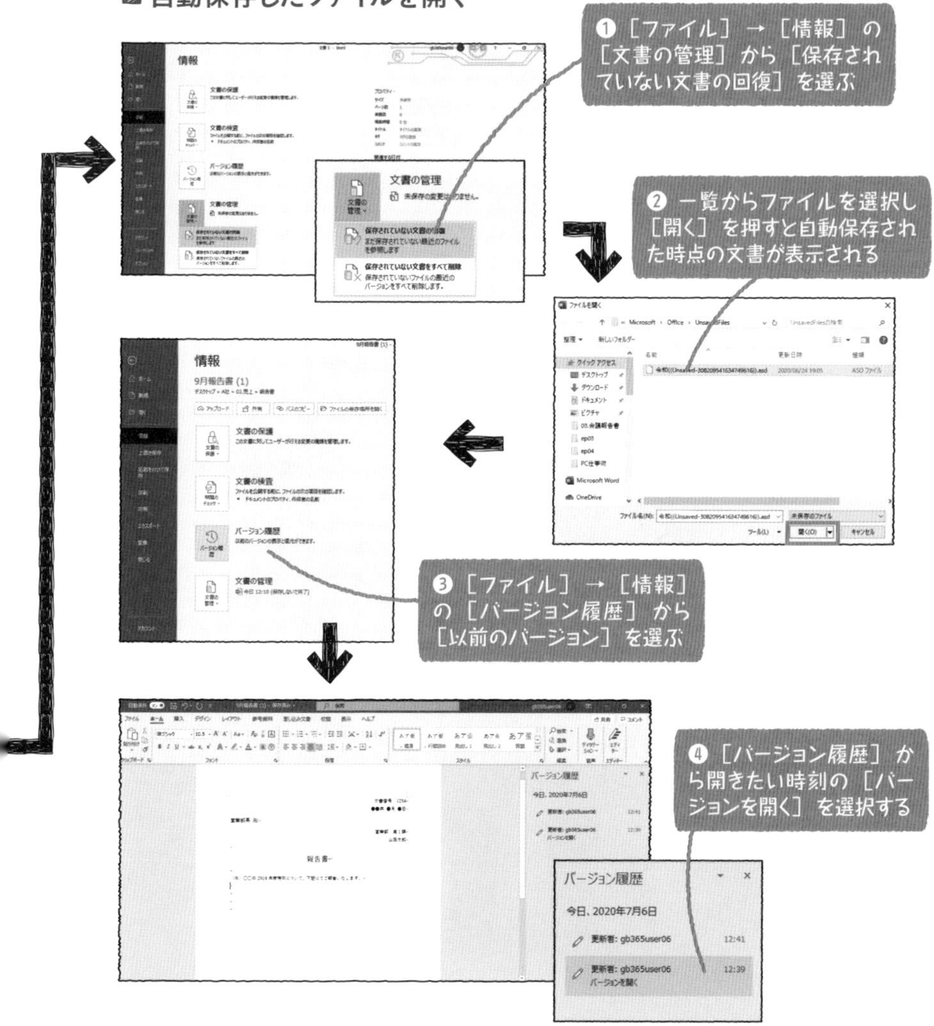

❶［ファイル］→［情報］の［文書の管理］から［保存されていない文書の回復］を選ぶ
文書の管理
未保存の変更はありません。
保存されていない文書の回復
まだ保存されていない最近のファイルを参照します
保存されていない文書をすべて削除
保存されていないファイルの最近のバージョンをすべて削除します。
❷ 一覧からファイルを選択し［開く］を押すと自動保存された時点の文書が表示される
❸［ファイル］→［情報］の［バージョン履歴］から［以前のバージョン］を選ぶ
❹［バージョン履歴］から開きたい時刻の［バージョンを開く］を選択する
バージョン履歴
今日、2020年7月6日
更新者: gb365user06 12:41
更新者: gb365user06 12:39
バージョンを開く

KEY WORD → ☑ アウトライン、目次機能

08 長い文章に便利なアウトラインと目次機能

長い文章を作るときに便利なのが〔アウトライン〕表示と〔目次機能〕です。効率よくバランスの取れた文章を作成できます。

Word では［**アウトライン**］機能を使って文章の［見出し］を考えたり、［**目次機能**］を使ったりすることで、長文でもバランスの取れた文章構造を作ることができます。**Alt → W → U を押すと、Word の画面が［アウトライン］表示に変わり、見出しの編集を効率よく行えるようになります**。［アウトライン］表示から通常の［印刷レイアウト］表示に変えるには、Alt → W → P を押します。

長い文章はアウトラインモードで構成を確認

フム
フム
フム
フム
うん、長い資料をよくまとめたね。あとは階層を意識するといいかな
目次を作ると構成がひと目でわかるわよ？ショートカットキーで簡単に作れるし
たしかに……。項目によっては細分化してたりしてわかりにくいかも
目次もショートカットキーで!?ぜひやり方を教えてください！

アウトライン表示と同じように文章構造とバランスを考えるのに役立つのが［目次機能］です。目次機能を使うと、アウトライン表示を使って組み立てた文章から自動的に目次を作成することができます。**目次を作成するには、目次を挿入したい場所にカーソルを移動し、Ctrl + Enter を押して改ページし、目次挿入のためのスペースを作ります。それから Alt → S → T で目次メニューを開き、［自動作成の目次 1］を選択すると、目次が作成されます。**

アウトライン表示で階層を見える化する

アウトライン表示を行う

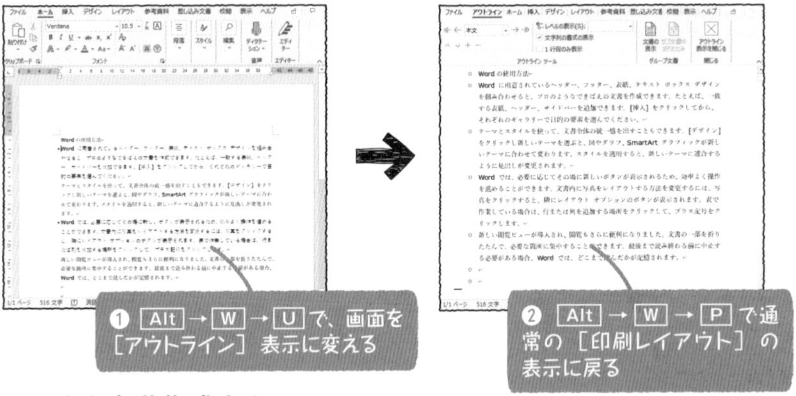

❶ Alt → W → U で、画面を［アウトライン］表示に変える
❷ Alt → W → P で通常の［印刷レイアウト］の表示に戻る

目次を自動作成する

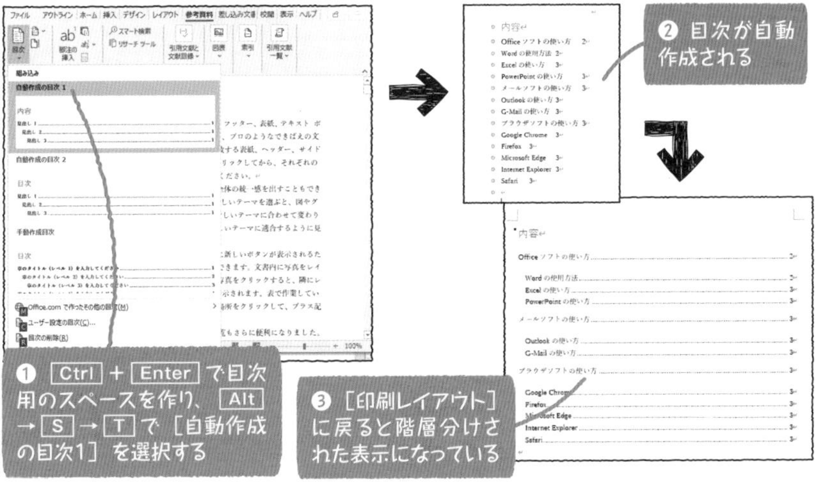

❶ Ctrl + Enter で目次用のスペースを作り、Alt → S → T で［自動作成の目次1］を選択する
❷ 目次が自動作成される
❸［印刷レイアウト］に戻ると階層分けされた表示になっている

09 アウトラインレベルを自由に変更する

ショートカットキーでアウトラインレベルを設定することで、マウスを何度もクリックする手間を省けます。

アウトラインは段落に階層構造（レベル）を設定することで、文章構造を作れる便利な機能です。**アウトラインレベル**を変えるには、アウトライン表示の状態でリボン上のアウトラインツールの欄から［レベルの表示］をクリックしてレベル選択します。しかし、設定完了するまで何回もクリックしなければならないので、手間がかかります。そのためショーカットキーを使ったほうが手間が

段落レベルの設定に時間をかけない

アウトラインレベルって設定がちょっと大変だよね……
マウスで段落レベルを上げたり下げたり……手が疲れちゃうわ
マウスなんかいらないわよ。ショートカットキーで簡単にできるわ

省け、簡単にレベル設定を行うことができるのでおすすめです。段落レベルの上げ下げは、目的の段落にカーソルを置いた状態で Tab を押すと一段落レベルを下げ、 Shift ＋ Tab を押すと一段落レベルを上げることができます。印刷レイアウトでも Alt ＋ Shift ＋ → でレベル下げ、 Alt ＋ Shift ＋ ← でレベル上げができますが、見た目がわかりにくくなるのであまりおすすめではありません。

アウトラインレベルの上げ下げ

[印刷レイアウト] でレベル調整する

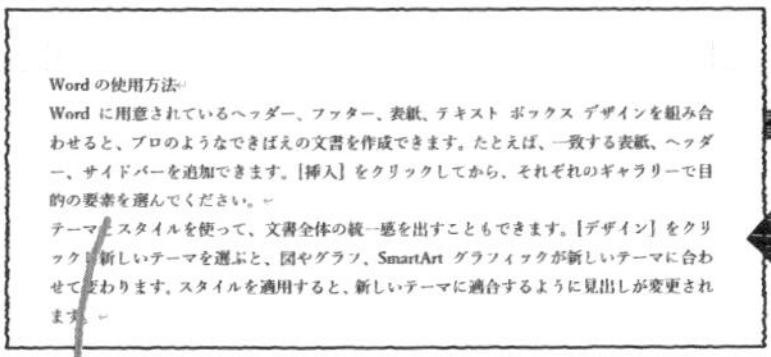

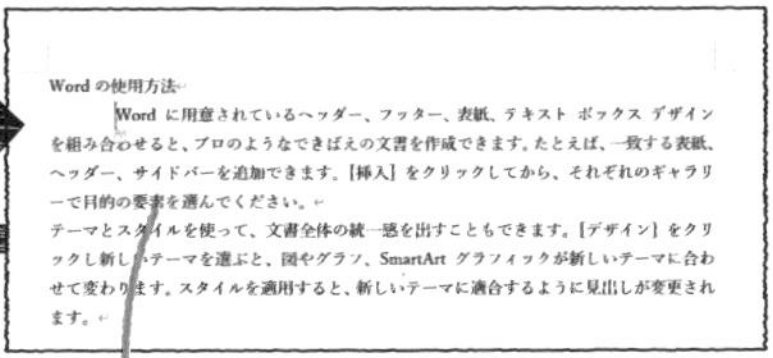

❶ 段落の頭を選び、 Tab 、または Alt ＋ Shift ＋ → を押す

❷ 段落レベルを1段階上げるときは Shift ＋ Tab 、または Alt ＋ Shift ＋ ← を押す

[アウトライン表示] でレベル調整する

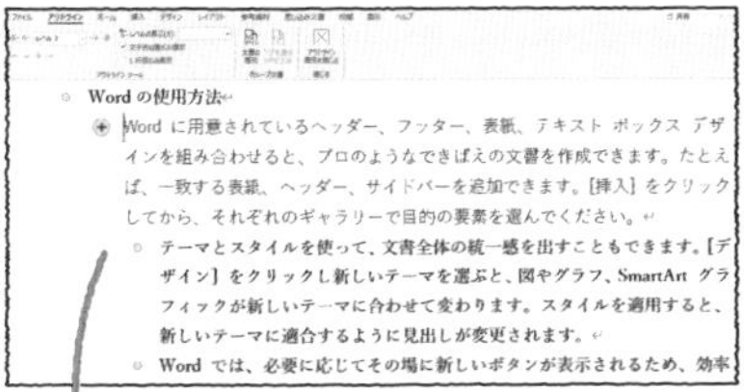

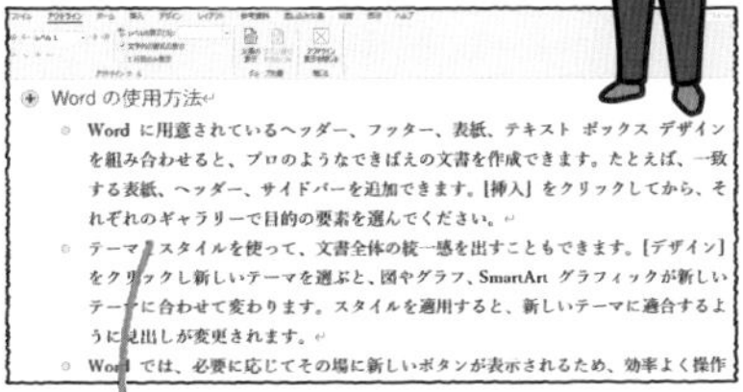

❶ [印刷レイアウト] と同様に Tab 、または Alt ＋ Shift ＋ → でレベル下げが可能

❷ Shift ＋ Tab （ Alt ＋ Shift ＋ ← ）で段落レベルが上がる

10 アウトラインで段落のレベルを「本文」にする

文章の作成時にもショートカットキーが活躍します。段落を［本文］に設定することもできます。

アウトラインで文章を作成する場合、最下層となる文章は、段落レベルでは「本文」になります。本文は文章の大半を占め、頻繁に使いますが、毎回マウス操作でメニューから選択したり、Tab を連打して本文のレベルに指定したりするのは面倒です。そこで、便利なショートカットキーを紹介しましょう。**［アウトライン］モードで該当する行にカーソルを合わせ、Ctrl ＋ Shift ＋ N を押すと、**

本文のレベルを見極めれば構成がスイスイ進む

うーん…
各項目の一番下の段落レベルがどれだかわかりにくいなぁ
そうか！一番下のレベルが本文なのか！
本文を基準にして段落レベルを上げていくほうが時間をかけずにまとめられるよ

瞬時に段落レベルを［本文］に設定することができます。P134 で紹介した Tab で段落レベルを上下させるワザと合わせて、章・項目・文章にそれぞれレベル指定をすれば、次項で解説する［**レベルの表示**］を使って、レベルごとに文章を表示できるようになります。これらは長い文章作成の肝になる機能なので、使いこなせるようにしましょう。［アウトライン］モードで文章を作成するときにもよく使用するショートカットです。

段落のレベルを「本文」にする

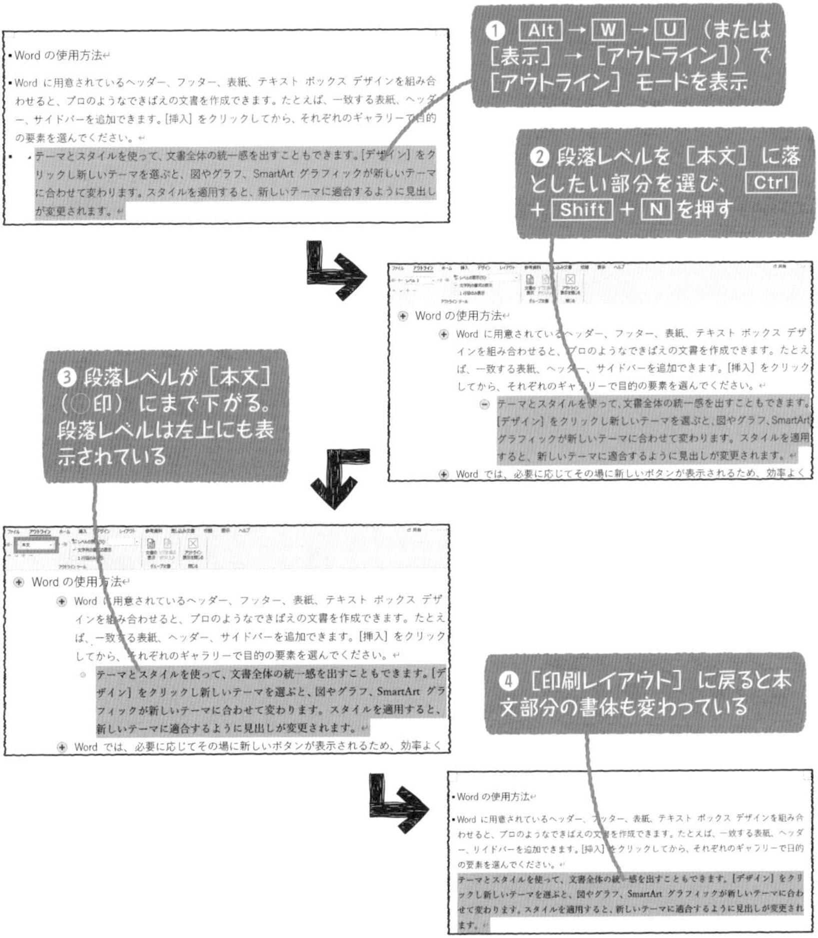

❶ Alt → W → U （または［表示］→［アウトライン］）で［アウトライン］モードを表示
❷ 段落レベルを［本文］に落としたい部分を選び、Ctrl + Shift + N を押す
❸ 段落レベルが［本文］（◯印）にまで下がる。段落レベルは左上にも表示されている
❹ ［印刷レイアウト］に戻ると本文部分の書体も変わっている

11 段落のレベルに応じてテキストを表示する方法

［アウトライン］メニューで、レベルごとに文章を表示して文章全体を俯瞰できます。

長い文章を作成するときには、途中で全体を俯瞰して、バランスが取れているか､重複がないかなどを確認する必要があります。これを可能にする機能が､［アウトライン］メニューにある［レベルの表示］です。これは、**段落レベル**ごとに文章を表示するとても便利な機能。マウスを使って行うこともできますが、手間がかかるので、ショートカットキーを使って素早く実行できる方法を紹介

レベルを選んで表示すれば俯瞰して見られる

資料作成やっと終わりました！
メールで送ったので
確認お願いします
いくつか似た
項目名があるよ。
まとめられるんじゃない？
［レベルの表示］を
使えば項目名だけ
並べることもできるから

しましょう。**［アウトライン］モードで、特定のレベルまでの見出しを表示するには、 Alt ＋ Shift ＋レベルの数字を押します。たとえば、文書校正を章・項目・本文の3段階に設定しているとしたら、章だけを展開表示するには Alt ＋ Shift ＋ 1 、項目までを表示するには Alt ＋ Shift ＋ 2 を押します**。アウトラインの最下層、［本文］まですべてを展開表示するには、 Alt ＋ Shift ＋ A を押します。もう一度押せば、元のレベルまで折りたたまれます。

段落レベルを選んで表示する

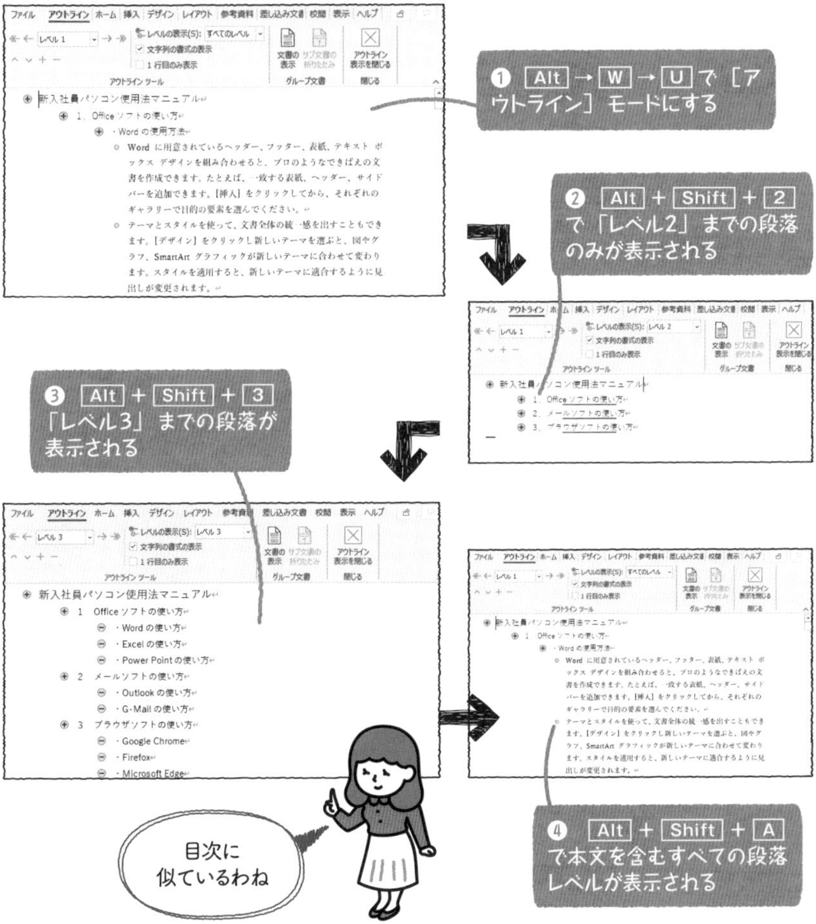
❶ Alt → W → U で［アウトライン］モードにする
❷ Alt ＋ Shift ＋ 2 で「レベル2」までの段落のみが表示される
❸ Alt ＋ Shift ＋ 3 「レベル3」までの段落が表示される
❹ Alt ＋ Shift ＋ A で本文を含むすべての段落レベルが表示される
目次に似ているわね

12 段落のレベル別表示と項目移動の簡単ワザ

面倒になりがちな段落の入れ替えも、ショートカットキーで順番を入れ替えれば簡単です。

アウトライン機能を使ってレベル別表示をしたあと、文章全体のバランスを見ながら、章の順番を入れ替えようと思ったとします。そんなとき、アウトライン表示を解除し、移動したい文章を切り取り・貼り付けをしていたのでは手間もかかるし、ミスも起きやすくなります。そこで、ショートカットキーを使って、簡単に**項目移動**できる方法を使います。**まず、［アウトライン］メニューの［レベル**

最後の確認で入れ替えを行う場合

資料まとめ、最後でしょ？何を悩んでいるの？
段落を入れ替えたほうがいい場所がいくつかあるんですけど、時間がかかりそうで……
ム…
悩まなくても大丈夫！［項目移動］ですぐにできるわ

の表示］で、移動させたい段落が位置するレベルを選択。そして入れ替えたい段落行にカーソルを移動し、Alt + Shift + ↑ / ↓ で、目的の位置まで項目を移動させます。段落を移動させてから、文章の並べ方に違和感があれば、項目名を修正したり、さらに移動させたりします。章や項目の編集作業には、必須のワザなので、慣れて使えるようにしておきましょう。特に最終確認での変更・編集で役立つワザです。

段落を丸ごと移動する

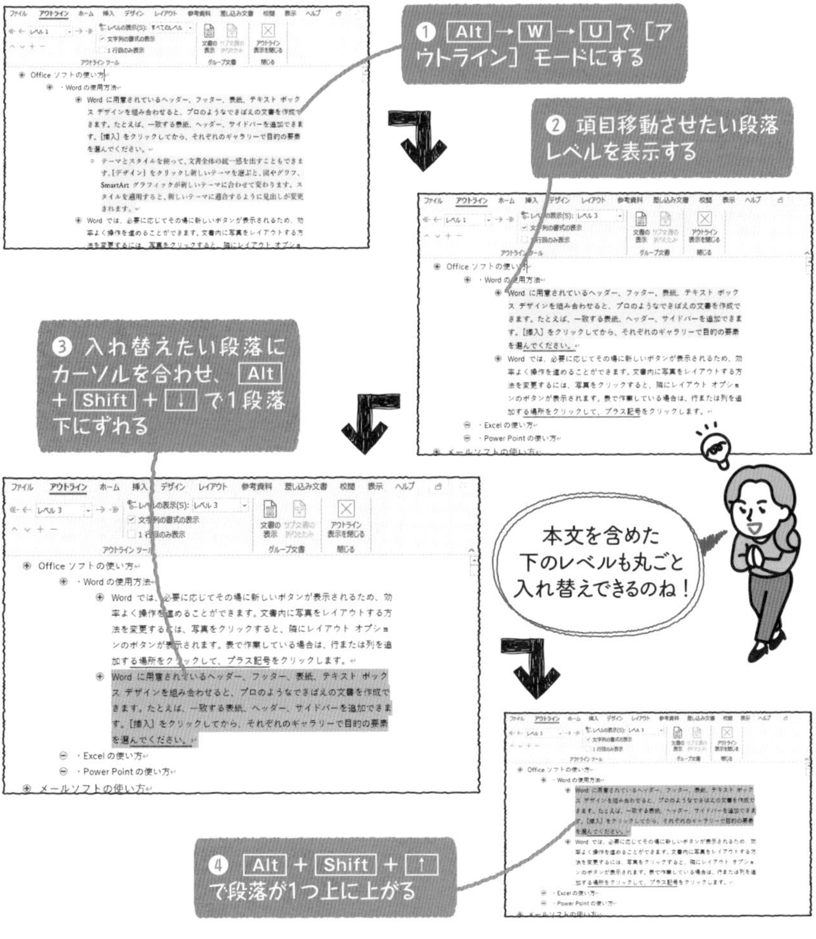

① Alt → W → U で［アウトライン］モードにする
② 項目移動させたい段落レベルを表示する
③ 入れ替えたい段落にカーソルを合わせ、Alt + Shift + ↓ で1段落下にずれる
本文を含めた下のレベルも丸ごと入れ替えできるのね！
④ Alt + Shift + ↑ で段落が1つ上に上がる

Column 05

これも時短＆エコ

余白設定で総ページ数を減らそう

Word のデフォルト文書に慣れていると余白の幅に疑問を持つ機会は少ないでしょう。このデフォルト設定の1行あたりの文字数は 40 文字、行は 36 行になっていますが、余白を狭くすれば、その分、文字数も行数も増やして、より多くの情報を1枚に収めることができます。

余白を狭くするのは2つのメリットがあります。1つ目は、ページ数が減ること。会議資料など人数分用意する場合は、枚数が少ないほど紙を浪費せずエコになります。2つ目が、情報がコンパクトにまとまること。1ページあたり

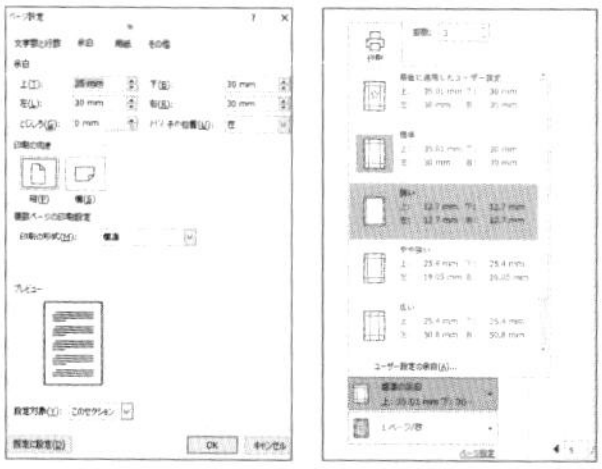

自分で細かく数値を入力して決める（左）よりも［狭い］を選ぶ（右）ほうが時間はかからない

フルフル
フルフル
余白
カット
余白を切ってください！
いざ参る！
物理的なことじゃないから！
設定で変えるだけ！

の文字量を増やしてページ数を減らし、結果的に読む効率を上げるのはビジネスの考え方にも通じるのです。

もちろん、読めないほど文字を詰め込んだレイアウトにするのはNGですが、余白が少ない文書のほうがいい資料といえます。では、実際に余白を狭くするにはどうするのか。それは、次の3つの方法があります。

●Ctrl＋Pで印刷プレビュー画面を開き、メニューの〔標準の余白〕を〔狭い〕に変える
●印刷プレビュー画面一番下の〔ページ設定〕を選んで〔ページ設定〕ダイアログの〔余白〕タブを開き、上下左右の余白を任意の数字に変える
●Alt→P→Mで〔余白〕ダイアログを開き、メニューの〔標準〕を〔狭い〕に変える。または〔ユーザー設定の余白〕を選び、〔ページ設定〕ダイアログを開く

余白設定の方法はどのやり方でも構いません。大事なのは、読む人の時間を浪費しない気遣いの心です。

Chapter 05

SHINSOKU PC
SHIGOTOJUTSU
MIRUDAKE
notes

イライラを解消する Excelの 神速設定術

Excelスキルの差が
作業時間の差に出るよ
すぐに覚えて
使えるようになります
なんで終わっているの？
私と同じ仕事量
だったはず!
単純作業ほど
設定やショートカット
で差がつくよ
!?

パソコン作業で時間がかかる・かからないで大きく差が出るのが Excel 作業です。Excel が苦手な人がよく勘違いするのが「スピードの差は、関数を知っているかどうかの差」というもの。たしかに Excel 関数と呼ばれる計算式は便利なものですが、暗記している関数の数が多いほどスピードが上がるわけではありません。むしろ、作業スピードが早い人ほど、よく使ういくつかの関数で作業しているのです。実は作業時間の差というのは、繰り返し行う入力時の工程やショートカットキーを使う・使わないという差から生まれるのです。この章では、特に作業時間に差が出てくる、“覚えておくと便利なワザ”を紹介していきます。

マウスなしで時短ワザを
使えば余裕ができる
本当だ！
見違えた！
今日のランチはどこ行
こうかなぁ～！
1週間前とは違って
余裕だね
やり方を
覚えるだけで
変わります
カチャ
カチャ
カチャ
カチャ
カチャ

01 設定変更でExcelの動作を軽くする

バージョンアップしたExcelの設定を見直し、快適な動作のスピードに変更しましょう。

Excel2016に更新してから、動作が遅くなったと感じたことはないでしょうか。いろいろな機能が追加されたとしても動作は速いのが一番です。ここでは簡単な**設定変更**で、Excel2010でも使え、爆速になる3つの方法を紹介しましょう。**①Excelを起動→［ファイル］→［オプション］→［詳細設定］→［表示］の［ハードウェアグラフィックアクセラレータを無効にする］をオン→［OK］。②Excelを**

バージョンアップしたらまず設定

新しいExcel
すごくいい！
ソフトのバージョンが
上がったら速くなったわ
設定は
変えた？
もっと速くなるなら
ぜひやってみたいわ
仕事に不必要な機能も
たくさんあるから、
外せばもっと速くなるよ

起動→［ファイル］→［オプション］→［詳細設定］→［全般］の［マルチスレッド処理を有効にする］をオフ→[OK]。③ Excelを終了してからC:\Users\(ユーザー名)\AppData\Roaming\Microsoft\Excelの中にあるExcel15.xlbファイルをExcel15.xlbOldなどの名前に変更してみて、問題が発生しなければ削除します。これでExcelの動作がスピードアップ。AppDataのファイルが表示されないこともあるので、そのときは「表示」タブ→「表示／非表示」欄の「隠しファイル」にチェックを入れると表示されます。

処理速度が速くなる設定変更

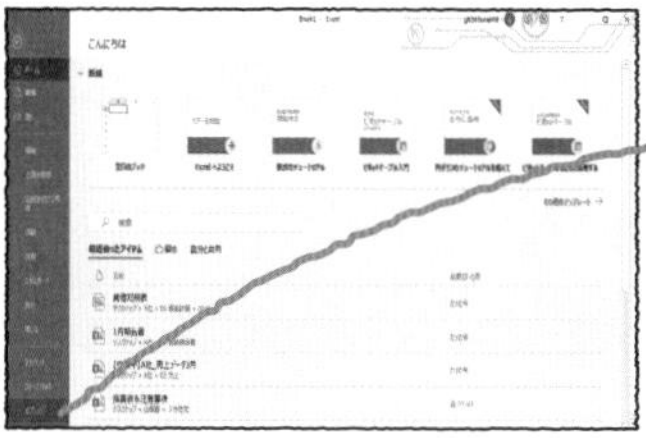

❶［ファイル］から［オプション］を開く

❷［詳細設定］→［表示］→［ハードウェアグラフィックアクセラレータを無効にする］をオンにする

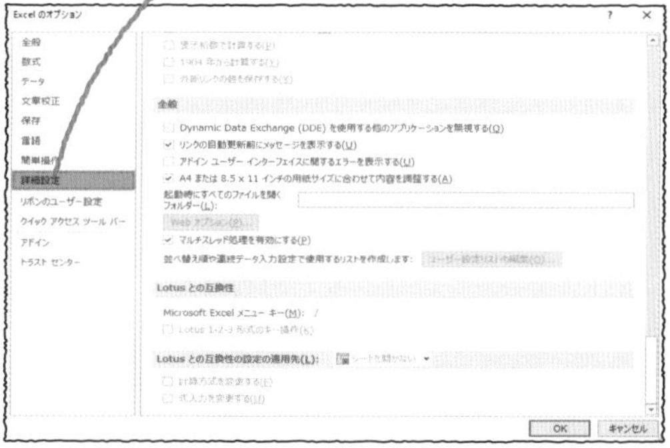

❸同様に［詳細設定］→［全般］→［マルチスレッド処理を有効にする］をオフにする

そのほかの速度アップの設定

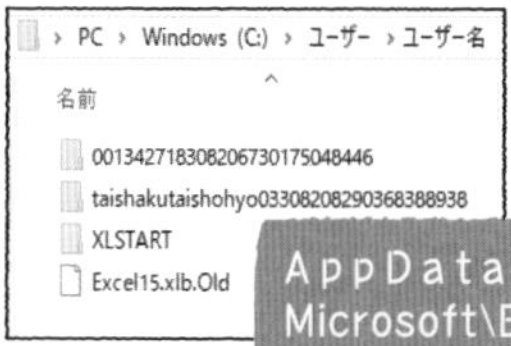

AppData\Roaming\Microsoft\Excelの中にあるExcel15.xlbファイルを「Excel15.xlb.Old」に変更し、問題が発生しなければ削除

KEY WORD → ☑ タイトルバー

02 タイトルバーを変更して作業効率を大幅アップ

パソコンの作業で頻繁に見るタイトルバー。すっきりとしたデザインに変更することで、視認性を上げられます。

Office2016 になってから、Word や Excel の**タイトルバー**の色が変わり、メニュータイトルが読みにくくなったと感じていないでしょうか。メニュータイトルは頻繁に見る部分なので、視認性が落ちると作業効率も落ちてしまいます。ですから、タイトルバーの色を変更して作業することをおすすめします。**タイトルバーの色を変更するには、Alt →［ファイル（F）］→［オプション（T）］を押して［Excel**

集中力を乱す設定は自分好みに変える

何でかわからないけど
目がすごく疲れた……
大丈夫？
たしかにタイトルバーの
色が目について……
動作に関係なくても
背景の色を変更したほうが
いい場合もあるのよ

のオプション］ダイアログを開きます。次に［全般］の［Microsoft Office のユーザー設定］の中の［Office テーマ］に［白］（最初は［カラフル］になっている）を選んで［OK］を押します。これで以前のバージョンに近い、視認性が高いすっきりとした色に変わります。これらの設定は、Word2016、Excel2016、PowerPoint2016 など、どれか１つでも設定すればすべての Office ソフトに適用されます。

細かい設定で作業環境を快適に

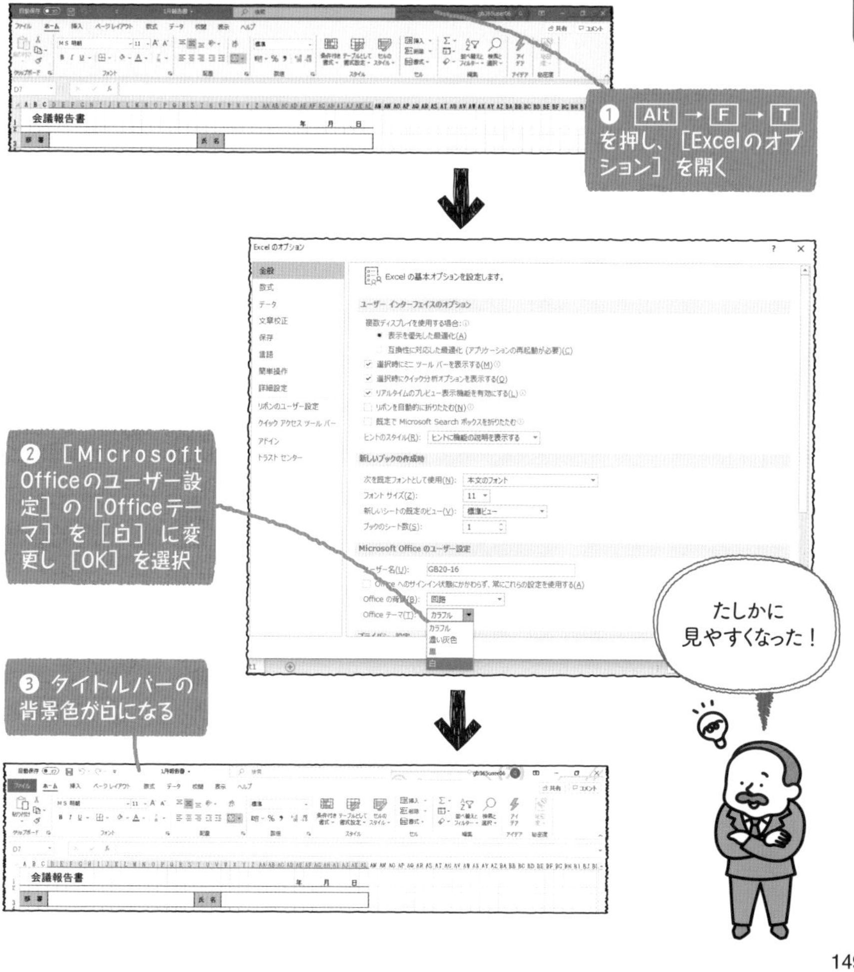
❶ Alt → F → T を押し、［Excelのオプション］を開く
❷ ［Microsoft Officeのユーザー設定］の［Officeテーマ］を［白］に変更し［OK］を選択
たしかに見やすくなった！
❸ タイトルバーの背景色が白になる

03 リボンや数式バーを隠して画面を広く使う

リボンシステムが不要な場合は、非表示にするのも1つの手です。必要な情報のみが表示され、作業に集中できます。

最近のWindows OSやMicrosoft Officeの大きな特徴の1つは、「**リボンシステム**」です。「パソコン初心者でも必要な機能をひと目で見つけられるように」という配慮だという見方もできますが、Excelを毎日仕事で使う人たちには賛否両論あるようです。「リボンシステム」の問題の1つは、リボンや数式バーが画面スペースの多くを占有してしまい、一度に視認できる情報量が少なくなってしま

作業しやすさも時短のためには大事

同じファイルの
はずなのに何でわたし
のより見やすいの？
リボンをたたんで表を
より多く表示できるように
しているからだよ
何が違うのか
全然わからないけど

うこと。また、多くの機能やメニューが表示されていると集中力が散漫になってしまうので、リボンを非表示にして作業するほうがおすすめです。ここでは、ショートカットキーを使って、リボンやメニューを瞬時に非表示にするワザを紹介しましょう。**まず、Excelファイルを開いた状態で Ctrl + F1 を押すと、リボンを非表示にすることができます。もう1度押すと再表示させることができます。**

表示範囲を狭くするリボンをたたむ

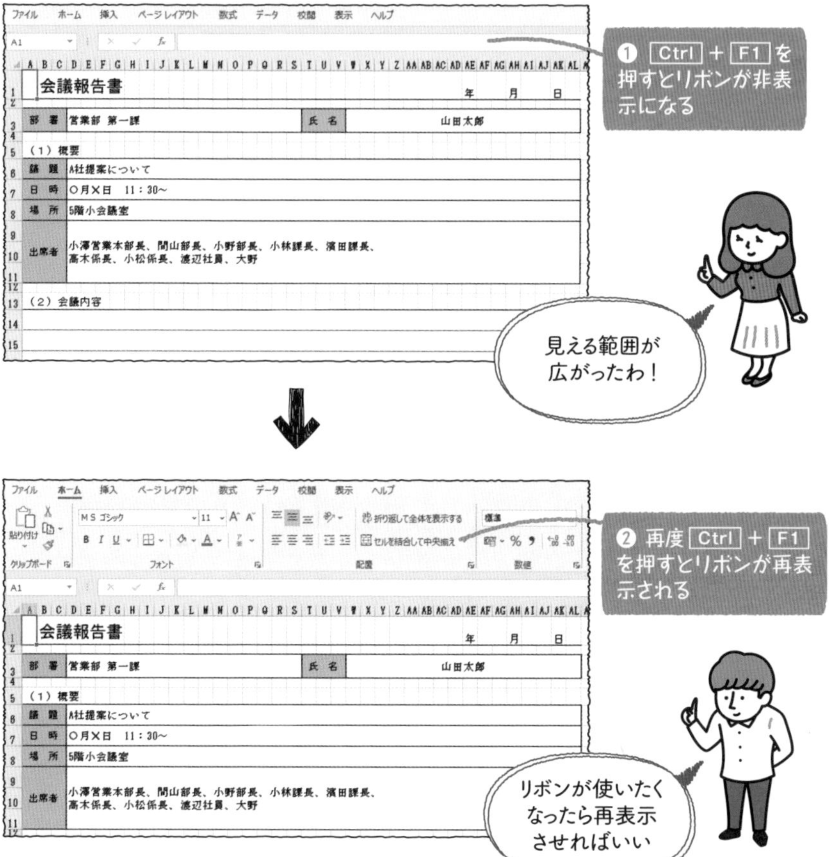

ファイル　ホーム　挿入　ページレイアウト　数式　データ　校閲　表示　ヘルプ
会議報告書
年　月　日
部署　営業部 第一課　氏名　山田太郎
(1) 概要
議題　A社提案について
日時　○月×日　11：30～
場所　5階小会議室
出席者　小澤営業本部長、間山部長、小野部長、小林課長、濱田課長、高木係長、小松係長、渡辺社員、大野
(2) 会議内容
① Ctrl + F1 を押すとリボンが非表示になる
見える範囲が広がったわ！
② 再度 Ctrl + F1 を押すとリボンが再表示される
リボンが使いたくなったら再表示させればいい

04 セルの編集モードへの切り替えはボタン1つ

Excel を編集する際、マウスでクリックしていませんか？ボタン1つで瞬時に編集モードにして、膨大な時間が節約できます。

Excel で作業中、セル内に数字や文字を打ち込むには、「**編集モード**」に切り替える必要があります。それにはマウスを使って該当セルをダブルクリックするやり方が一般的ですが､選択ミスも起こりやすくなります。ほかにも［編集モード］に切り替えるには、マウスで「数式バー」をクリックする方法があります。これは長い文章などを入力・編集しやすいというメリットがある反面、該当セ

編集モードへの切り替えはダブルクリックNG

あ〜もう！
やってもやっても
終わらないわ！
え？　もう終わったけど？
それ、クリックしすぎじゃない？
カチカチ
カチカチ
カチカチ
カチカチ
カチカチ
カチカチ
のびー
修正作業だから
いちいちセルを選択
しないといけなくて
F2 を押せば
ダブルクリックは
いらないよ

ルから数式バーまで、マウスでカーソル移動する時間がかかるうえ、マウスを使うことによる選択ミスも起こります。そこでおすすめなのが、セル上で F2 を押す方法です。セル上で F2 を押すと［編集モード］に切り替わります。セルに数字や文字が入力されている場合は、その文字列の最後にカーソルが表示され、そこから入力できるようになります。その後、入力や編集確定するには Enter 、途中で終了するには Esc を押します。編集モードの途中で Alt ＋ Enter を押すと、任意の位置で改行することができます。

単純だけど効果絶大な切り替えワザ

ダブルクリックなしで編集モードに切り替える

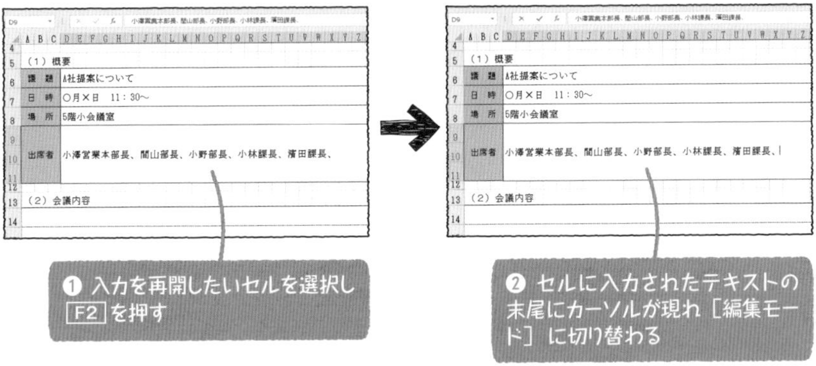
(1) 概要
議　題 A社提案について
日　時 ○月×日　11：30～
場　所 5階小会議室
出席者 小澤営業本部長、間山部長、小野部長、小林課長、濱田課長、
(2) 会議内容
❶ 入力を再開したいセルを選択し F2 を押す
❷ セルに入力されたテキストの末尾にカーソルが現れ［編集モード］に切り替わる

カーソルが
消えるね！

セル内でデータを改行する

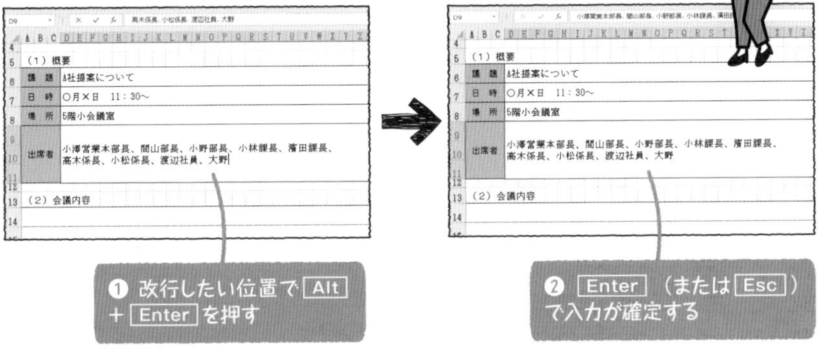
(1) 概要
議　題 A社提案について
日　時 ○月×日　11：30～
場　所 5階小会議室
出席者 小澤営業本部長、間山部長、小野部長、小林課長、濱田課長、
高木係長、小松係長、渡辺社員、大野
(2) 会議内容
❶ 改行したい位置で Alt ＋ Enter を押す
❷ Enter （または Esc ）で入力が確定する

05 コピペの便利ワザを極めてセル入力を超省力化

基本であるコピペのショートカットキーには、ほかにも種類があります。Excel の入力を超ラクにする 9 つのワザを紹介します。

コピペ（コピー&ペースト）の基本はコピーの Ctrl ＋ C とペースト（貼り付け）の Ctrl ＋ V ですが、それ以外にも便利ワザがあります。①真左のセルをコピペ：Ctrl ＋ R 。②真上のセルをコピペ：Ctrl ＋ D 。③セルを起点にまとめてコピペ：文字が入ったセルを起点に範囲選択して Ctrl ＋ D 、Ctrl ＋ R 。④入力文字を起点にまとめてコピペ：範囲選択してから文字入

コピペにも種類がたくさんある

Excel得意よね？
どんなワザがある？
そうだなぁ……。コピペにも種類があって……
R や D を使ったり、貼り付ける形式の選択とかいろいろあるよ

さまざまなコピペ方法

● Ctrl ＋ R

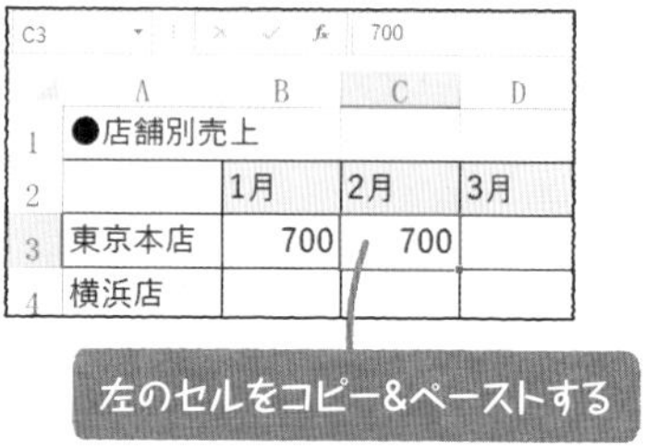

C3 ｜ 700

	A	B	C	D
1	●店舗別売上			
2		1月	2月	3月
3	東京本店	700	700	
4	横浜店			

左のセルをコピー&ペーストする

● Ctrl ＋ D

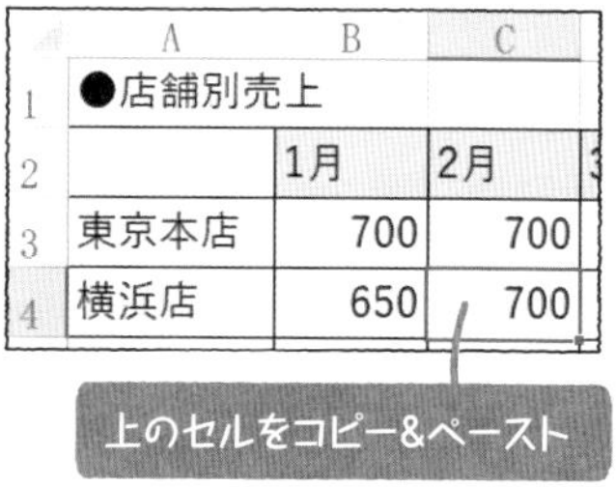

	A	B	C
1	●店舗別売上		
2		1月	2月
3	東京本店	700	700
4	横浜店	650	700

上のセルをコピー&ペースト

力して Ctrl ＋ Enter 。⑤～⑨は形式を選択して貼り付ける方法です。Ctrl ＋ C でコピーしたら、 Alt ＋ E → S から貼り合わせ形式を選択します。⑤値だけの場合： V 。⑥書式だけの場合： T （複数の文書の書式を合わせる場合）。⑦コメントだけの場合： C （Excel 一覧でコメント機能を多用する場合に便利）。⑧列幅だけの場合： W （複数の同種類の文書フォームの調整に利用）。⑨行・列を入れ替える場合： E （作表途中のやり直しに便利）。

● Ctrl ＋ Enter

	A	B	C	D	E	F
1	●店舗別売上					
2		1月	2月	3月	4月	5月
3	東京本店	700	700	600	600	
4	横浜店	650	700	600	600	650
5	梅田店	500	600	600	600	650
6	金沢店	300	450	350	400	

範囲選択したセルの最初のセルに文字を入力し、その後 Ctrl ＋ Enter で範囲内に入力内容がコピペされる

●応用ワザ

	A	B	C	D	E
1	●店舗別売上				
2		1月	2月	3月	4月
3	東京本店	700	700	600	600
4	横浜店	650	700	600	600
5	梅田店	500	600	600	600
6	金沢店	300	450		

コピペしたいセルを範囲選択して Ctrl ＋ D → Ctrl ＋ R の順で範囲内にまとめてコピペ

形式を選んで貼り付けする

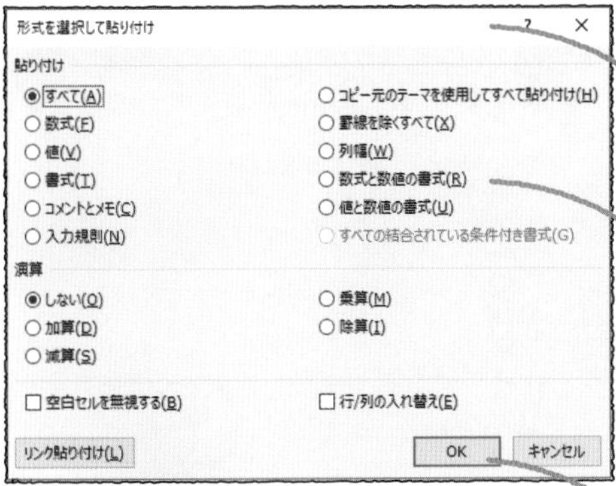

❶ Ctrl ＋ C でコピー後に Alt ＋ E → S でダイアログを開く

❷
E を押すと［数式］が選択される
V を押すと［値］が選択される
T を押すと［書体］が選択される
W を押すと［列幅］が選択される
C を押すと［コメントとメモ］が選択される

❸ 貼り付け形式を選んでから［OK］を選択して Enter （またはクリック）

06 マウス操作なしで「セルの書式設定」を開く

Excelでもショートカットキーを使うと便利です。［セルの書式設定］を一瞬で起動すれば、時間短縮になります。

Excelで作業する際、フォントやセルに関する細かな設定をする必要が出てきます。その設定作業を集約しているのが［**セルの書式設定**］です。**対象セルで右クリックして起動することができますが Ctrl ＋ 1 を押せば、瞬時に立ち上げることができます。最初は［表示形式］タブが開いているかもしれませんが、Ctrl ＋ Tab で切り替えることができます**。ほかにも［配置］［フォント］［罫線］

データを統合するときは最後に書式を統一する

別ファイルからデータを持ってきて書式が違うときはどうすれば速い？
？？
人のやり方を聞くのはいい傾向……
書式は最後に揃えることにしてまずは貼り付ける
全部入れ終わったら範囲選択して一気に変えればいい
うん、彼のほうはExcel作業のコツをつかんで速くなったわね

［塗りつぶし］タブがあるので、機能を簡単に説明しておきましょう。①表示形式タブ：［分類］の［日付］を選択し、日付の表示形式を選択できる。②配置タブ：セル内の文字位置の変更や折り返しの設定、セルを結合したりできる。③フォントタブ：フォントの種類や色、サイズなどの変更をする。④罫線タブ：罫線の太さやスタイルを選択できる。⑤塗りつぶしタブ：セルの彩色に使う。

セルの書式設定を使う

［セルの書式設定］タブ

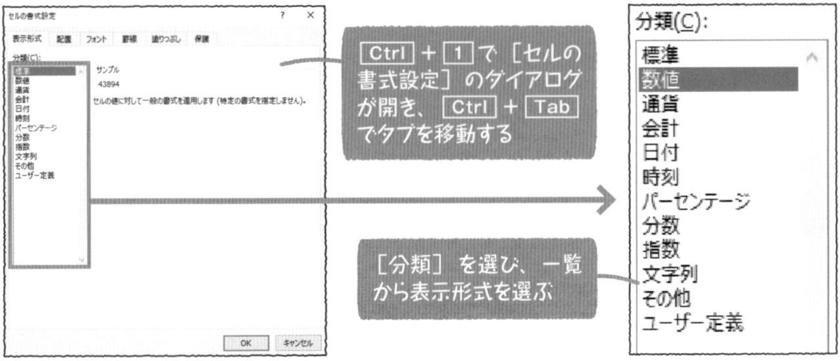
Ctrl ＋ 1 で［セルの書式設定］のダイアログが開き、Ctrl ＋ Tab でタブを移動する
［分類］を選び、一覧から表示形式を選ぶ
分類(C):
標準
数値
通貨
会計
日付
時刻
パーセンテージ
分数
指数
文字列
その他
ユーザー定義

［配置］タブ

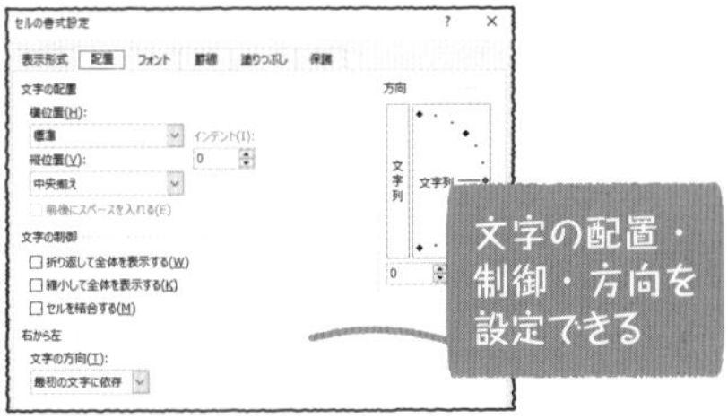
文字の配置・制御・方向を設定できる

［フォント］タブ

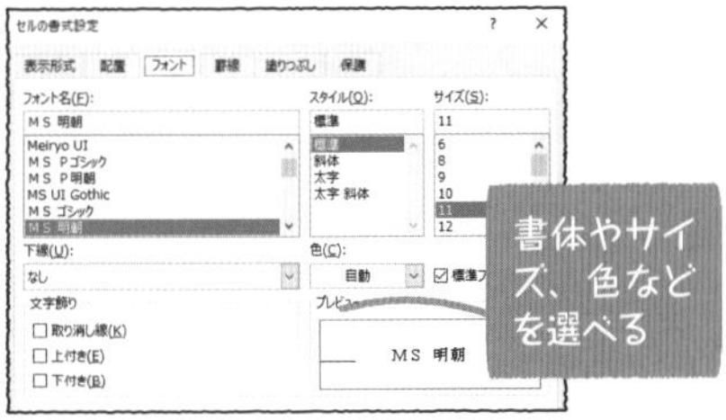
書体やサイズ、色などを選べる

［罫線］タブ

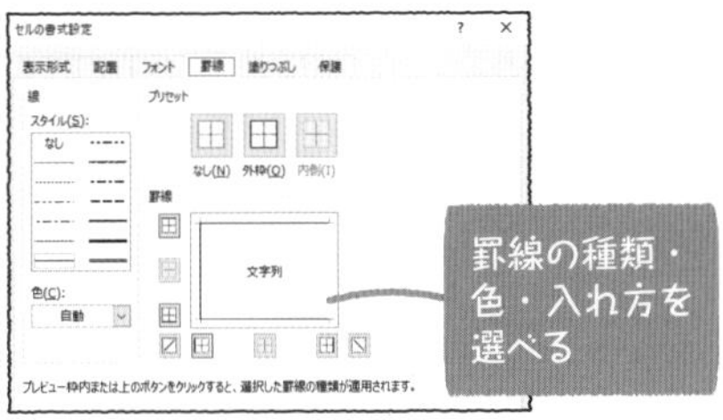
罫線の種類・色・入れ方を選べる

［塗りつぶし］タブ

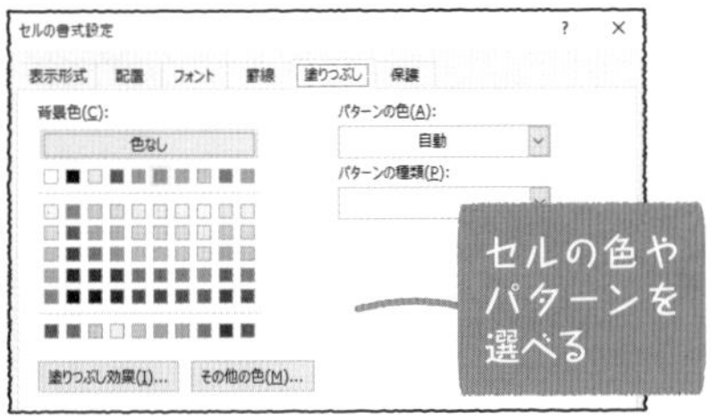
セルの色やパターンを選べる

07 タイトル行の設定で2枚目にもタイトル表示

Excel で起きがちなのが印刷時のミスです。2 ページ目以降のすべての表にタイトル行を印刷する方法を紹介します。

Excel で複数ページにまたがる表を**印刷**する場合、初期設定のままでは、最初のページだけにしか、**タイトル行** (見出し行) が挿入されません。2 ページ目以降のすべての表に印刷タイトルが印刷されるように設定するには、次のような方法があります。**Alt → P (ページレイアウト) → I (印刷タイトル) を押すと［ページ設定］ダイアログで［シート］タブが開きます。タブの［印刷タイトル］**

印刷したときの見映えを意識する

ウィ～ン
ウィ～ン
ウィ～ン
あ！ しまった！ 失敗した
2枚目から先のタイトルがない！
出力を早く止めて！
テスト
最初にテストで1部印刷して確認するのが結果的に一番速いわよ

から［タイトル行］欄の右端のボタンをクリックすると［タイトル行］欄が表示されるので、印刷タイトルに設定したい行をクリックして Enter を押します。そして［ページ設定］画面に戻り、［OK］を押せば設定完了です。横長の表でも、設定はほとんど同じ。すべてのページに印刷させたい列を［タイトル列］欄から選び、印刷タイトルに指定します。すべてのページにタイトルが入っているかどうかは、印刷プレビュー画面でページ送りをして確認します。

2枚目以降に印刷タイトル入れる設定

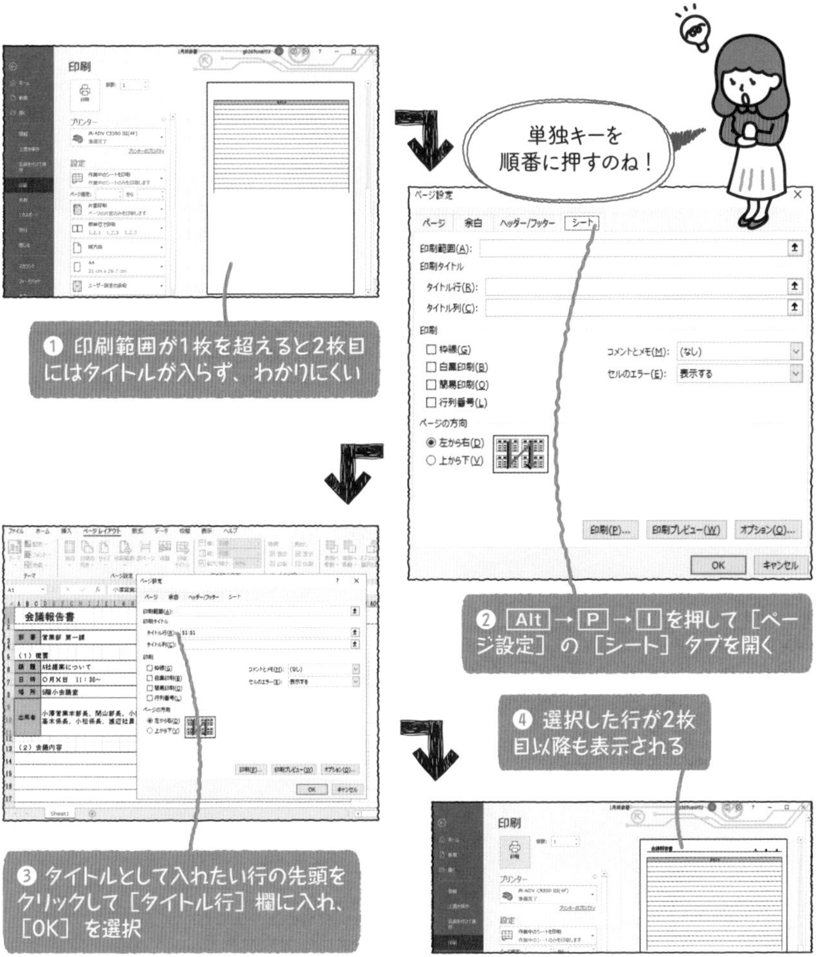

KEY WORD → ☑ 行、列、挿入、削除

08 必須ショートカット！行と列の選択・挿入・削除

Excel で欠かせないのが行や列の選択や削除。ショートカットキーで行と列を自由自在に操作して効率化を図りましょう。

Excel で作業中に**行**や**列**を**挿入・削除**するとき、マウス操作で行・列を選択し、右クリックで挿入・削除を選択するという手順を踏むと、ミスが起こりやすいもの。ショートカットキーならミスが減り、作業も効率化できます。**行を選択する場合は、目的の行にカーソルを移動させ、英数字モードで [Shift] + [Space] を押し、列を選択する場合はカーソルを目的の列に移動させ、英数字モードで [Ctrl]**

列・行の挿入・削除もショートカットで

あれ？ 列の挿入はマウスを 使っているの？
実はExcelは 我流なので知らない こともあって……
行・列の選択・ 挿入・削除は覚えていた ほうがいいね

＋ [Space] を押します。さらに、行・列を選択した状態で [Ctrl] ＋ [＋] を押すと、空白の行または列の挿入が可能。同じく、行・列を選択した状態で [Ctrl] ＋ [－] を押すと、選択行または選択列が削除されます。行・列のコピー＆挿入、または移動（カット＆挿入）をしたいときは、コピー・カットした状態で移動先の行・列を選択して [Ctrl] ＋ [＋] を押すと挿入されます。

マウスなしで行と列の選択・挿入・削除

行を選択

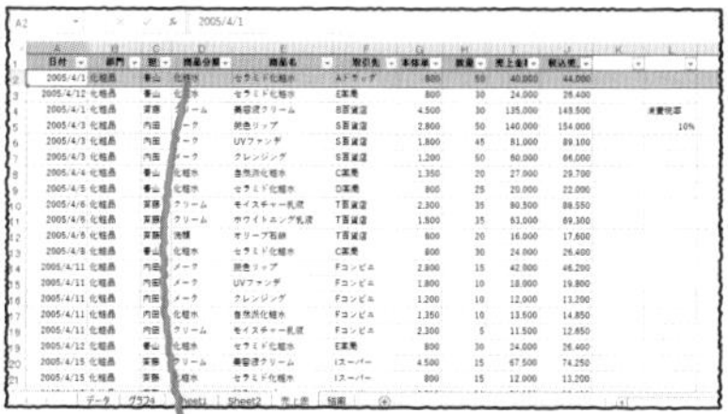

セルを選択した状態で [Shift] ＋ [Space] を押す

列を選択

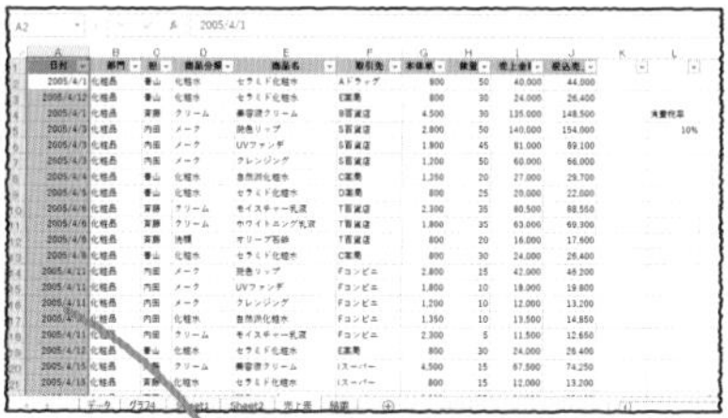

セルを選択した状態で [Ctrl] ＋ [Space] を押す

列・行の挿入

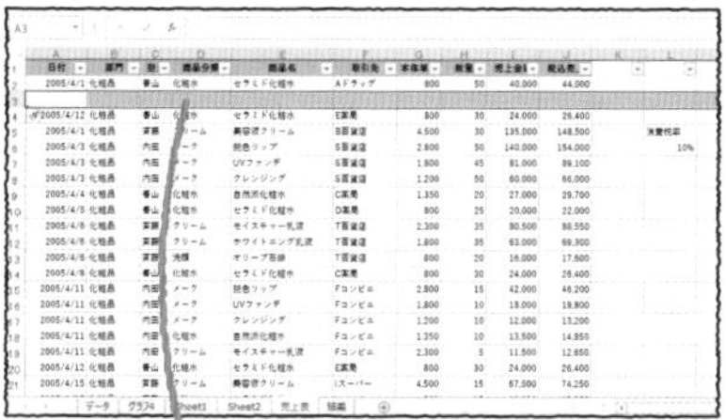

行もしくは列を選択した状態で [Ctrl] ＋ [＋] を押すと、選択した行の前または列の隣に挿入される

行・列の削除

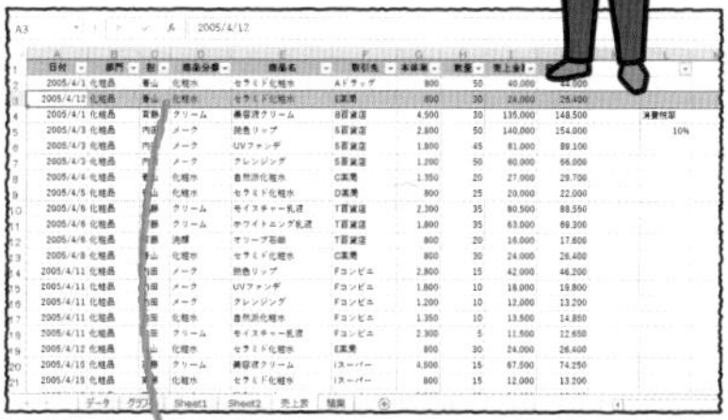

行もしくは列を選択した状態で [Ctrl] ＋ [-] を押すと、選択した行または列が削除される

09 目的のセルにパッと移動する方法

カーソル移動も、マウスではなくショートカットキーなら一瞬です。シート内を自由に移動できる5つの方法を覚えましょう。

何ページにも及ぶシートでは、**カーソル移動**が大変です。ショートカットキーを使って、簡単にカーソル移動ができる5つのワザを紹介しましょう。①PageUP（PgUp）/PageDown（PgDn）：カーソルを1ページ単位で上下方向に移動。縦に長いシートを確認するときに役立ちます。②Ctrl＋←→：カーソルをデータ領域の左・右に移動。横に長いシートの場合、

大量のデータを縦横無尽に移動できるワザ

データ量が多すぎて
選択するのが大変～！
範囲選択の
ショートカットがあるよ
そんな便利なワザ、
早く教えてよ!!
移動のワザとCtrlを
組み合わせるんだ。
まずは移動を覚えよう！

最前列や最終列付近の**セル**を編集したい場合に使うと、最短時間で目的の場所にカーソルを移動させられます。③ Ctrl ＋ ↑ ↓ ：カーソルをデータ領域の先頭行、末尾行に移動。④ Ctrl ＋ Home ：どんな位置からでもカーソルをシートの左上端(A1)セルに移動。⑤ Ctrl ＋ G で開いた［ジャンプ］ダイアログの参照先欄にセル番号を入れて［OK］を押すと、そのセルまで直接カーソル移動することができます。

セル移動はショートカットキーで大幅時短

ページ移動

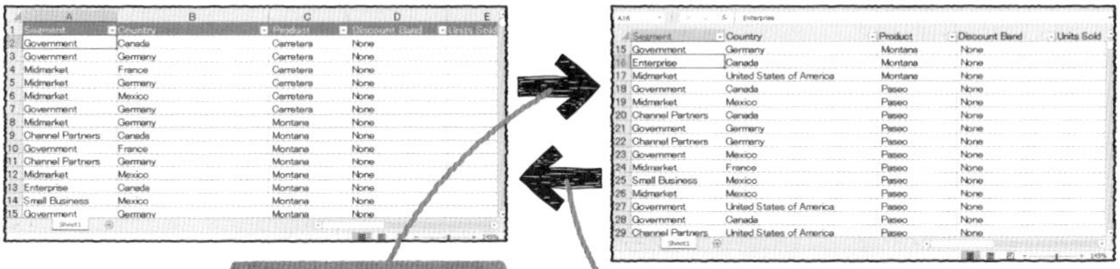

PgDn を押すと次のページまで移動

PgUp を押すと前のページまで移動

入力範囲の先頭・末尾まで移動

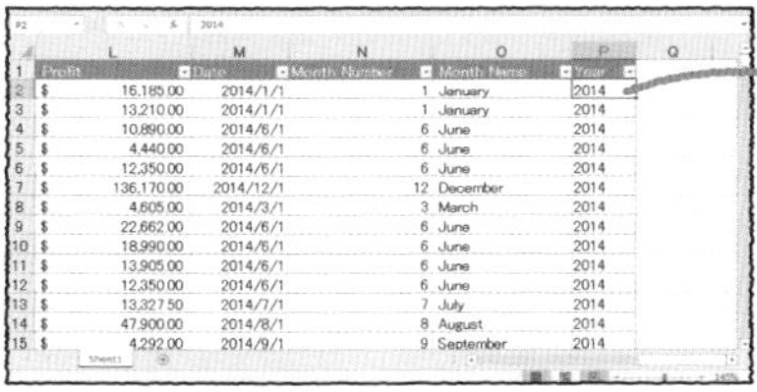

Ctrl ＋ → で入力されているセルの右端まで移動。Ctrl ＋ ← で左端、Ctrl ＋ ↑ で最上段、Ctrl ＋ ↓ で最下段に移動

A1に移動

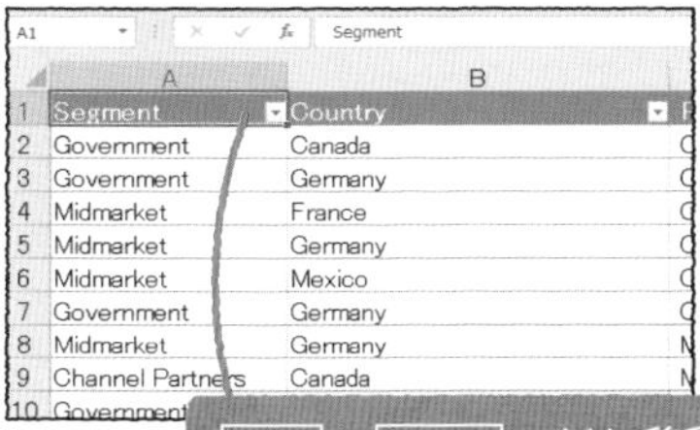

Ctrl ＋ home でA1に移動する

任意のセルに移動

Ctrl ＋ G で開く画面の［参照先］に移動

10 便利なフィルター機能を使いこなす

Excel のデータをどう生かすかは腕の見せ所です。フィルター機能で価値ある情報だけを抽出できます。

これまでに集めた大量の情報の中から、価値ある情報だけを抽出して仕事に活用するには、Excel の**フィルター機能**を使います。条件に合う情報を取り出すためには、フィルターの設定をする必要があります。それには、**オートフィルターをかけたい行の上までカーソルを移動し、Ctrl + Shift + L を押すと、項目データが入っている範囲にフィルターがかかります。（再度 Ctrl + Shift + L を押**

表示したいデータだけを抽出する

商品台帳から
必要なものだけ
抜き出すのは無理?
抜き出す必要があるの?
表示を絞るなら
フィルターが簡単だよ
フィルターって
何ができるの?
項目名やテキスト、
色などで表示させたい
ものを絞れるんだ

すと、フィルターを取り消せます）。見出し行のセル上で Alt + ↓ を押すと、条件を設定するためのウィンドウが開きます。絞り込む条件を選択・入力して［OK］を押すと条件に該当する行だけが表示されます。チェックボックス型の条件は ↑ ↓ で項目を選択して Ctrl + Space を押すことでオン / オフを切り替えることができます。これらのワザを活用すれば、重点営業リストや販売実績の分析資料など、付加価値の高い資料を短時間で作れるようになります。

データを選んで表示させるフィルター機能

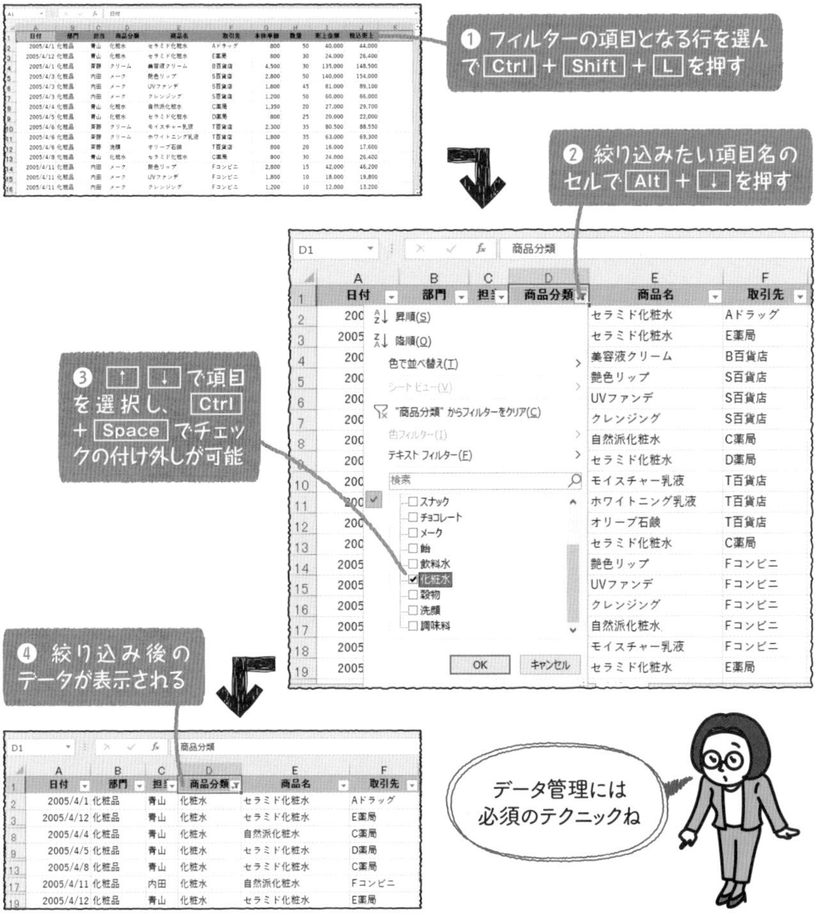
❶ フィルターの項目となる行を選んで Ctrl + Shift + L を押す
❷ 絞り込みたい項目名のセルで Alt + ↓ を押す
❸ ↑ ↓ で項目を選択し、Ctrl + Space でチェックの付け外しが可能
❹ 絞り込み後のデータが表示される
データ管理には必須のテクニックね

KEY WORD → ☑ リスト入力、入力規則

11 繰り返し入力の手間を省く入力規則

データの入力でも、非効率な作業は省きたいもの。「入力規則」を使えばミスや二度手間をなくせます。

データシートなどで何度も同じ英数字や言葉を入力する**リスト入力**作業は、手間がかかります。そんなときはExcelの「**入力規則**」という機能でよく使う言葉を登録しておきます。**入力規則にリスト登録する方法は、 Alt → D → L を押すと［データの入力規則］が開くので、［設定］タブの［入力値の種類］［リスト］を選びます。［元の値］にはリスト表示させたい複数のデータを［,］で区切っ**

繰り返し入力は入力規則のリストで

最初に入力規則用のリストを作って……
何で入力をする前にリストを作るの？
リストから選択するほうが入力の手間も省けて打ち間違いもなくなるから
決まった値しか入力しないなら確かにいいわね

て入力し、最後に［OK］を押せば登録完了です。リスト登録後は、入力規則をしたセルまでカーソル移動すると、下矢印ボックスが現れます。そこで Alt + ↓ を押すとリストが現れるので、選択肢の中からいずれかを選んで［OK］を押せば入力完了です。入力規則を設定しなくても、すでにある程度データ入力が済んでいる列であれば、 Alt + ↓ を押すだけでリストが現れ、選択肢のいずれかを選んで［OK］を押せば、入力完了になります。

入力規則で入力ミスがなくなる

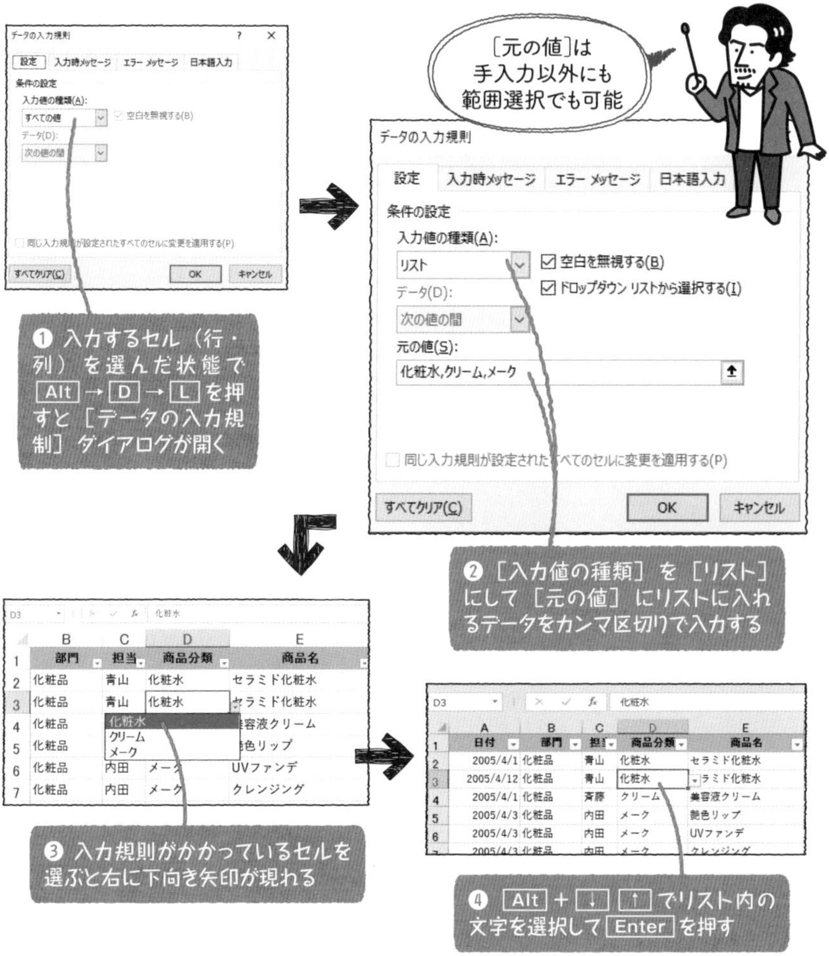
［元の値］は
手入力以外にも
範囲選択でも可能
❶ 入力するセル（行・列）を選んだ状態で Alt → D → L を押すと［データの入力規制］ダイアログが開く
❷［入力値の種類］を［リスト］にして［元の値］にリストに入れるデータをカンマ区切りで入力する
❸ 入力規則がかかっているセルを選ぶと右に下向き矢印が現れる
❹ Alt + ↓ ↑ でリスト内の文字を選択して Enter を押す

12 覚えるべき計算や作表に役立つ5つの「関数」

Excel ならではの関数ですが、苦手意識を持たれることも。ここでは 5 つの関数を使って計算や作表の手間を削減します。

一覧やリストの作成に利用できる 5 つの**関数**ワザを紹介。①関数の挿入：セル上で [Shift] + [F3] を押すと［関数の挿入］ダイアログが開き、選択肢の中から目的に合った関数を選べます。この方法なら関数を知らなくても、検索や分類に選択肢として現れる関数名と解説から、目的の関数を選び使用が可能。②小計の挿入：数字が入った列の最下行のセルで [Alt] + [Shift] + [=] を押すと

Excelを使うなら必須の関数とは？

関数を探して使う場合

[Shift] + [F3] で［関数の挿入］ダイアログを出す。［関数の検索］または［関数名］から使いたい関数を選び、［OK］を選ぶ

SUM 関数 (小計) が挿入されます。いつでも足し算ができ、計算機代わりに使えます。③当日日付を自動表示：TODAY 関数を利用。印刷時に日付入力の手間を省いたり、所要日数や年齢を計算したりする場合に便利。④自動で行に連番を振る：表の行数を基準に連番を振る（番号を付ける）ROW 関数で、[＝ROW()-(数字)] という形で使います。⑤検索条件に一致するデータを抽出する：VLOOK 関数。[＝ VLOOKUP（検索値 , 範囲 , 列番号 ,[検索方法])］と入れます。これは、あらかじめ使用品台帳を用意して商品コードを入力するだけで、単価や商品名を表示させたいときなどに便利です。

小計を出す SUM 関数

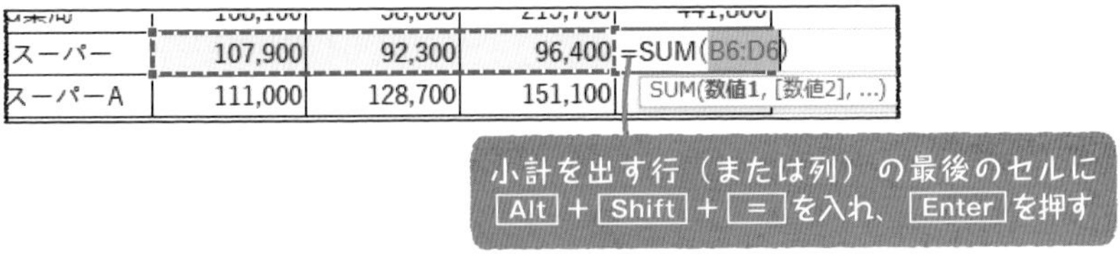
スーパー
107,900
92,300
96,400
=SUM(B6:D6)
スーパーA
111,000
128,700
151,100
SUM(数値1, [数値2], ...)
小計を出す行（または列）の最後のセルに Alt + Shift + = を入れ、Enter を押す

入力時の日付を表示する TODAY 関数

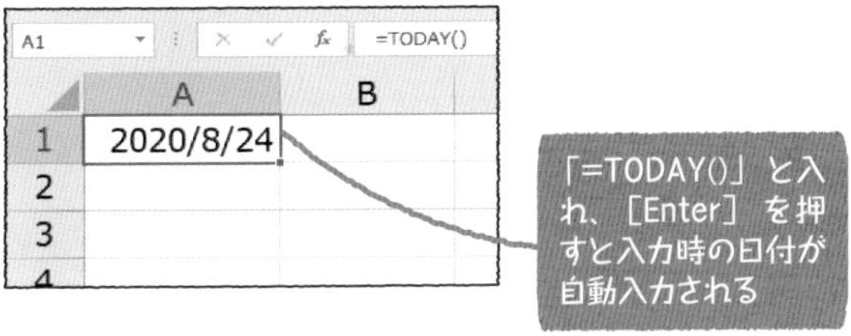
A1
=TODAY()
2020/8/24
「=TODAY()」と入れ、[Enter] を押すと入力時の日付が自動入力される

自動で連番を振る ROW 関数

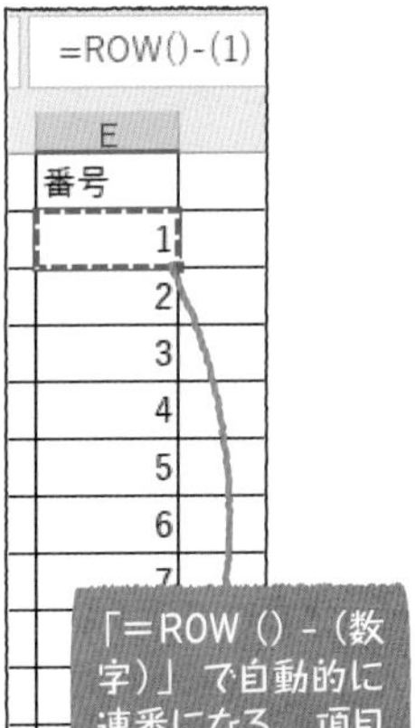
=ROW()-(1)
番号
「=ROW () -（数字）」で自動的に連番になる。項目名分のセルの数を減らさないときは「-（数字）」はなしでいい

ほかの表の数値を表示する VLOOKUP 関数

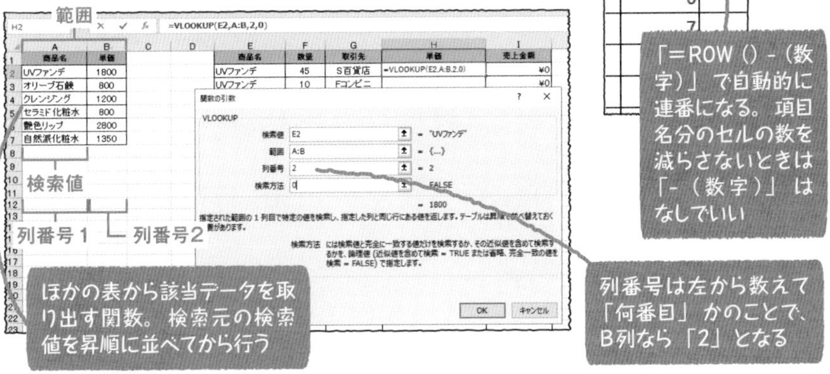
範囲
=VLOOKUP(E2,A:B,2,0)
検索値
列番号1
列番号2
ほかの表から該当データを取り出す関数。検索元の検索値を昇順に並べてから行う
列番号は左から数えて「何番目」かのことで、B列なら「2」となる

13 便利機能がたくさん！ ヘッダー・フッター設定

ヘッダー・フッターの設定は印刷時に活躍します。うまく活用することで効率や信頼性をアップできます。

［**ヘッダー**］と［**フッター**］は、あらかじめ設定しておくことで、印刷したときに文書の上部や下部に［日付］や［ページ番号］［ファイル名］などを表示できる便利な機能です。**ヘッダー・フッターの設定は、Alt → P（ページレイアウト）→ I（印刷タイトル）の順番でキーを押し、［ページ設定］ダイアログを開きます。その後、Ctrl ＋ Tab で移動し、［ヘッダー／フッター］タブを選択し、設定し**

資料にはページ数と資料名を入れる

先輩！
資料のチェックを
お願いできますか？
今度のミーティング用ね。
あら？　このままだと……
フッターにページ数を入れてね。
あと、資料名をヘッダーに
入れたほうがいいわ

ます。ヘッダー・フッターに表示させる情報は、用意されている選択肢の中から選ぶか、［ヘッダー / フッターの編集］で個別に登録することができます。一度登録したものは、以後、選択肢に現れるようになるので、そちらからも選べます。ヘッダー・フッターを活用することで、文書管理にかかる時間が短くなり、その文書に対する信頼性もアップさせることができます。

ヘッダー/フッターの挿入方法

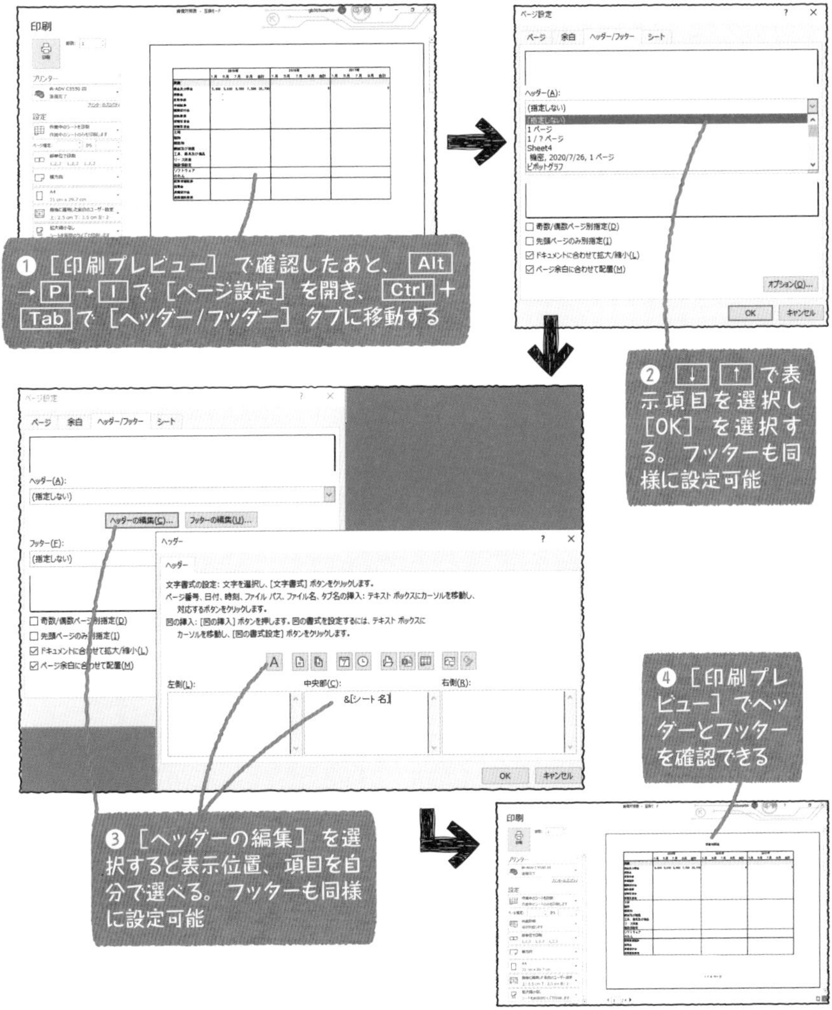
❶［印刷プレビュー］で確認したあと、Alt → P → I で［ページ設定］を開き、Ctrl + Tab で［ヘッダー/フッター］タブに移動する
❷ ↓ ↑ で表示項目を選択し［OK］を選択する。フッターも同様に設定可能
❸［ヘッダーの編集］を選択すると表示位置、項目を自分で選べる。フッターも同様に設定可能
❹［印刷プレビュー］でヘッダーとフッターを確認できる

KEY WORD → ☑ セル、書式設定、スタイル設定

14 セルの書式とスタイルは設定変更で見やすく

見やすい資料のためには、書式の統一はとても重要です。効率が大きくアップする書式設定とスタイル設定を行いましょう。

Excel で作成した一覧や表をより見やすくするためにフォントや**セル**に関する細かな設定をしたいとき、設定作業がまとめて集約されているのが、[セルの書式設定] です。 Ctrl + 1 **で [セルの書式設定] を開いて設定も可能 (P156)。さらに、設定した書式をブック全体に設定できるのが [スタイル設定] です。シートを追加してもスタイル設定をし直さずに済み、便利。[スタイル]をショートカットキー**

同じ設定をするならスタイルシートにする

前回の資料よかったわよ！次の資料も同じように作ってね
はい、わかりました！ではまた新しいのを作りますね
ちょっと待って！
前回のブックの設定を使えば、最初から作らなくていいよ

で開くには、まず Alt + Shift + 7 を押します。その後、［書式設定］ボタンをクリックし、［表示形式］［配置］［フォント］［罫線］［塗りつぶし］などのタブでその文書に設定したい内容を入力し、確定します。統一した書式で一覧や表を作りたいときには、最初にスタイル設定をしておくとすべてのセルに書式が反映されるため、その都度書式を設定する手間が省け、作業がとても楽になります。

［スタイル］設定で設定時間を短縮

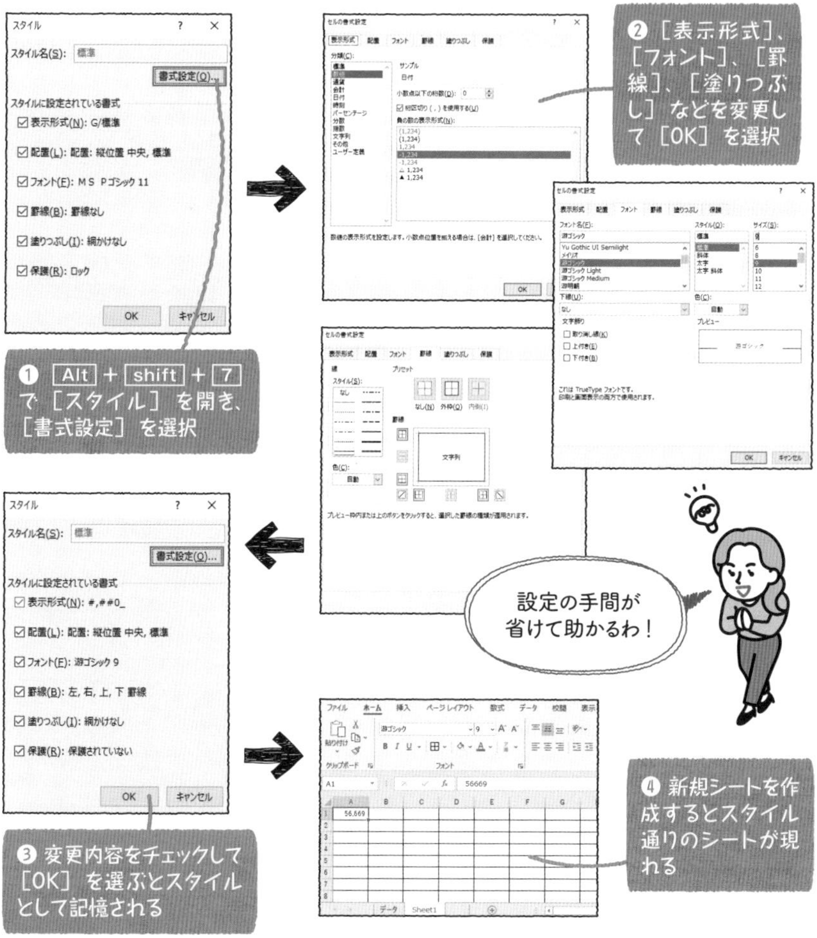
❶ Alt + shift + 7 で［スタイル］を開き、［書式設定］を選択
❷［表示形式］、［フォント］、［罫線］、［塗りつぶし］などを変更して［OK］を選択
❸ 変更内容をチェックして［OK］を選ぶとスタイルとして記憶される
❹ 新規シートを作成するとスタイル通りのシートが現れる
設定の手間が省けて助かるわ！

15 現在の日付と時刻を簡単に入力できるワザ

ショートカットキーなら、日時や時刻を瞬時にセルに入力でき、手間が省けます。

Excelで表や一覧を作成していると、データの作成日や更新日の**日付・時刻入力**の機会が多いことに気づくはずです。そんなとき、いちいちカレンダーや時計で日時や時刻を調べていたのでは、手間がかかってしまいます。ショートカットキーを使えば、瞬時に日時を入力することができます。**日付を入力したいセルを選択し、日付であれば Ctrl + ; 、時刻であれば Ctrl + : を押すだけで、**

日付・時刻は自動入力が最速

今日の日付も入れないと。えっと何日だっけ……
Excelなら日付は簡単にわかるよ
ショートカットは Ctrl + ; （セミコロン）だよ
本当だ！セルに日付が表示された？時間もあるの？
時刻は Ctrl + : 。こっちはコロンだから、似ているけど間違えないようにね

瞬時に入力されるので、 Enter を押して確定させます。日付と時刻を1つのセル内にまとめて入力することもできます。セル上で Ctrl + ; を押して日付を入力します。ここで Enter を押さず、スペースまたは改行を入力して Ctrl + : を押せば、同じセルに時刻を入力することができます。この日付の入力ワザは、セル内だけでなく、メモ内でも使うことができます。

日付/時刻入力はショートカットで

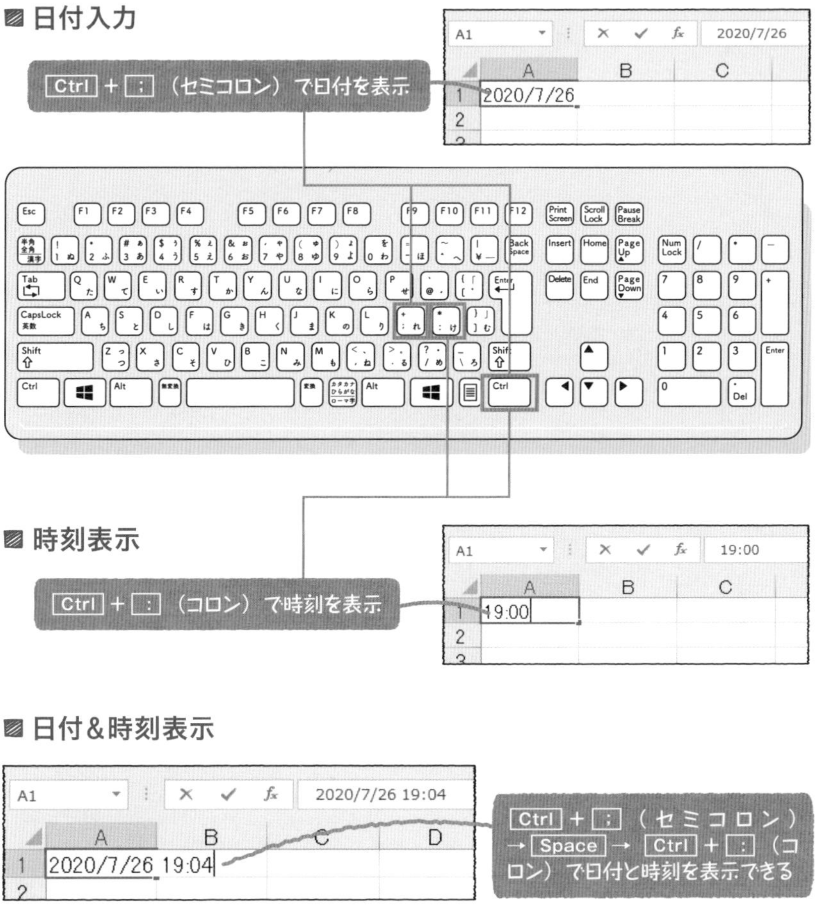
日付入力
Ctrl + ;（セミコロン）で日付を表示
A1
2020/7/26
時刻表示
Ctrl + :（コロン）で時刻を表示
19:00
日付&時刻表示
2020/7/26 19:04
Ctrl + ;（セミコロン）→ Space → Ctrl + :（コロン）で日付と時刻を表示できる

16 コメントの挿入をパッと開く方法

コメント欄を素早く開き、メモを挿入できる機能があります。Office365 では「メモ」と名前が変わりました。

Excel の作業中、特定のセルに関する情報をメモするのに便利なのが［**メモの挿入**］機能。Excel 2019 まで「コメント」と呼ばれていた機能で、Office365 では「メモ」と名前が変わりました。この作業は、セルを選んで右クリックして［メモの挿入］を選ぶ人が多いと思いますが、ショートカットキーのほうが速いのでおすすめです。**［メモの挿入］のショートカットキーは、Shift + F2** で、

セルのコメントはメモとして進化

前に使ってた
コメントの機能は
どれなの?
セルのコメントを
入れる機能は
どこにあるの?
昔と名前が
変わったのよ
メモというのが
新しい名前ね
Shift + F2 で
挿入できるわよ
新しくなったコメントは、
意見交換ができるようになって
共有しやすくなってるわ

該当セルの上で押すとコメントボックスが開き、メモを書き込める状態になります。一方、新しくなった［挿入］メニューの［コメント］は、従来のコメントと同じく書き込みができるうえ、ほかの人とファイル共有した際に、スレッド形式で意見交換ができるものになっています。ブックを相互チェックしながら進める場合に非常に便利な機能です。目的によって使い分けるといいでしょう。

セルへの注釈をメモで入れる

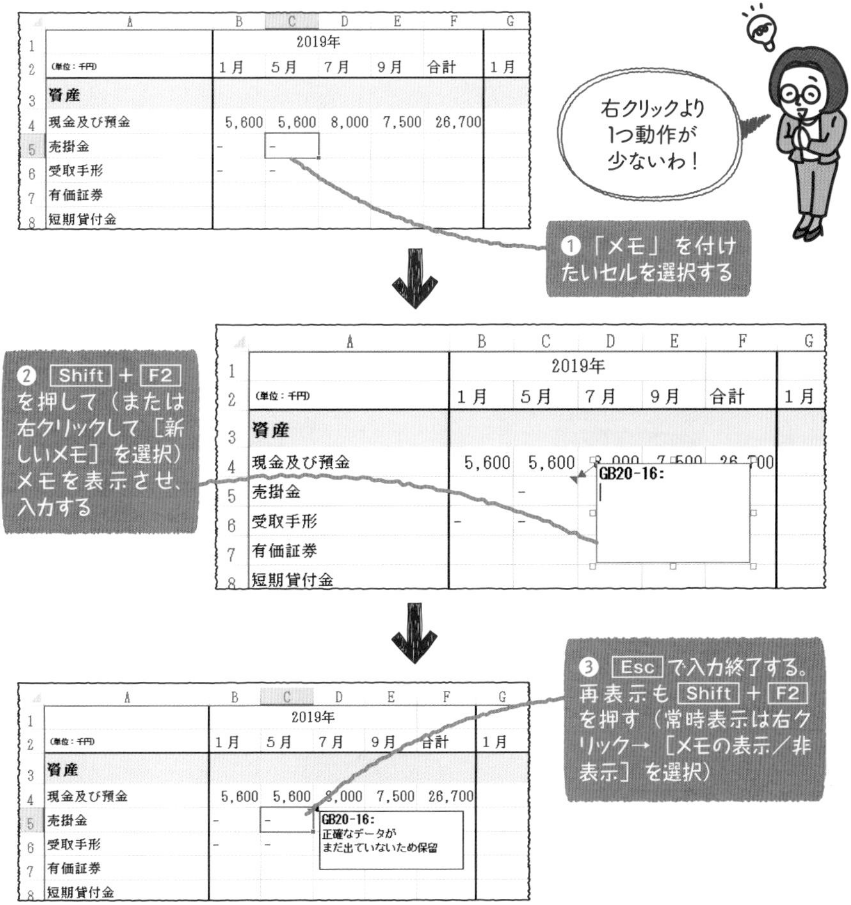
右クリックより
1つ動作が
少ないわ！
❶「メモ」を付けたいセルを選択する
❷ Shift ＋ F2 を押して（または右クリックして［新しいメモ］を選択）メモを表示させ、入力する
❸ Esc で入力終了する。再表示も Shift ＋ F2 を押す（常時表示は右クリック→［メモの表示／非表示］を選択）
GB20-16:
正確なデータが
まだ出ていないため保留

17 セルや文字の装飾を入力内容で自動変更

あらかじめ〔条件付き書式〕を設定することで、自動的に指定の文字やセルを目立たせることが可能です。

管理一覧や評価シートなど、フォーマットをよりわかりやすくするために、入力する内容によってセルや文字の色を変えて目立たせたいときはありませんか？　そんな**セル装飾**は［条件付き書式］という機能を使います。［条件付き書式］とは、設定した条件を満たすセルに、あらかじめ決めておいた［色］や［太字］などの装飾を自動的に施す機能です。**入力単語によって文字色を分けるため**

自動的にセルを装飾する入力規則機能

決まった値を入れたら自動で変わる設定をしたんだ
今、Enter を押したらセルの色が変わったよね？
どうやって色変えをしたの？
あとから色を変えないでもいいの？
すごく便利！わたしにも教えて！使いたいわ

の設定方法は Alt →［ホーム（H）］→［条件付き書式（L2）］→［新しいルール（N）］を押し、［新しい書式ルール］で［指定の値を含むセルだけを書式設定］を選択します。そして［セルの値］→［次の値に等しい］を選択し、条件を入力します。最後に［書式］の［フォント］タブから［スタイル］と［色］を選択して［OK］を押せば完了です。

入力値によって自動装飾するセル設定

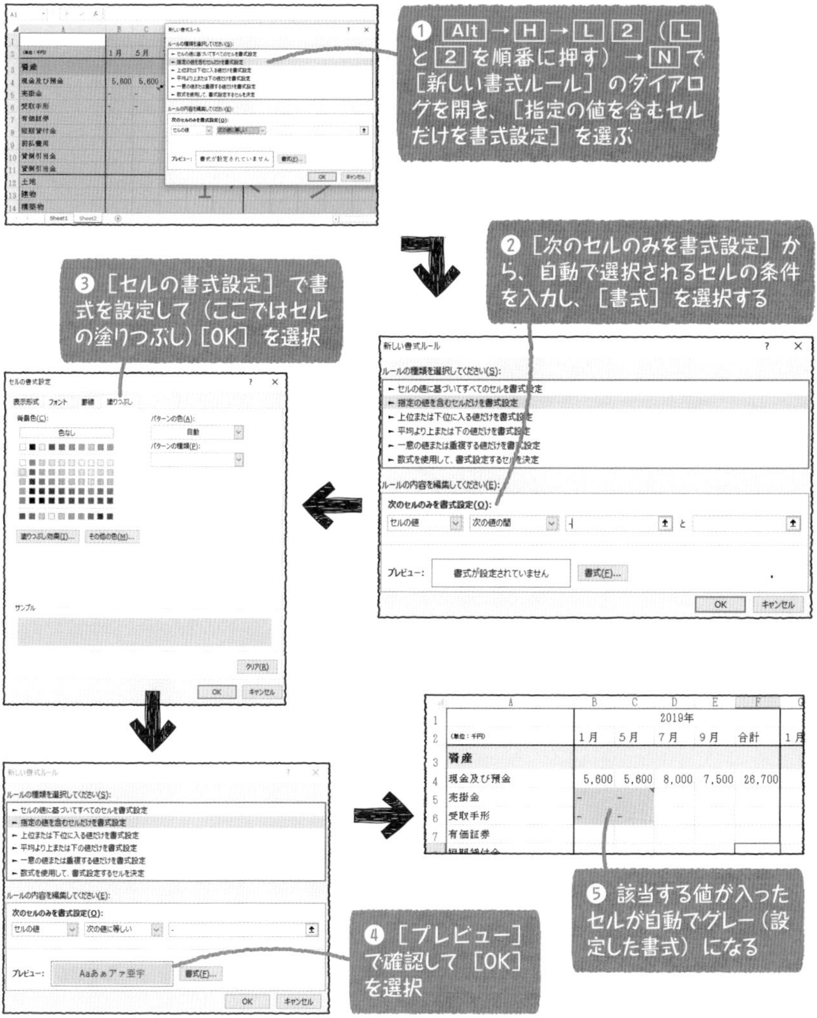
❶ Alt → H → L 2 （L と 2 を順番に押す）→ N で［新しい書式ルール］のダイアログを開き、［指定の値を含むセルだけを書式設定］を選ぶ
❷［次のセルのみを書式設定］から、自動で選択されるセルの条件を入力し、［書式］を選択する
❸［セルの書式設定］で書式を設定して（ここではセルの塗りつぶし）［OK］を選択
❹［プレビュー］で確認して［OK］を選択
❺ 該当する値が入ったセルが自動でグレー（設定した書式）になる

18 小数や計算式の表示を自動変換させないワザ

便利な自動変換ですが、反映したくないときもあります。頭に〔'（アポストロフィ）〕を付ければ表示の問題を解決できます。

Excelにはややおせっかいな自動変換機能が付いていて、「1.0」と入力すると「1」と表示されてしまいます。**そういった表示上の問題は、「'（アポストロフィ）」をセル内の数字や数式の先頭に付け加えることで解決することができます**。①**小数**：「1.0」のまま入力すると「1」と表示されてしまいますが、「'1.0」と入力すると「1.0」と表示されます。視力検査や試験データなど、小数点以下で表示し

Excelの自動変換機能をオフにする方法

ああ！
いちいちセルの書式を
変えるの面倒！
分数を
入れたいのに日付に
なっちゃうの！
ムキ〜〜〜ッ
カタ
カタ
カタ
カタ
？
そんなに
イライラして
何があったの？
セルの自動変換を
キャンセルするなら
アポストロフィを頭に
たったそれだけで！
書式を変えるより
早いわね
数値扱いにならないので
計算式では気を付けて

たいときに使います。②分数：「1/2」だと「1月2日」と表示されてしまいますが、「'1/2」と入力することで「1/2」と表示されます。割合の数字やページ数を表示したいときに使います。③**計算式**：「＝2*3」のまま入力すると「6」と表示されますが、「'＝2*3」と入力すると「＝2*3」と表示されます。文書内に計算ロジックを表記しておきたい場合などに使います。

入力値を自動変換させずに表示する

小数点を表示させる

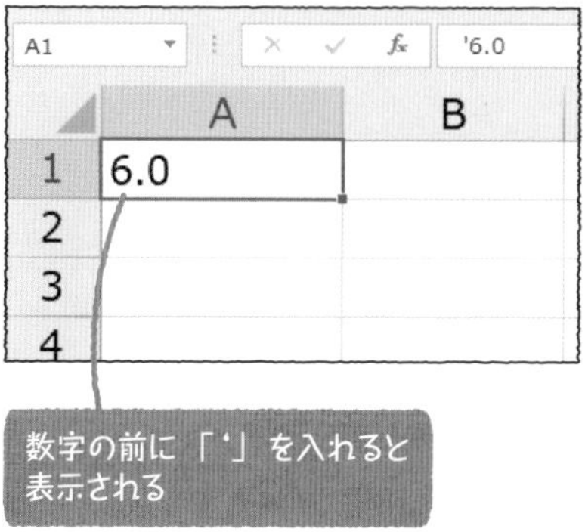

分数を表示させる

計算式を表示させる

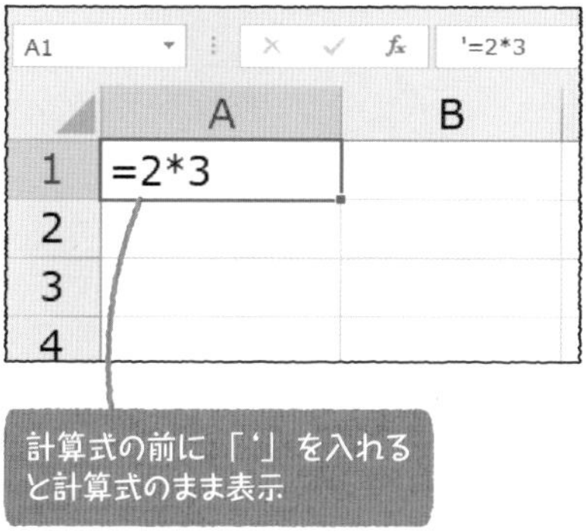

19 マウスを使わないで画面の表示倍率を変える

画面の拡大・縮小ができるショートカットキーもあります。Officeソフトでは共通で使えるワザです。

Excelで作業中に画面を拡大・縮小したいときに、その都度マウスを使ってリボンの［表示］タブの中からサイズの選択をするのは面倒です。そこで、便利に使える拡大・縮小のショートカットキーを紹介しましょう。マウスを使わずに画面の表示倍率を変える方法は簡単です。 Alt → V → Z **を押すと［ズーム］のダイアログが開くので、［倍率］の中から希望の倍率を選択するだけ。選択**

画面のズームインはショートカットで

ちょうどいい大きさにならないなぁ……
あら珍しい！
Excel得意なのにズーム機能を知らないの？
マウスホイールに慣れてたのね
ショートカットで倍率を選ぶ方法があるのよ

する際には Alt ＋［項目右のカッコ内にある数字・英字］を同時に押せば、瞬時に目的の倍率へとカーソルが移動するので、あとは［OK］を押すだけです。あらかじめ設定された倍率ではなく、自由に**表示倍率**を設定したいときは、［指定］を選んで数値入力します。このワザはOfficeソフト共通で使えるので、覚えておいてムダになることはありません。

表示倍率を変えて見やすくする

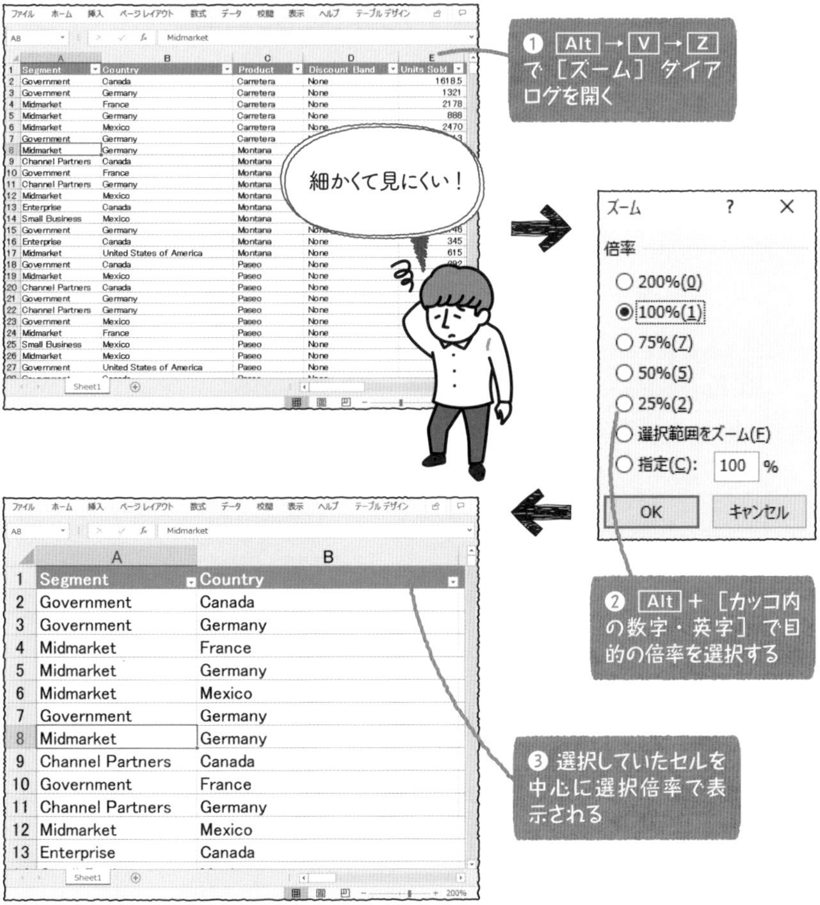
❶ Alt → V → Z で［ズーム］ダイアログを開く
細かくて見にくい！
ズーム
倍率
200%(0)
100%(1)
75%(7)
50%(5)
25%(2)
選択範囲をズーム(F)
指定(C): 100 %
OK
キャンセル
❷ Alt ＋［カッコ内の数字・英字］で目的の倍率を選択する
❸ 選択していたセルを中心に選択倍率で表示される

20 ウィンドウ枠の固定とウィンドウの整列を活用

Excel 画面のウィンドウ枠を固定・整列することで、「スクロールすると何のセルなのかわからなくなる」問題を解決できます。

Excel の一覧を下方向にスクロールしているとき、「この列は何の項目だっけ？」とわからなくなることがあります。そんなときは、次の方法で項目行 (ウィンドウ枠) を固定しておけば、項目をいつも同じ場所に表示できます。**①ウィンドウ枠の固定:固定したい行の次の行を選択した状態で Alt → [表示 (W)] → [ウィンドウ枠の固定 (F)] → [ウィンドウ枠の固定 (F)] を押すと、項目行 (ウィンドウ枠)**

覚えておくと便利な表示設定

データが多くて見出し列が見えなくなるのだけどいい方法ない？
ウィンドウ枠の固定を使うといいよ
あれ？そっちはページが横並びになってる？
横並びのほうが見やすいときは整列が便利だよ

を固定できます (行だけでなく列も可能)。また、セルを選択してウィンドウ枠を固定した場合は、そのセルを中心とした上と左の行を固定することができます。②**ウィンドウの整列 : 紙資料のように複数の Excel ブックを並べて作業したいときは、Alt → [表示 (W)] → [整列 (A)] → [並べて表示 (T)] を押し、[OK] を押すと、複数のブックを並べて表示できます**。これらは Excel 作業でよく使うのでぜひ覚えたいワザだといえます。

作業しやすいウィンドウ表示にする

ウィンドウ枠を固定させる

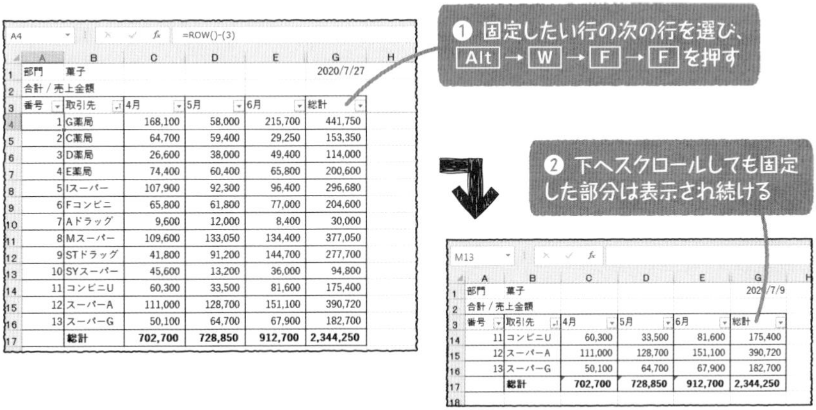

❶ 固定したい行の次の行を選び、
Alt → W → F → F を押す
❷ 下へスクロールしても固定した部分は表示され続ける

A4 =ROW()-(3)

	A	B	C	D	E	G
1	部門	菓子				2020/7/27
2	合計 / 売上金額					
3	番号	取引先	4月	5月	6月	総計
4	1	G薬局	168,100	58,000	215,700	441,750
5	2	C薬局	64,700	59,400	29,250	153,350
6	3	D薬局	26,600	38,000	49,400	114,000
7	4	E薬局	74,400	60,400	65,800	200,600
8	5	Iスーパー	107,900	92,300	96,400	296,680
9	6	Fコンビニ	65,800	61,800	77,000	204,600
10	7	Aドラッグ	9,600	12,000	8,400	30,000
11	8	Mスーパー	109,600	133,050	134,400	377,050
12	9	STドラッグ	41,800	91,200	144,700	277,700
13	10	SYスーパー	45,600	13,200	36,000	94,800
14	11	コンビニU	60,300	33,500	81,600	175,400
15	12	スーパーA	111,000	128,700	151,100	390,720
16	13	スーパーG	50,100	64,700	67,900	182,700
17		総計	702,700	728,850	912,700	2,344,250

M13

	A	B	C	D	E	G
1	部門	菓子				202[illegible]/7/9
2	合計 / 売上金額					
3	番号	取引先	4月	5月	6月	総計
14	11	コンビニU	60,300	33,500	81,600	175,400
15	12	スーパーA	111,000	128,700	151,100	390,720
16	13	スーパーG	50,100	64,700	67,900	182,700
17		総計	702,700	728,850	912,700	2,344,250
18						

ウィンドウを整列させる

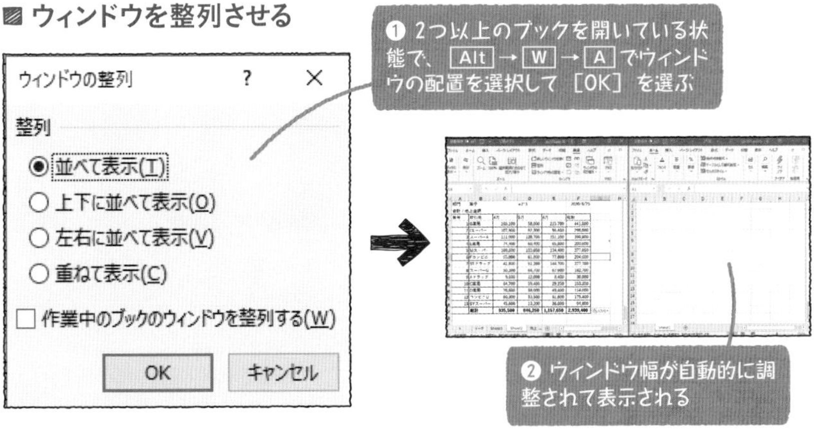

ウィンドウの整列
?
整列
並べて表示(T)
上下に並べて表示(O)
左右に並べて表示(V)
重ねて表示(C)
作業中のブックのウィンドウを整列する(W)
OK
キャンセル
❶ 2つ以上のブックを開いている状態で、Alt → W → A でウィンドウの配置を選択して [OK] を選ぶ
❷ ウィンドウ幅が自動的に調整されて表示される

KEY WORD → ☑ 行の非表示・再表示、列の非表示・再表示

21 行・列の表示・非表示はショートカットで時短

一部の行や列を伏せ、それ以外は公開したいときにも、ショートカットキーは便利です。

プレゼンや紙資料を複数の人に配布する場合、一部の行や列の数字を伏せておきたいことがあります。この機能は行列番号上で右クリックし、［非表示］を選ぶという方法が一般的ですが、ショートカットキーなら瞬時に行や列を非表示や再表示できて便利です。**行の非表示・再表示のやり方は、非表示にしたい行の上で Ctrl ＋ 9 を押すだけ。非表示にした直後に再表示するときは、 Ctrl**

非表示を使って見やすくする

あれ？
今、急に列が消えた
みたいだけど？
列の非表示のこと？
隠しただけだよ
ハッ
削除じゃなくて？
何で非表示にするの？
何がいいの？
見せなくていいけど
消せないデータを一時的に
非表示にすれば、別のシートを
作らなくて済むよ

+ Shift + 9 を押せば元通りに。ただし、一度カーソル移動したあとに再表示したいときは、非表示にしたセルをまたぐ2つのセルを選択して Ctrl + Shift + 9 で再表示されます。列の非表示・再表示は、非表示にしたい列の上で Ctrl + 0 を押します。再表示したいときは非表示の行の列を含む行全体を選択して右クリックし、［再表示］を選びます。

行・列の表示を隠して元データを残す

行の非表示

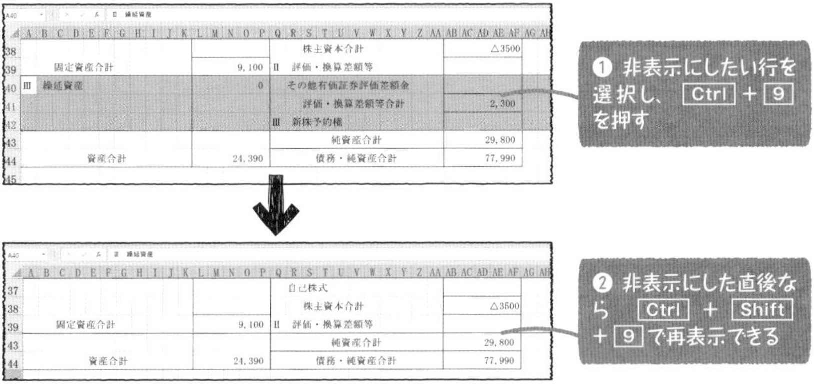
❶ 非表示にしたい行を選択し、Ctrl + 9 を押す
❷ 非表示にした直後なら Ctrl + Shift + 9 で再表示できる

列の非表示

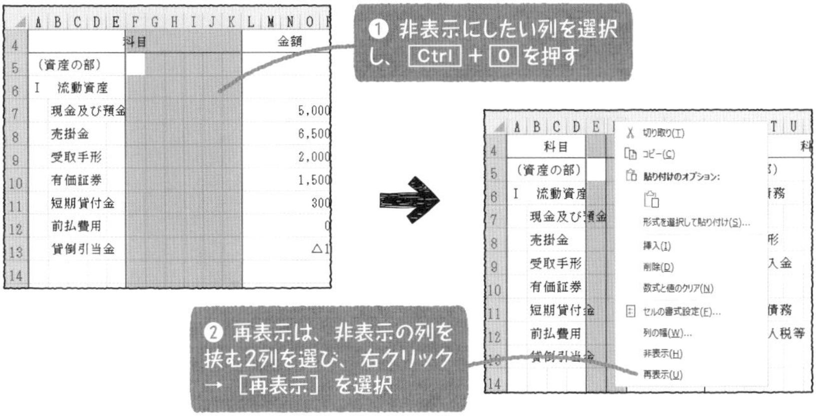
❶ 非表示にしたい列を選択し、Ctrl + 0 を押す
❷ 再表示は、非表示の列を挟む2列を選び、右クリック→［再表示］を選択

22 行・列のグループ化はキー操作だけでできる

膨大なデータを扱うExcelでは、行・列をグループ化することで全体像を把握しやすくできます。

プロジェクト管理のための工程表のように、作業項目を詳細化していくと、徐々に全体像を把握しにくくなってきます。そんなときに便利なのが、複数行をグループ化するワザです。**グループ化するには、まずグループ化したい複数行を選択し、Shift + Alt + → を押します。すると選択行の1行下の行番号左に − が表示され、グループ化されます。グループ化した行の中の複数行をさらにグ**

共有するデータはグループ化で見やすく

ねぇ、さっき送ってもらったデータだけど
ん？何かな？
グループ化だよ。押してみて！
このプラスのマークは何？
この機能でも非表示にすることができるんだ
あ、本当だ！列が表示された。これ、便利だけどやり方は？
範囲を選んで Shift + Alt + → だよ

ループ化することも可能です。その後、 − を押せばその行を残してあらかじめ設定した行が非表示になり、非表示の状態で + を押せば、元の状態に戻ります。このボタンを押さなくても、P186で紹介した行列の非表示（ Ctrl + 9 ）・再表示（ Ctrl + Shift + 9 ）でも実行できます。グループ化を解除する場合は、該当行を選択して Shift + Alt + ← を押します。このワザは行だけでなく、列にも適用できます。四半期売上データの集計など、横に長くなる一覧に使うと便利です。

行・列のグループ化のショートカットキー

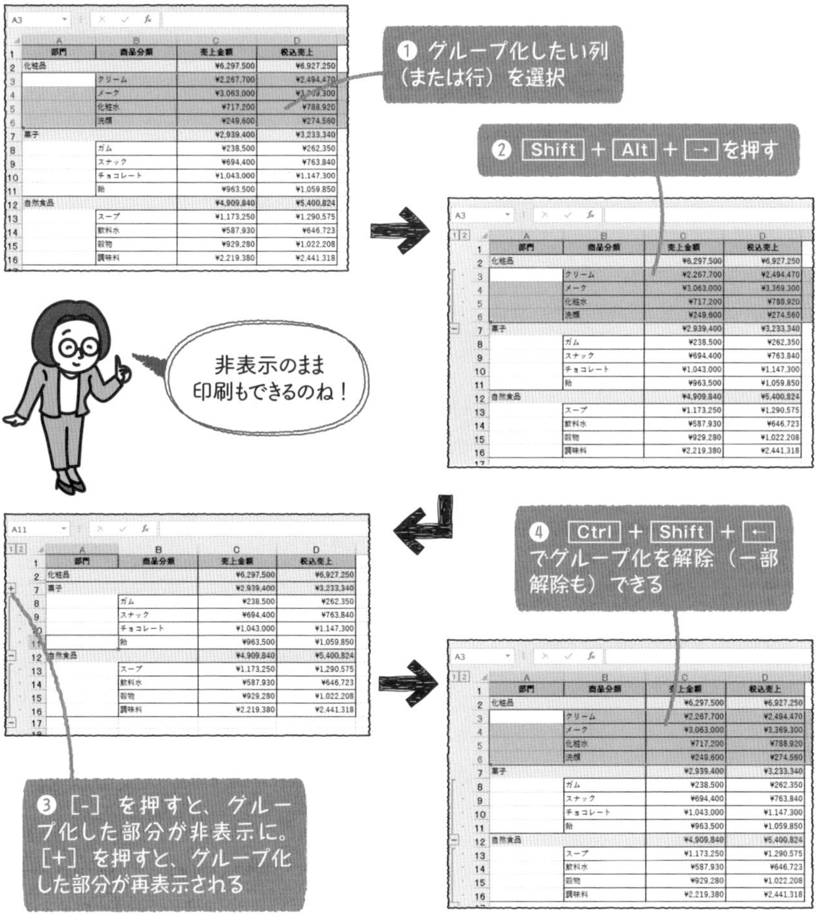
❶ グループ化したい列（または行）を選択
❷ Shift + Alt + → を押す
非表示のまま印刷もできるのね！
❸ [-] を押すと、グループ化した部分が非表示に。[+] を押すと、グループ化した部分が再表示される
❹ Ctrl + Shift + ← でグループ化を解除（一部解除も）できる

23 ボタン1つでデータをグラフ化する方法

データを一瞬でグラフ化できれば、仕事のテンポもアップします。基本のグラフの自動作成方法を身に付けましょう。

通常、データを**グラフ化**するときは、データ範囲を定義するなど作成するだけでも手間がかかるものですが、簡単にグラフ化を可能にする方法があります。**やり方は簡単で、グラフ化したい対象データを選択して F11 を押すだけです**。とりあえず棒グラフを作ってしまい、あとからグラフの種類や色合いなど、見映えに関する細かな調整をしていけば、かなり時間の短縮になるでしょう。プレ

グラフ作成は範囲を選んでボタンを押すだけ

さっきはありがとう。
って、今何やったの？
全然たいしたこと
してないよ
ん?
グラフを作った
だけだけど
話をしながら
グラフを作ったの?
範囲を選んでいたから
F11 押しただけだよ。
少し調整はあるけど
それはこれから

ゼンなどで人に見せるためではなく自分で使うためのグラフを作るのであれば、あまり凝ったグラフは必要ありません。棒グラフ以外では、折れ線グラフや円グラフで十分です。このワザを使えばデータを瞬時にグラフ化できるので、仕事の進みが格段に速くなるはずです。

超爆速のグラフ化ショートカット

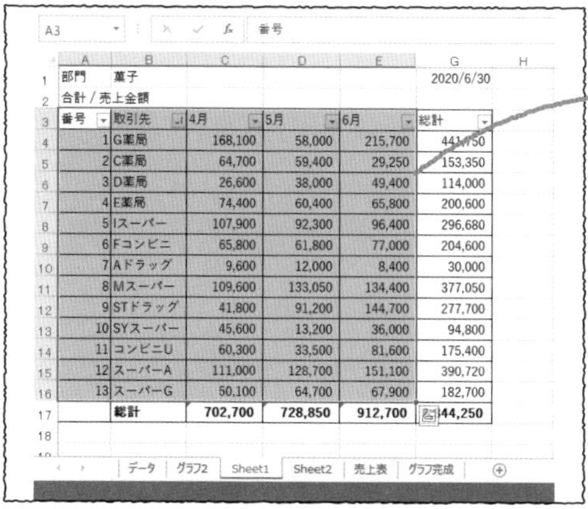

番号	取引先	4月	5月	6月	総計
1	G薬局	168,100	58,000	215,700	441,750
2	C薬局	64,700	59,400	29,250	153,350
3	D薬局	26,600	38,000	49,400	114,000
4	E薬局	74,400	60,400	65,800	200,600
5	Iスーパー	107,900	92,300	96,400	296,680
6	Fコンビニ	65,800	61,800	77,000	204,600
7	Aドラッグ	9,600	12,000	8,400	30,000
8	Mスーパー	109,600	133,050	134,400	377,050
9	STドラッグ	41,800	91,200	144,700	277,700
10	SYスーパー	45,600	13,200	36,000	94,800
11	コンビニU	60,300	33,500	81,600	175,400
12	スーパーA	111,000	128,700	151,100	390,720
13	スーパーG	50,100	64,700	67,900	182,700
	総計	702,700	728,850	912,700	[illegible]44,250

❶ グラフにしたい範囲を選択して F11 を押す

❷ 選択したデータが、別シートに棒グラフとして表示される

❸ グラフの種類を変えるなら［グラフの種類の変更］をクリック

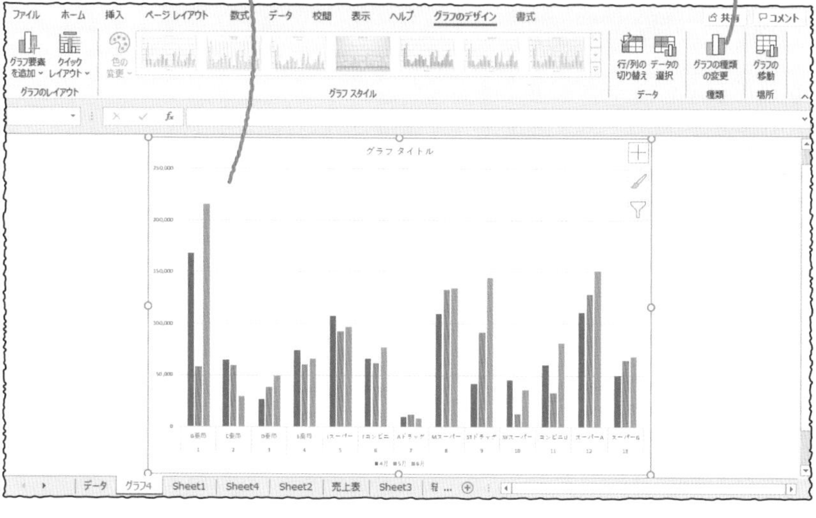

24 エクセル関数で覚えておくべき“絶対参照”とは

Excel で気を付けたいのが関数のコピペ。計算式内の番地情報を「絶対参照」に変換してトラブルを回避しましょう。

関数（計算式）が入ったセルをコピーして、ほかのセルに貼り付けたら、参照元がずれて誤った計算結果が出ることがあります。これは、Excel の自動計算機能が、勝手に番地を解釈してしまうことが原因。この問題は共通項目となる計算式内の番地情報を「**絶対参照**」に変換することで回避できます。**たとえば計算式「= C3*(1+D1)」の中で D1 を消費税率として絶対参照したい場合は、**

計算式がズレないための「絶対参照」

Excelで質問って何を聞きたいの？
実は計算式をコピペすると計算がエラーになって……
基準値のセルを絶対参照にするのよ
絶対参照って何のことかしら…？
ムムム…
あ！　そういうことか。基準値がズレてエラーになったのか

**セル内の計算式の「D1」という文字を選択して F4 を押せば［= C3*(1+ $D $1)］に変わり、消費税率が固定されます**。［$］は［固定］を意味しており、［$D1］であればD列を固定、「D $1」であれば1行目を固定するという意味です。関数で消費税率など一定の数値をかけたり、一定期日や本日から期間を算出したりするなど、ブックのレコードの中で固定的なセル値やデータ範囲を参照する関数を用いる場合は、必ず絶対参照を使うことになるので、ぜひ覚えておきましょう。

絶対参照を設定して計算ミスを防ぐ

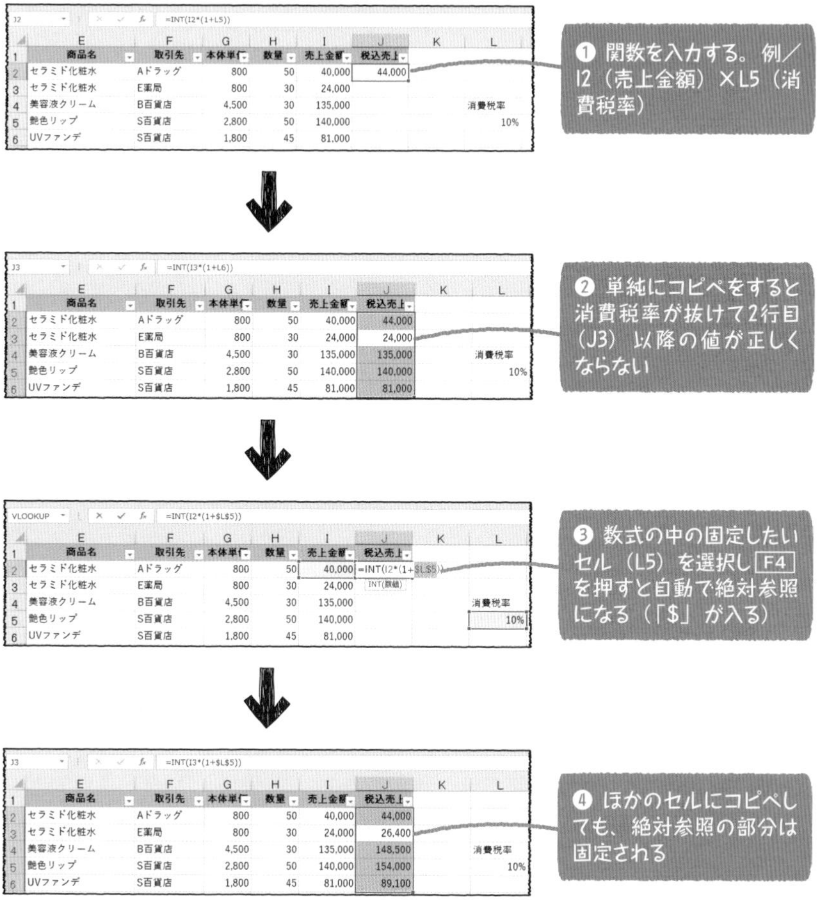
=INT(I2*(1+L5))
❶ 関数を入力する。例／I2（売上金額）×L5（消費税率）
=INT(I3*(1+L6))
❷ 単純にコピペをすると消費税率が抜けて2行目（J3）以降の値が正しくならない
=INT(I2*(1+$L$5))
❸ 数式の中の固定したいセル（L5）を選択し F4 を押すと自動で絶対参照になる（「$」が入る）
=INT(I3*(1+$L$5))
❹ ほかのセルにコピペしても、絶対参照の部分は固定される

Column 06

ブック内に埋め込まれた

関数を一発表示する方法

Excel で作業をするときに関数を使うと便利なのは、ここまで紹介した通りですが、一方で計算式が使われていると困ることがあります。それは、ファイルを開いても「パッと見ではどこに計算式が埋め込まれているかがわからない」ということ。計算式も入力値も全部数字に見えるからです。計算式がどこに使われ、どのセルを参照しているのか、その範囲は正しいのか、といった検証をするときにこの「見た目が同じ」というのは非常にやっかいです。

Excel の検証をしようと思ったときは、慣れている人で

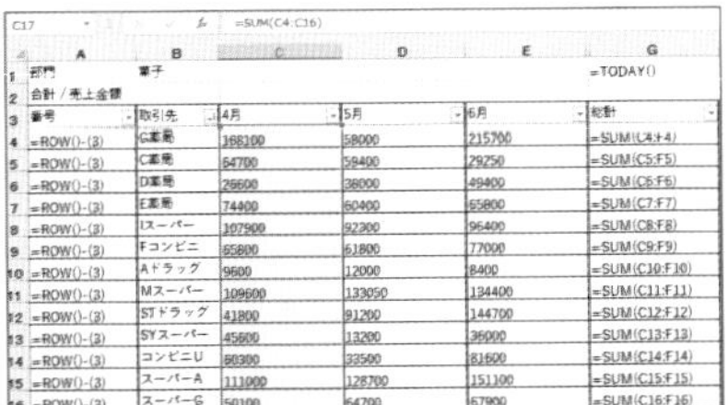

C17 =SUM(C4:C16)

	A	B	C	D	E	G
1	部門	菓子				=TODAY()
2	合計 / 売上金額					
3	番号	取引先	4月	5月	6月	総計
4	=ROW()-(3)	G薬局	168100	58000	215700	=SUM(C4:F4)
5	=ROW()-(3)	C薬局	64700	59400	29250	=SUM(C5:F5)
6	=ROW()-(3)	D薬局	26600	38000	49400	=SUM(C6:F6)
7	=ROW()-(3)	E薬局	74400	60400	65800	=SUM(C7:F7)
8	=ROW()-(3)	Iスーパー	107900	92300	96400	=SUM(C8:F8)
9	=ROW()-(3)	Fコンビニ	65800	61800	77000	=SUM(C9:F9)
10	=ROW()-(3)	Aドラッグ	9600	12000	8400	=SUM(C10:F10)
11	=ROW()-(3)	Mスーパー	109600	133050	134400	=SUM(C11:F11)
12	=ROW()-(3)	STドラッグ	41800	91200	144700	=SUM(C12:F12)
13	=ROW()-(3)	SYスーパー	45600	13200	36000	=SUM(C13:F13)
14	=ROW()-(3)	コンビニU	60300	33500	81600	=SUM(C14:F14)
15	=ROW()-(3)	スーパーA	111000	128700	151100	=SUM(C15:F15)
16	=ROW()-(3)	スーパーG	50100	64700	67900	=SUM(C16:F16)
17		総計	=SUM(C4:C16)	=SUM(D4:D16)	=SUM(E4:E16)	=SUM(C17:E17)

計算式表示されているセルを選択すると、計算式で参照しているセルが色付き枠で表示される

ご注目ください!
このショートカットキーで
Ctrl + Shift + G
関数がパッと見えるように!
ジャカ ジャカ ジャカ…ジャーーン!!

も計算式の使われている場所をすべて瞬時に把握することはできません。通常は、セルを選択していくしかないと思いがちです。しかし、ここで便利なのが次のショートカットキー。

・ Ctrl + Shift + @

このショートカットキーを押すだけで、開いているシートの中で使われている計算式が、すべて計算式の形のまま表示されます。調べたいシートのどこのセルを選択していても構いません。元に戻すのはもう一度同じショートカットキーを押すだけです。複数のシートを選択すれば、複数シートを同時に計算式表示にすることもできます。

この機能の素晴らしいところは、ただ表示するだけでなく、計算式のセルを選択すると参照セルが表示されること。通常であればセルを選択して編集モードにしなければ参照セルは見えないところを自動で表示してくれるので、検証作業にぴったり。驚くほど時間を短縮できるようになります。

Chapter 06

SHINSOKU PC
SHIGOTOJUTSU
MIRUDAKE
notes

今や使えて当たり前？ PDF&パワポ使いこなし術

Officeソフト以外はどうやってPDFに？
いらないページは削除できない？
無料版だと機能が限られて困るな
無料版でも便利な機能が増えてますよ
有料版かフリーソフトでも編集できるし
仮想プリンタを使うとPDFになります

パソコンが仕事で使われるようになって進化したものに PDF があります。それまでバラバラだったファイルが統一された形式で見られるようになって、もはやビジネスシーンではなくてはならないものになりました。 PDF ソフトもまた進化を続けていますが、 非常に便利な機能が無料で使えるようになってきているので見逃がせません。 一方の PowerPoint は、 以前はプレゼンだけでしか使わない特殊なソフトと思われていましたが、 今や社内回覧の資料でも使われるようになってきています。 チームでの簡単なミーティングから、 社内・社外プレゼンにまで使える汎用性が高いツールなので使いこなせるようになっておきましょう。

プレゼンなら
パワポは必須です
プレゼン
=
Power Point
うまくプレゼンを
する方法は
あるかな……
プレゼンツールも
付いてるんですか？

01 PDFファイルに備忘録としてメモを追加

PDFには、メモのようにファイルに直接書き込むことのできる「ノート注釈」の機能があり、コメントを保存できます。

PowerPointなど、Officeソフトで作った資料をPDFファイルに変換して配布することは多いと思います。**PDFの閲覧に用いるAdobe Acrobat Reader DC（無料版）は、閲覧以外にも役立つ機能を備えています**。PDFを扱う際に便利なのが［**ノート注釈**］の機能で、注釈を入れたい場所で右クリックして［ノート注釈を追加］を選ぶと入力でき、特記事項や備忘録としてのメモをPDFファ

無料版のPDFでもコメントが入れられる

PDFにコメントを入れられたらいいんだけど……
Acrobat Readerですか？　昔はできませんでしたけど
うーん…
最新版なら入れられるんですよ
❶ 注釈を入れたい位置で右クリック→［ノート注釈を追加］を選択、もしくは Ctrl ＋ 6 を押す
❷ コメントを記入できる

イルに保存できます。注釈の文字の大きさやフォントを変えたいときは Ctrl + K で［環境設定］を開き、［分類］から［注釈］を選択、右側にある［フォント］と［フォントサイズ］を変更すれば完了です。フォントサイズは、文字を選択し、 Ctrl + Shift + < > でも調整できます。ノート注釈には［返信を追加］欄があり、次のコメントを追加することも可能。ほかにもテキストのハイライト表示や下線、取り消し線などを入れられると同時に、それぞれノート注釈と同様にコメントを記入できます。

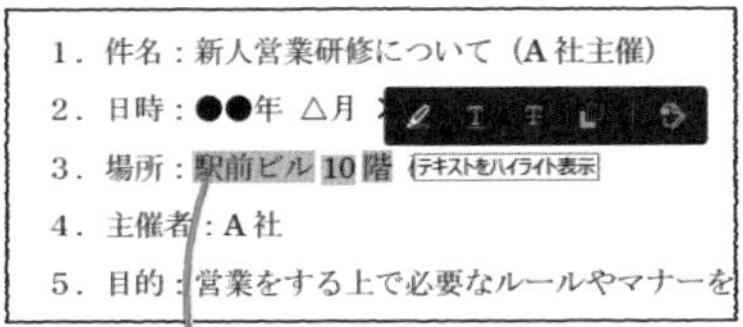
1．件名：新人営業研修について（A社主催）
2．日時：●●年 △月
3．場所：駅前ビル 10 階
テキストをハイライト表示
4．主催者：A社
5．目的：営業をする上で必要なルールやマナーを

❸ テキスト選択すると登場する描画ツールバーから［テキストをハイライト表示］を選ぶ

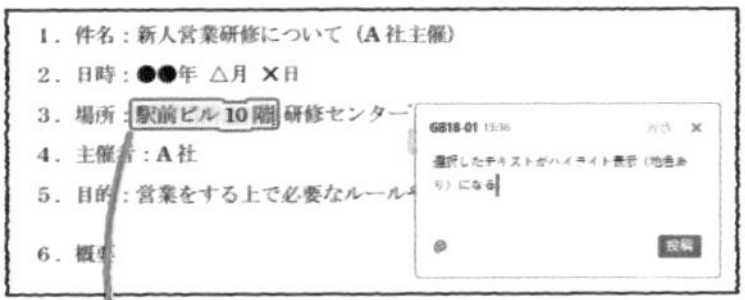
1．件名：新人営業研修について（A社主催）
2．日時：●●年 △月 ×日
3．場所：駅前ビル 10 階 研修センター
4．主催者：A社
5．目的：営業をする上で必要なルール
6．概要
選択したテキストがハイライト表示（色付きあり）になる
投稿

❹ 選択したテキストに色が付き、ノート注釈も記入できる

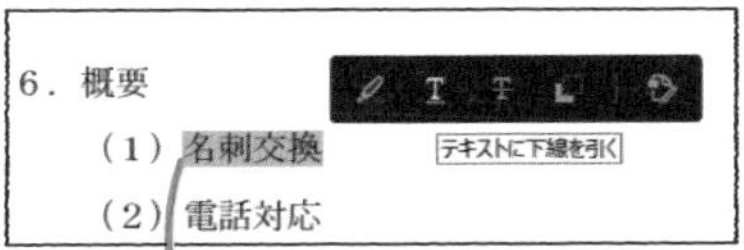
6．概要
（1）名刺交換
テキストに下線を引く
（2）電話対応

❺ 同様に［テキストに下線を引く］を選ぶと、テキストに下線が付き、コメントを記入できる

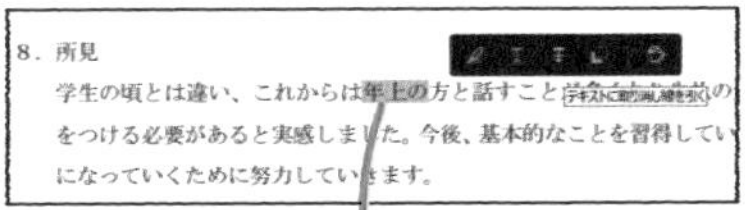
8．所見
学生の頃とは違い、これからは年上の方と話すこと
テキストに取り消し線を引く
をつける必要があると実感しました。今後、基本的なことを習得してい
になっていくために努力していきます。

❻ 同じく［テキストに取り消し線を引く］で、テキストに取り消し線が引かれ、コメントが記入できる

❼ 注釈は上のツールバーの［表示］→［ツール］→［注釈］→［開く］でページ右に表示できる

Acrobat Reader
印刷する文書に注釈の一覧テキストを追加しますか？
はい(Y)
いいえ(N)
注釈の一覧 研修報告書.pdf

❽ 注釈を印刷するには［注釈とフォーム］で「文書と注釈」を選び、［注釈の一覧］を選択→［はい］を選ぶ

02 PDFの表示倍率を一瞬で変える方法

ショートカットキーでは表示倍率を一瞬で変えることもできます。PDFを効果的に拡大・縮小して活用しましょう。

PDFは他人との文書のやり取りに便利ですが、その分**作成者の環境によって文字の大きさが見辛かったり、全体を見渡せない大きさになっていたりします。そんなときに役立つ、PDFの表示倍率を変更できるショートカットを紹介しましょう**。まずは Ctrl ＋ ＋ を押すたびに少しずつ拡大し、反対に Ctrl ＋ － で縮小表示ができます。表示倍率を指定して一気に大きさを変えたい場合は Ctrl ＋ Y

PDFの拡大・縮小を使いこなす

細かい数字が
よく見えない～～！
拡大すれば
いいことでしょ!!
Ctrl + + よ
全体表示や
100%表示
とかもあるし
ショートカットキーなら
もっと早く
確認できたのか！

を押してから倍率を選択、もしくは入力します。また Ctrl と数字キーでもいろいろなショートカットができます。 Ctrl ＋ 0 を押すと、画面に1ページが収まるように表示されます。同様に Ctrl ＋ 1 なら倍率100％で表示できるようになります。 Ctrl ＋ 2 の場合は、PDFの横幅に合わせた表示になります。縦長のPDFを見るときに便利です。PDFの大きなメリットは、通常の画像とは違い、拡大／縮小しても文字が見づらくならないことなので、読みやすい大きさに調整するのが便利です。

表示倍率の変更方法

Ctrl ＋ ＋ ／ Ctrl ＋ −

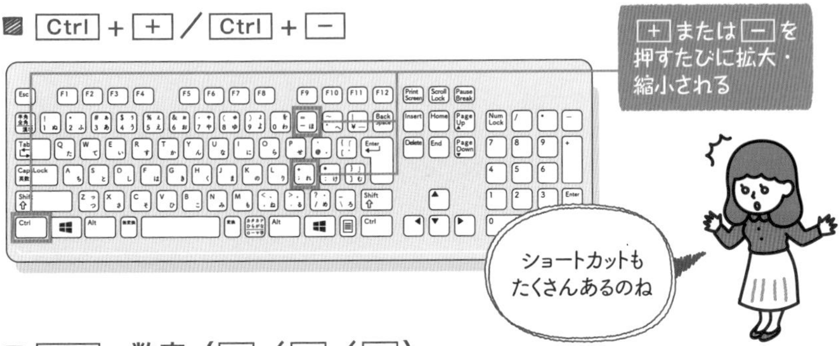

＋ または − を押すたびに拡大・縮小される
ショートカットもたくさんあるのね

Ctrl ＋数字（0 ／ 1 ／ 2）

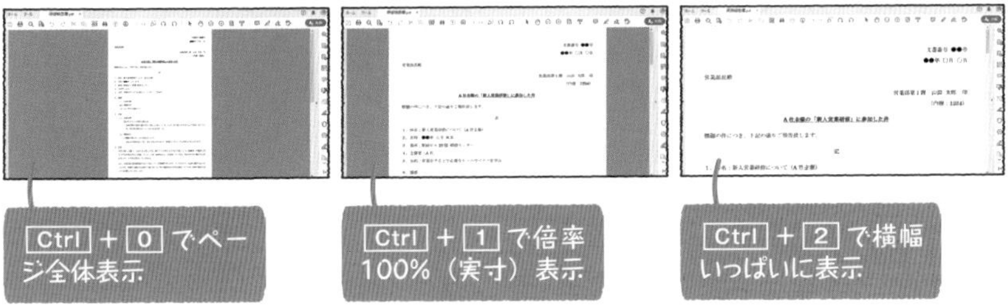

Ctrl ＋ 0 でページ全体表示
Ctrl ＋ 1 で倍率100％（実寸）表示
Ctrl ＋ 2 で横幅いっぱいに表示

Ctrl ＋ Y →で選択

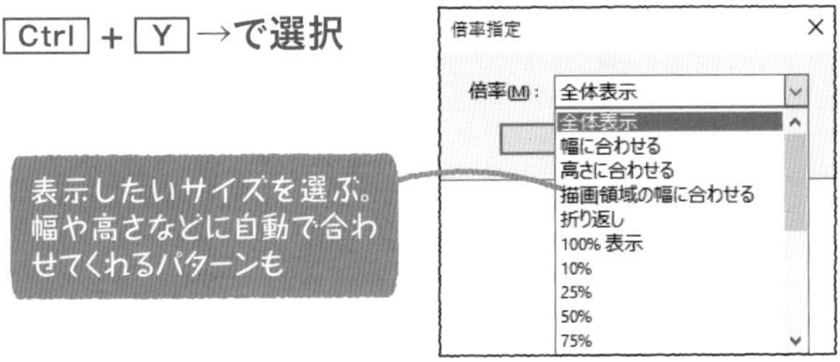

倍率指定
倍率(M)：
全体表示
全体表示
幅に合わせる
高さに合わせる
描画領域の幅に合わせる
折り返し
100% 表示
10%
25%
50%
75%
表示したいサイズを選ぶ。幅や高さなどに自動で合わせてくれるパターンも

KEY WORD → ☑ 文書のプロパティ、ファイルサイズ

03 目的ページへジャンプして時間短縮

ページ数の多いPDFファイルをスクロールするのでは時間もかかり、手も疲れてしまいます。素早いページ移動を覚えましょう。

PDFはページの多い資料を1ファイルにまとめるにも便利な形式のため、数十ページや100ページを超えるようなPDFになることも決して珍しくありません。ところが、そんな長大なPDFを1ページずつページ送りしていては、とても時間がかかってしまいます。そこで、**ページ移動も神速で行える方法を紹介しましょう**。目的のページ数がわかっていれば Ctrl ＋ Shift ＋ N を押して、出てき

PDFのページ移動はショートカットで

マウスホイールを動かす音がすごいけど誰？
ボクです！ページが多くて移動が大変で……
カリ カリ カリ
カリ カリ カリ
カリ カリ カリ
PDFのページ移動はショートカットキーを使いなさい！

た［ページ指定］のダイアログにページ番号を入力して［OK］を押すと、指定したページまで一気に移動できます。そのほか、**その PDF ファイルに関する情報は［文書のプロパティ］を見ればわかります。 Ctrl ＋ D で開いたプロパティを見れば、ファイルの保存されている場所や、ファイルサイズを知ることができます。**ファイルがサーバー上にある場合など、ほかの人にファイルの場所を知らせるときに便利です。

時間をムダにしがちな単純作業を時短

ページの移動

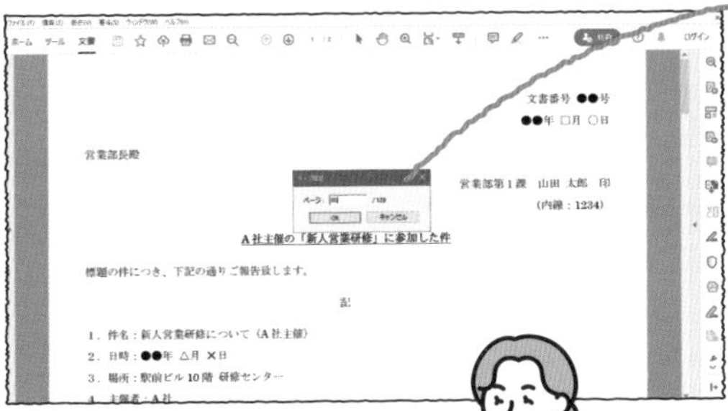

❶ Ctrl ＋ Shift ＋ N を押す

❷ ページ数を入力して Enter を押す

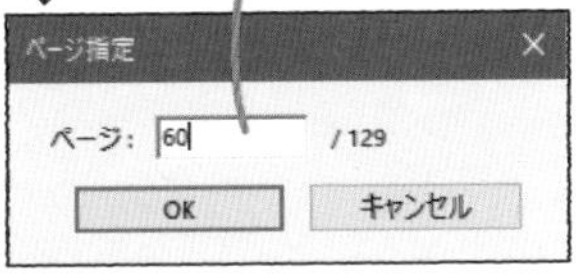

ファイル情報を知る

❶ ファイルを開いた状態で Ctrl ＋ D を押す

❷［詳細情報］に元ファイルのソフトや PDF のバージョン、保存場所やファイルサイズなどが表示される

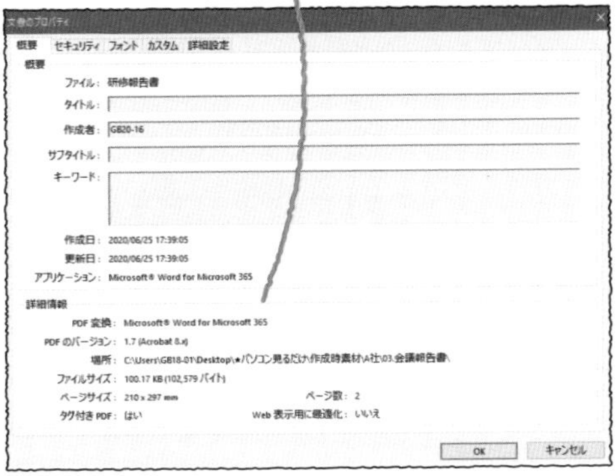

04 ページの向きを一瞬で変更するショートカット

スキャンで作成したものによく見られますが、向きがバラバラで見にくいPDFは避けたいもの。回転させて表示しましょう。

紙資料をスキャンして作成したPDFなどによくありますが、縦横の向きがバラバラになっていてPDFが読みにくいという経験をした人も多いでしょう。もともとのファイルを変更することなく表示だけ変更するためには、PDFの向きを回転させます。**Ctrl + Shift + + で右回りに90°回転、Ctrl + Shift + − で左回りに90°回転します**。オリジナルの状態を維持しつつ見やすくしたい

PDFの表示は一瞬で回転できる

このお客さん、いつもPDFの向きが横なんだよな……
お客さんに教えるより覚えたほうが早いわね
よくあるわよ。Ctrl + Shift + + で右回転するわ

場合には、こちらの方法が適しています。一方、ほかの人に送る場合や Adobe Acrobat Pro DC（有料版）がある場合は、読みやすい形にするため回転させて保存するほうがいいでしょう。**該当のページが表示されている状態で Ctrl ＋ Shift ＋ R を押すと［ページを回転］ダイアログが開くので、回転させたい方向と角度を入力し、適用させたいページの範囲を指定して［OK］を押します**。この状態で保存し直せば、正しい向きの PDF が作成されます。

PDFの表示を回転させる方法

Acrobat Reader DC（無料版）の場合（一時的に表示を回転させる）

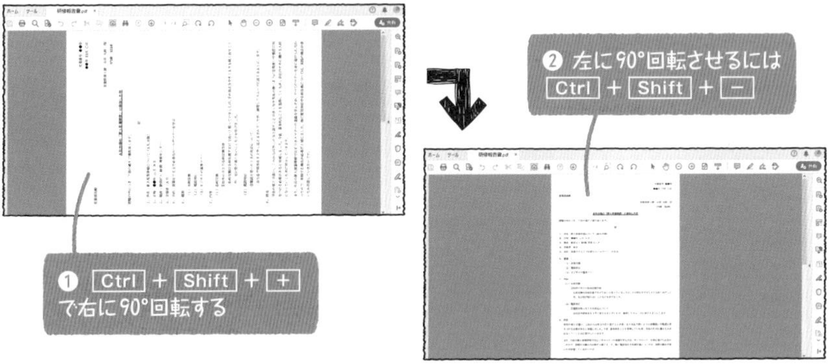

② 左に90°回転させるには Ctrl ＋ Shift ＋ −
① Ctrl ＋ Shift ＋ ＋ で右に90°回転する

Acrobat Pro DC の場合（表示を回転させ、保存する）

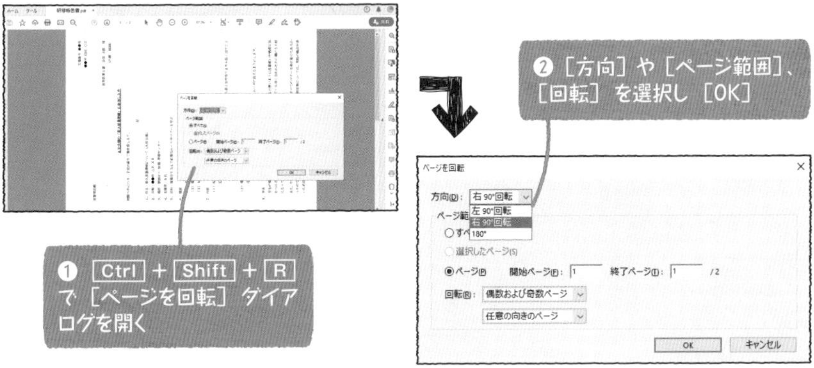

② ［方向］や［ページ範囲］、［回転］を選択し［OK］
① Ctrl ＋ Shift ＋ R で［ページを回転］ダイアログを開く
ページを回転
方向(D)： 右 90°回転
左 90°回転
右 90°回転
180°
選択したページ(S)
ページ(P) 開始ページ(F)： 1 終了ページ(T)： 1 /2
回転(R)： 偶数および奇数ページ
任意の向きのページ
OK
キャンセル

05 ページの挿入・削除で見やすい文書にする

PDFのページを削除したり、挿入したりするのも必要な作業ですので、簡単に行える方法を覚えておきましょう。

普及している無料版のAcrobat Reader DCではできませんが、Acrobat Pro DCであれば不要なページの削除やページの追加、ページの移動・挿入といった操作が行えます。**PDFのページ削除は、ファイルを開いた状態で Ctrl ＋ Shift ＋ D を押して［ページの削除］ダイアログを開き、削除したいページ数を［開始ページ］と［終了ページ］で指定して［OK］を押せば複数ページもまとめて削**

Acrobat Pro DCでできること

頭を抱えて どうしたのかしら?
あれ? Acrobat Reader DCに なかったからわからない……
Acrobat Pro DCを 入れて新しい機能が うまく使えないみたいで
あとで教えて おくので 大丈夫ですよ
ショートカットキーで 削除とかできる はずだよな

除が可能。また、ナビゲーションパネルで［ページサムネール］を開いてページを選択し、Delete を押して削除する方法もあります。**PDF のページ挿入は、Ctrl + Shift + I を押すと［挿入するファイルの選択］というダイアログが開くので、挿入したい PDF のファイルを選択して挿入位置を指定し、［OK］を押せば挿入されます**。一部のページだけを挿入したい場合は、挿入元と挿入先の 2 つの PDF の［ページサムネール］を開き、挿入したいページをドラッグ&ドロップすれば挿入されます。

ページの削除・挿入をする

ページの削除

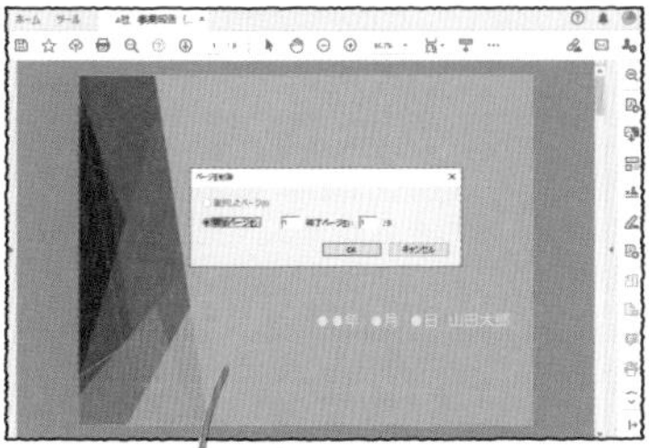

❶ Ctrl + Shift + D で削除するページの範囲を入れて［OK］

❷ 左のページサムネールを開き、ページを選択する

❸ Del を押す

ページの挿入

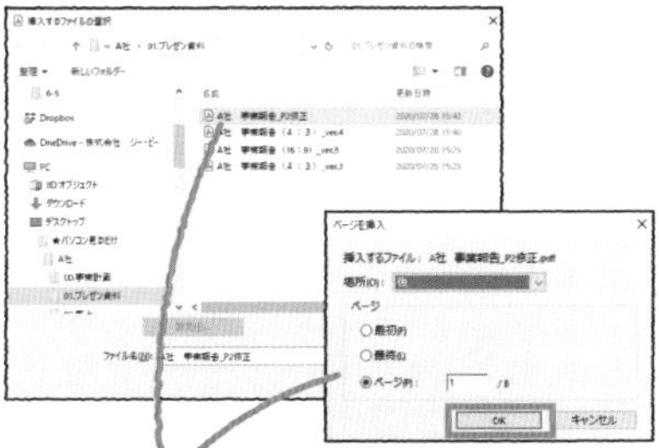

❶ Ctrl + Shift + I して挿入するファイルを選択し、挿入するファイルを入れるページ位置を選んで［OK］

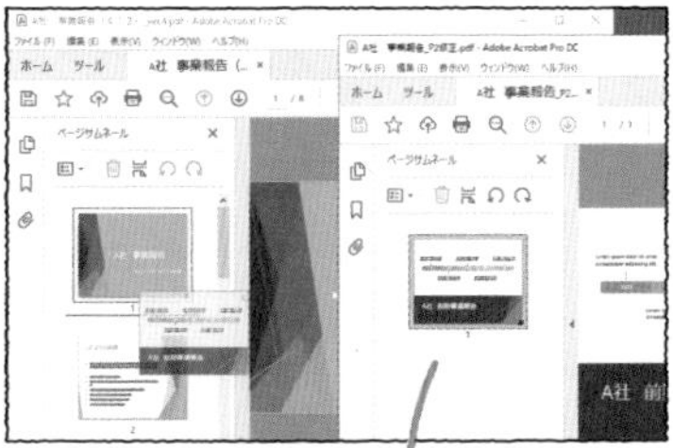

❷ 挿入元のファイルも同時に開き、両方の［ページサムネール］を開き、［ページサムネール］をドラッグ&ドロップする

06 余白をトリミングして表示を見やすくする方法

余白が多すぎて PDF が読みにくいときには、トリミングして読みやすい大きさに調整しましょう。

紙資料をスキャンしたときなど、PDF の作成環境によっては、**余白部分が大きく、文字や画像の表示領域が小さくなってしまって文字が読みにくいことがあります。そんなときに便利なのが、PDF ページのトリミング機能**。Acrobat Pro DC では、まずページ右の［ツール］から［印刷工程］を選択し、画面右の一覧から［ページボックスを設定］を選びます。［余白の制御］で数値を入力すると右のトリミ

Acrobat Pro DC ならページ加工もできる

送ってもらった
PDFだからどうしたら
いいか……
余白がこんなにあって、
必要な部分が小さくて
バランスが悪い
元ファイルがないと
調整できないよね
Acrobat Pro DC
なら余白をカットする
機能があるよ

ング後のサイズのイメージ画像に黒枠でカットする範囲が表示されるので[OK]を選択。このダイアログでは、同時に［ページサイズを変更］やトリミングを適用する［ページ範囲］の指定もできます。買い切り版のAcrobat 9/2017のStandard/Proでも同様の操作が可能で、まず Ctrl ＋ Shift ＋ T を押し[ページのトリミング］のダイアログを開き、［ページ範囲］でトリミングするページを指定。［余白の制御］の欄でトリミングの数値を設定すればどの程度トリミングするかを調整できます。

PDFを読みやすくするトリミング

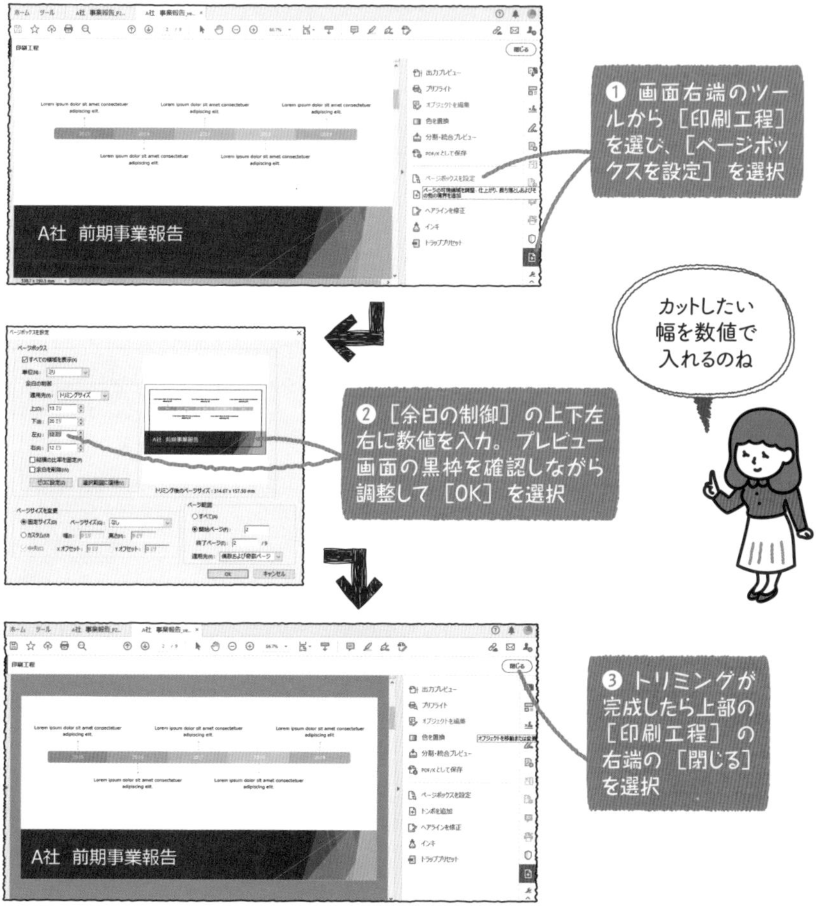

A社 前期事業報告
❶ 画面右端のツールから［印刷工程］を選び、［ページボックスを設定］を選択
カットしたい幅を数値で入れるのね
❷［余白の制御］の上下左右に数値を入力。プレビュー画面の黒枠を確認しながら調整して［OK］を選択
A社 前期事業報告
❸ トリミングが完成したら上部の［印刷工程］の右端の［閉じる］を選択

07 スキャンしたPDFでも検索できるようにする

スキャンしたPDFファイルの中で検索機能を使いたい場合、便利なのが［OCRテキスト認識］機能です。

PowerPointやWordなどのソフトで作成した**PDFの大きな利点は、文書の中から文字列を検索できること**。ページを覚えていなくても、検索さえすれば該当の場所に一気に移動することができます。しかし、**紙資料をスキャンしたPDFの場合、すべてが1枚の画像として扱われてしまうので、そのままでは文字列を検索することができません。そんなときに便利なのが、Acrobat Pro DCに標準**

OCR機能で自動テキスト化

あぁ～、
このPDFってスキャン
したものかぁ～
うーん…
スキャンしたものだと
何か問題なの？
??
文字の検索が
できないから
読まなくちゃ……
最新の
Acrobat Pro DCなら
文字を認識してテキスト化
できるから大丈夫よ！

機能として搭載されている［OCR テキスト認識］機能です。 Acrobat Pro DC の場合は、画面右側のパネルから［PDF を編集］ツールを選択すれば自動的に OCR 機能が実行され、文字検索もできるようになります。しかも、認識された文字列は編集できるので文字の修正も可能です。Acrobat 9/2017 では、まずメニューから［文書］→［OCR テキスト認識］→［OCR を使用してテキストを認識］を選択。［テキスト認識］ダイアログが開くのでページ範囲を指定して［OK］を押せば、テキスト認識が実行されます。

スキャン書類の文字検索も修正もできる

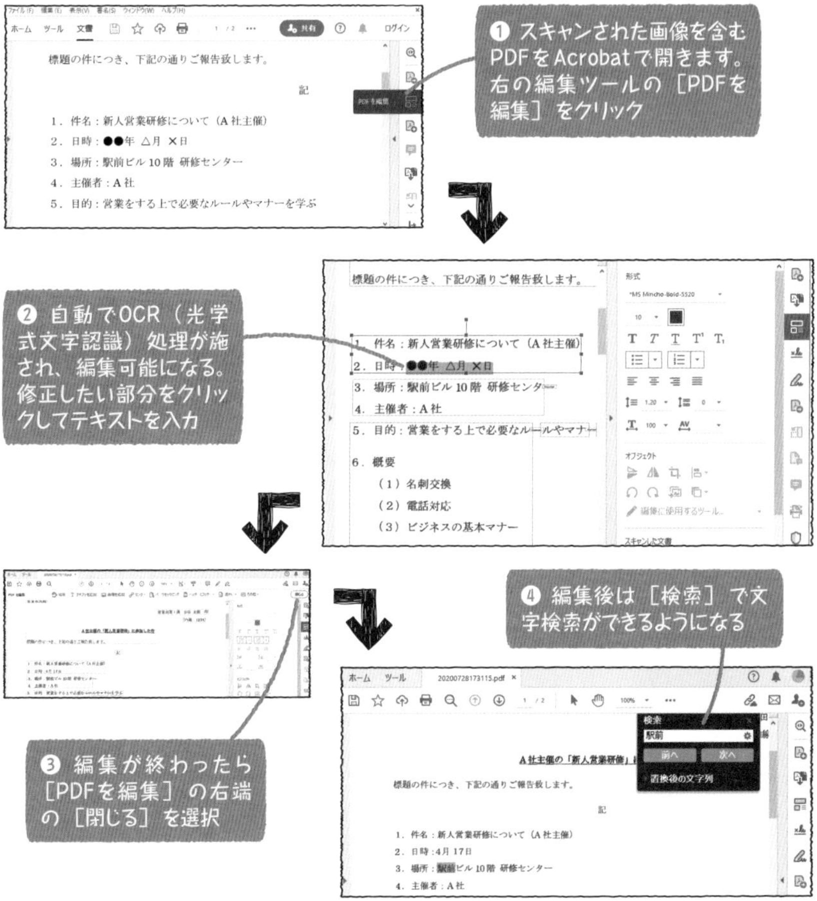

❶ スキャンされた画像を含むPDFをAcrobatで開きます。右の編集ツールの［PDFを編集］をクリック
❷ 自動でOCR（光学式文字認識）処理が施され、編集可能になる。修正したい部分をクリックしてテキストを入力
❸ 編集が終わったら［PDFを編集］の右端の［閉じる］を選択
❹ 編集後は［検索］で文字検索ができるようになる

KEY WORD → ☑ PowerPoint、発表者ツール

08 プレゼンのスライドをスマートに表示する

PowerPoint はプレゼンなどでよく使われますが、発表時に使うと便利な機能が多数備わっています。

プレゼンテーションアプリの定番といえば PowerPoint です。プレゼン時に F5 を押すだけでスライドショーモードに入れるのはよく知られていますが、それ以外にも、プレゼンに役立つ機能が多数あります。まずはブラックアウト機能。スライドショーの状態で B を押すと、画面が真っ黒になります。この機能は、プレゼン開始前に PowerPoint を表示したくない場合や、聴衆の視線

プレゼンで使える PowerPoint

赤いポインタで示したところに書いたように……
手書きやレーザーポインターとかすごいですね
PowerPointの機能の1つだよ
誰でも使えるものだから安心して！

をモニターやスクリーンから外させて、登壇者に注目を集める場合に便利です。再び B を押せば元に戻ります。**プレゼン時に最も役立つのが［発表者ツール］という機能です。これはスライドショーの状態で、手元のパソコンにのみ、経過時間や次のスライド、ノート情報などを表示させられる機能です**。［スライドショー］タブの［発表者ツールを使用する］にチェックを入れ、スライドショーを表示してから左下にあるオプションボタンから［発表者ツールを表示］を選択しましょう。

スライドショーで役立つ機能

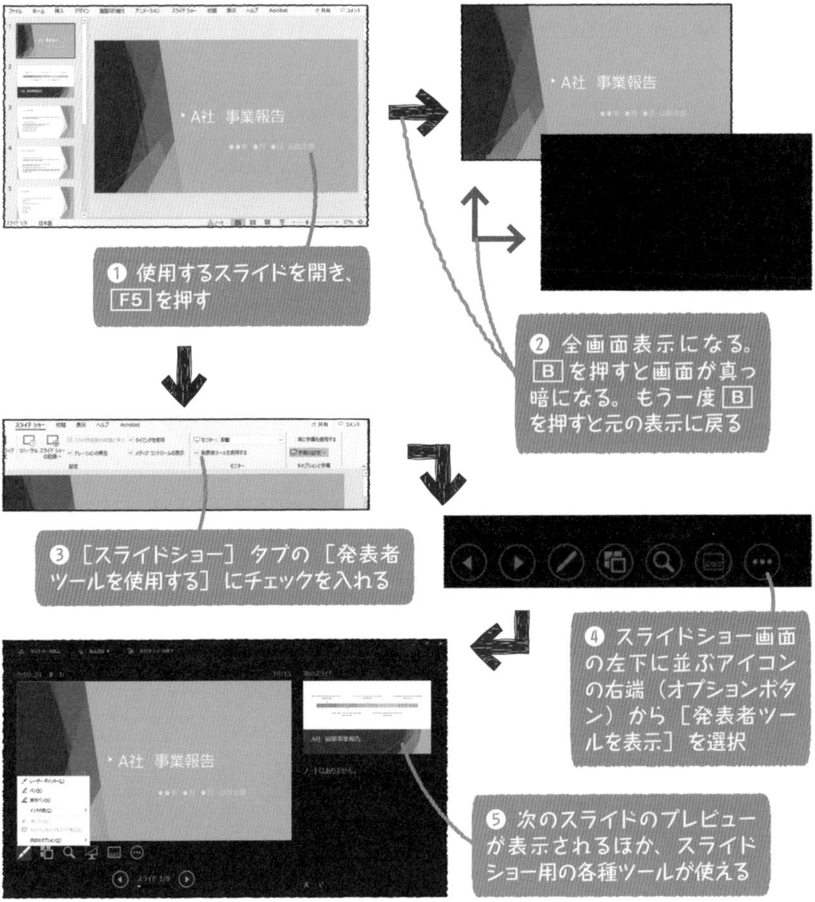
A社　事業報告
❶ 使用するスライドを開き、F5 を押す
❷ 全画面表示になる。B を押すと画面が真っ暗になる。もう一度 B を押すと元の表示に戻る
❸［スライドショー］タブの［発表者ツールを使用する］にチェックを入れる
❹ スライドショー画面の左下に並ぶアイコンの右端（オプションボタン）から［発表者ツールを表示］を選択
❺ 次のスライドのプレビューが表示されるほか、スライドショー用の各種ツールが使える

KEY WORD → ☑ ペン、レーザーポインター

09 スライドは臨場感を出す手書きを入れるといい

PowerPoint では、アナログな表現も取り入れることができます。ペンツールを起動して丸で囲むなど、効果的に使いましょう。

PowerPoint を使わずホワイトボードを使うなど、プレゼンテーションは人それぞれやり方があると思いますが、**PowerPoint の持つさまざまな機能を知っておくと、さらにプレゼンの幅が広がります。PowerPoint がスライドショーの状態で Ctrl + P を押すと、ペンツールが起動し、マウスなどのポインティングデバイスでスライドに書き込むことができます。同様に Ctrl + I を押せば蛍光ペンに、**

プレゼンでは手書きなど臨場感が大事

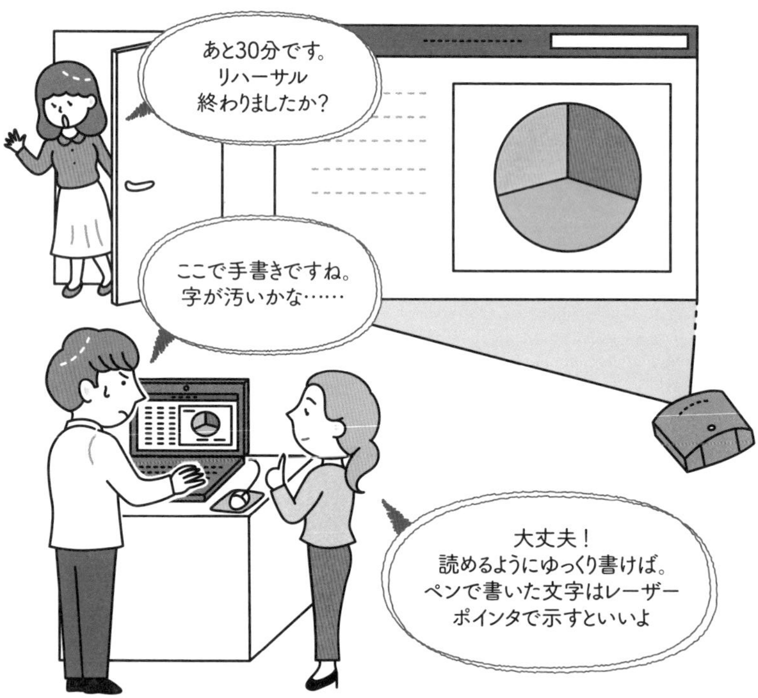

あと30分です。リハーサル終わりましたか？
ここで手書きですね。字が汚いかな……
大丈夫！読めるようにゆっくり書けば。ペンで書いた文字はレーザーポインタで示すといいよ

Ctrl + L だとレーザーポインターになります。重要な部分を丸で囲んだり、文字を記入したり、単純に指し示したりと、用途によって使い分けましょう。色や太さも変えられるので、強調に便利です。また、Ctrl + E を押すと消しゴムになり、ペンで書き込んだものの一部を消去することができます。書き込みをすべて消したい場合は E のみで消せます。キー1つだけなので、消したくないときにうっかり押さないように注意しましょう。

ペンツールのショートカットキー

Ctrl + L

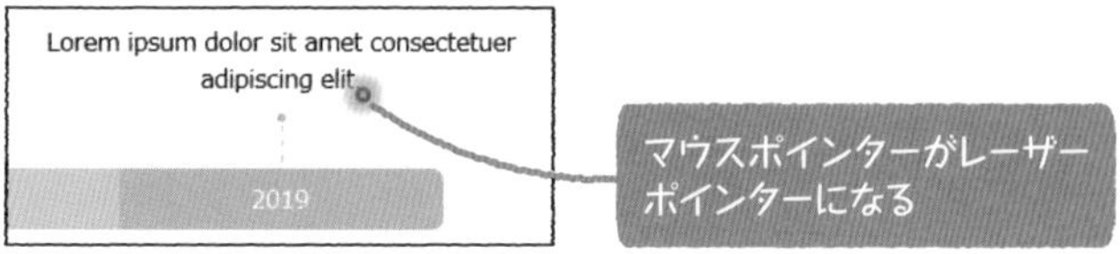
Lorem ipsum dolor sit amet consectetuer
adipiscing elit.
2019
マウスポインターがレーザーポインターになる

Ctrl + P

Ctrl + I

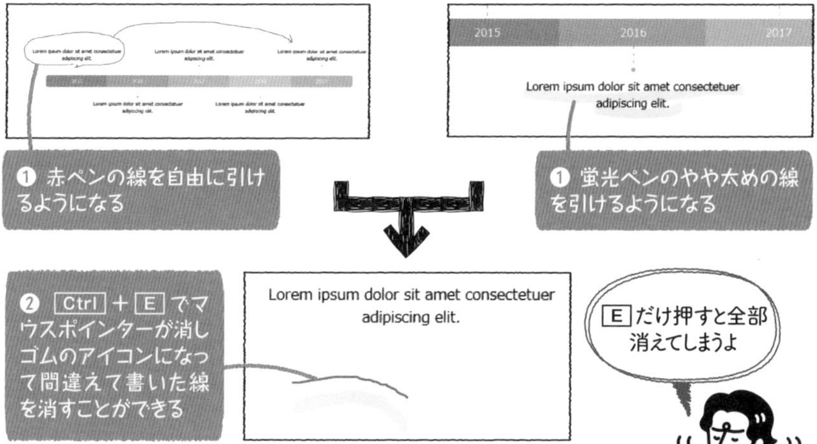
2015
2016
2017
Lorem ipsum dolor sit amet consectetuer
adipiscing elit.
❶ 赤ペンの線を自由に引けるようになる
❶ 蛍光ペンのやや太めの線を引けるようになる
❷ Ctrl + E でマウスポインターが消しゴムのアイコンになって間違えて書いた線を消すことができる

E だけ押すと全部消えてしまうよ

インク注釈の保存

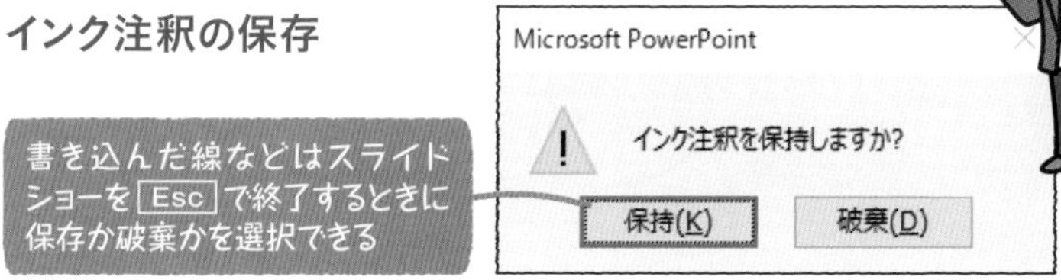
書き込んだ線などはスライドショーを Esc で終了するときに保存か破棄かを選択できる
Microsoft PowerPoint
インク注釈を保持しますか?
保持(K)
破棄(D)

10 見せたいスライドを適切な大きさで一発表示

スライドショーには実践的で便利な機能がたくさん備わっています。必要に応じてショートカットキーを使い分けましょう。

プレゼンをしながら前のページに戻ったり、終了後の質疑応答で特定のページを表示したり、といった状況は多いと思います。そんなときに指定のスライドに一気に移動する方法をご紹介しましょう。**スライドショーの状態で目的のスライド番号を押してから Enter を押せばそのスライドまで一気にジャンプできます**。その際に ESC を押せば編集モードも同様に移動しています。その後 Esc を押

臨機応変な対応をするためには

予定時間を
オーバー
10分
失敗したーーー!!
文字が小さくて
見えないと
いわれた……
ガーーン
途中のページを
スマートに飛ばせれば
よかったんだけど……
最初は誰でも
失敗するもの
ショートカットキーとかを
覚えれば次はできるよ

せば、ジャンプしたスライドを編集モードの状態で開くことができます。また、スライドショーで Ctrl ＋ S を押せば［すべてのスライド］ダイアログが開きます。［スライドタイトル］から目的のスライドを選択し［移動］ボタンを押せばそのスライドに移動できます。また、**表示したスライドの一部を拡大して見せたい、という場合にはスライドショーの状態で Ctrl ＋ ＋ を押せばスライドを拡大して表示できます。縮小したい場合は反対に Ctrl ＋ − を押しましょう。**

スライドショーのページジャンプ法

ページ移動

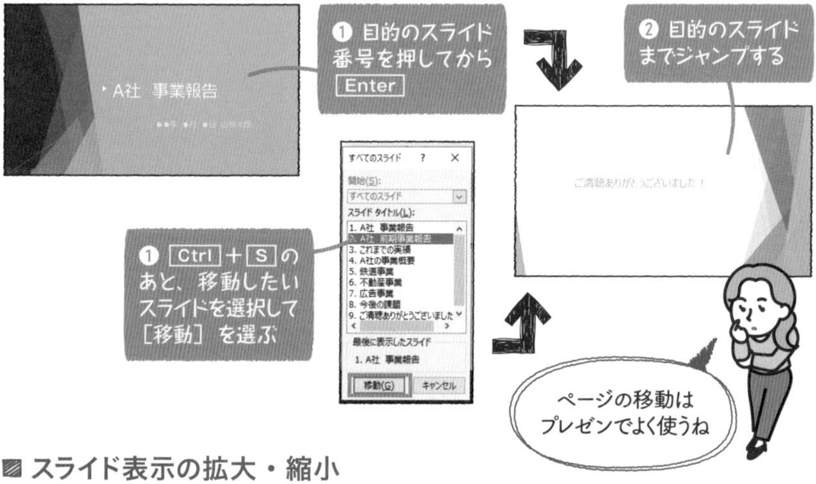
A社　事業報告
① 目的のスライド番号を押してから Enter
② 目的のスライドまでジャンプする
ご清聴ありがとうございました！
すべてのスライド
開始(S):
すべてのスライド
スライド タイトル(L):
1. A社　事業報告
2. A社　前期事業報告
3. これまでの実績
4. A社の事業概要
5. 鉄道事業
6. 不動産事業
7. 広告事業
8. 今後の課題
9. ご清聴ありがとうございました
最後に表示したスライド
1. A社　事業報告
移動(G)
キャンセル
① Ctrl ＋ S のあと、移動したいスライドを選択して［移動］を選ぶ
ページの移動はプレゼンでよく使うね

スライド表示の拡大・縮小

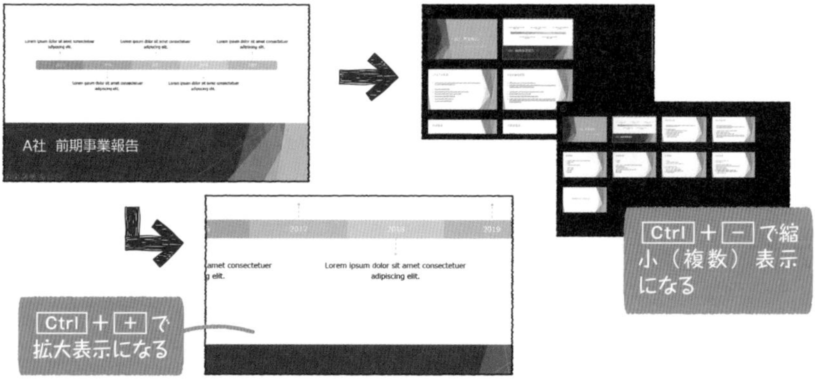
A社　前期事業報告
Ctrl ＋ − で縮小（複数）表示になる
2017
2018
2019
Lorem ipsum dolor sit amet consectetuer adipiscing elit.
Ctrl ＋ ＋ で拡大表示になる

Column 07

拡張ディスプレイ機能で

投影画像と秘密画像を使い分ける

一般のオフィスワーカーには耳慣れない機能かもしれませんが、拡張ディスプレイ機能というものがあります。これは、手元のパソコン画面とプロジェクターや液晶モニターのような外部ディスプレイとの画面を別々に表示することができるという機能。プレゼンを行う人は特に覚えておくと便利な機能です。

この機能を使うと、プレゼンで見せる画面と手元の画面を別々に表示することができ、手元で別の資料を開きながらプレゼン画面を進めることもできます。また、プレゼン以

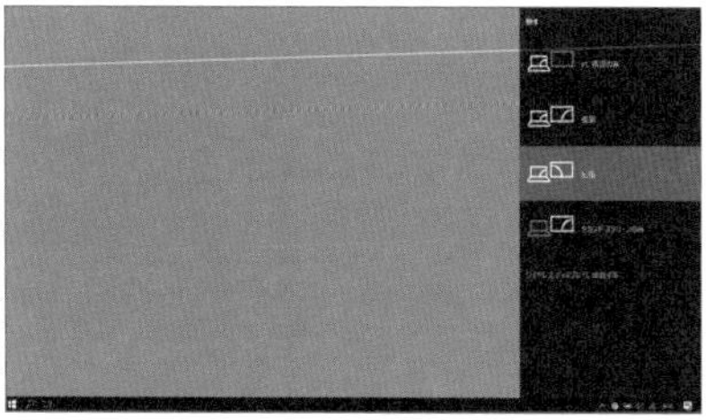

Windows ＋ P を押すと右にディスプレイの表示モードを選択した画面が表示されるので選ぶ

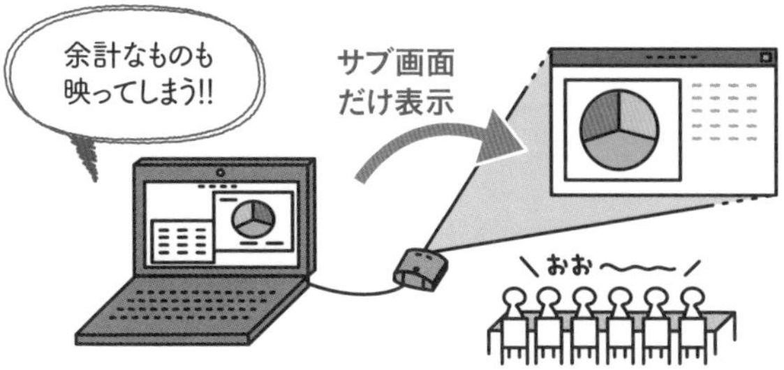
余計なものも
映ってしまう!!
サブ画面
だけ表示
おお〜〜〜

外でも、作業領域を広く使いたい場合に非常に便利。

手元のディスプレイは作業用、外部ディスプレイは検索用など、2つの画面を目的別に使い分けることで、生産性を高めることができます。具体的な設定方法は以下の通りです。

① Windows ＋ P ：表示形式の選択ウィンドウが開く
②〔PC画面のみ〕〔複製〕〔拡張〕から〔拡張〕を選択

ちなみに、〔PC画面のみ〕はパソコン画面のみの表示で、変化はありません。〔複製〕はパソコン画面が外部ディスプレイに表示されるだけです。ノートパソコンの画面が小さくて大きなディスプレイで作業したいときなどに使います。

この機能の新しい使い方として増えてきそうなのが、新型コロナの影響により増えたリモート会議での使用です。拡張ディスプレイで会議画面を開き、同時にパソコン画面で作業を行うといった方法が広がっていきそうです。

Chapter 07

SHINSOKU PC
SHIGOTOJUTSU
MIRUDAKE
notes

ムダ時間を省く Web検索の 神速ワザ

ムダを省くWeb検索の神速ワザ
知りたい情報が全然出てこない……
最初のページを閉じちゃったので見つからない
答えにたどり着くのに遠回りしてるね
Web検索は適切に絞り込まないと時間がかかる

企業の多くがホームページで新しい情報を発信する時代になり、膨張し続けるインターネットの情報。その中から必要な情報を見つけ出すのも、ビジネスでは必須となりました。情報量が増えた分、目的とするページにたどり着くのも大変になり、「いくら探しても見つけられない」と延々と時間を費やすことも多くなっているでしょう。ですが、そうやって時間を費やすのは検索のワザを知らないからともいえます。この章では、ネット検索で素早く目的の情報を見つけるためのワザや、素早く検索画面を起動する設定・ショートカットキーのほか、仕事に役立つインターネットの活用法などを紹介していきます。

ゴールへ向かう道すじをイメージするのが時短のコツ

フムフム
Web検索はキーワードの前に始まるのか！
いろいろなワザがあるな！
Web検索は、すぐ調べられる環境作りが大切なの
探しやすいブラウザとか？
タブの整理や履歴の出し方も！
or検索や除外検索を覚えておこう

KEY WORD → ☑ Google 検索、ファイル検索

01 3秒で検索できる3つの検索ワザ

検索は効率的かつ迅速な作業に欠かせない機能です。どの操作でどんなことができるのか、覚えていきましょう。

現在のビジネス環境において、**必要かつ適切な情報をどれだけ早く探し出せるかは、ビジネスの成否を分けるカギなる、といっても過言ではありません。**そんな情報を探し出すために必要なのが、**Google 検索**などの検索エンジン、検索ツールを神速で利用するテクニックです。Web ブラウザを開いて Alt ＋ D を押すことで、一瞬でアドレスバーにカーソルが移動。現在では多くのブラウザが

「調べる」以外の余計な時間を省く

調べものって時間がかかりますよね。まずブラウザ立ち上げるし
起動時間はたしかにもったいない。便利ツールを使うといいよ
ブラウザでもショートカットが使えるから、わたしはそれも併用してるわ
先輩の時短テクをまた1つ……
フム フム

アドレスバーと検索バーを兼ねているので、そこに検索ワードを入力して検索する時短テクです。加えて、おすすめの検索ツールを2つ紹介しましょう。「ESTART デスクトップバー」は Ctrl を2回押すだけで瞬時にデスクトップバーが開き、Google 以外にも Amazon や Twitter などでキーワード検索ができます。キーワードの入力後 Alt ＋ ↑ ↓ で検索先の切り替えも可能。**「Everything」はWebではなく、パソコン内のファイル検索ツール**。起動ショートカットを設定しておけば瞬時に起動し、検索することができます。

検索スピードが超絶アップするワザ

Alt ＋ D

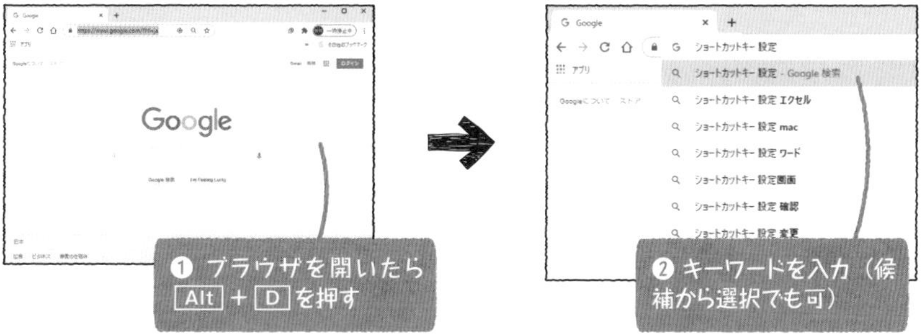

Ctrl × 2

ESTARTインストールURL：
https://start.jword.jp/desktop/

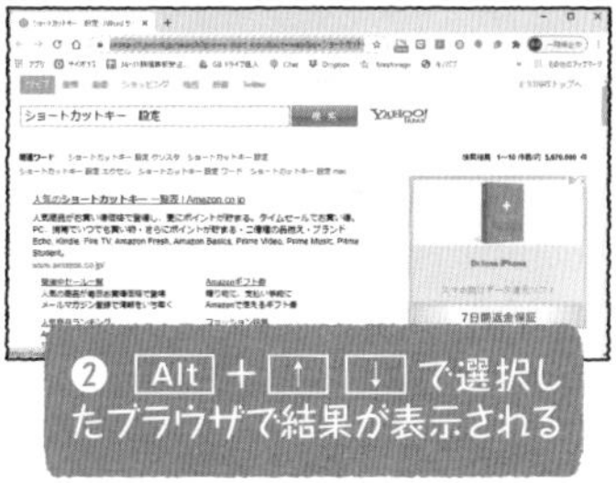

Everything（ショートカットなし）

パソコン内ファイル検索ソフト。ショートカットは自分で設定する

EverythingインストールURL：
https://www.voidtools.com/

KEY WORD → ☑ and 検索、or 検索

02 検索精度が高まる Google の検索テク

Google 検索では膨大な検索結果が表示されます。自分の求める情報を効率的に探し出せるようにしましょう。

インターネットの利用には欠かせないGoogle検索。インターネット上の情報が膨大になった今、あまり考えずに検索して的外れな検索結果が出てしまうことも。それを避けるための検索キーワードの指定方法をご紹介します。**「A　B」のように2つのキーワードをスペースでつなぐと、A、B両方の単語を含む情報を検索できます。これをand検索といいます。また、「A　or　B」のようにor**

検索回数をなるべく減らすのが大切

1000件
ヒットした数が1000件？多すぎる！
ヒ〜ッ
キーワードを複数入れると結果が絞られるけど？
検索をやり直すほど時間のムダよ
それと「除外」や「一致」も使ってる？

でつなぐとA、Bいずれかの単語が含まれる情報を検索できます。これをor検索といいます。特定の単語を除外して検索したい場合は[A　-B]のようにキーワードの前にマイナスを入れます。「"A"」のようにキーワードを半角の二重引用符で囲むと、キーワードと完全に一致する情報だけを検索可能。また、「A*」のように曖昧な部分にアスタリスクを付けると、語句の一部が不明でも検索できます。「A　@ソーシャルメディア名」の形であれば、特定のソーシャルメディア内をキーワード検索した結果を表示できます。

Google検索の使い方

and検索
Google
A社　事業内容
すべて　動画　画像
スペースの前後両方の単語を含む情報を検索
or検索
Google
A社　不動産事業 or 鉄道事業
すべて　動画　画像
「or」の前後どちらかの単語を含む情報を検索
キーワードの除外検索
Google
A社　不動産事業 -鉄道事業
すべて　動画　画像
「-」を付けたキーワードを除く情報を検索
キーワードの完全一致検索
Google
A社　"不動産事業"
すべて　動画　画像
「"」で挟んだキーワードを含む情報を検索
ソーシャル検索
Google
A社　@Facebook
すべて　動画　画像
「@」に続けたSNSにある情報のみを検索
絞り込むことで目的の情報に早くたどり着けるよ

KEY WORD → ☑ ブックマーク、ブックマークマネージャー

03 ブラウザのブックマークで情報を管理する

いわばサイトのしおりであるブックマークですが、整理できているのといないのとでは作業効率に大幅な差が生まれます。

インターネット上で有用な情報を発見した場合は、Webブラウザのブックマーク機能をうまく使って整理するのが最適です。ブックマークを素早く扱うためのテクニックをご紹介します。ブラウザで今見ているサイトをブックマークに登録するには Ctrl + D を押します。保存したブックマークを管理するには Ctrl + Shift + O を押して［**ブックマークマネージャー**］を表示します。ア

何度も使うページはブックマークする

この間調べてもらったデータの最新版をもらえる？
最新版……？また調べます！
更新される種類のデータならブックマークしておかなくちゃ
数が増えて邪魔だったから増やしてなくて……
管理画面で整理すればいいだけよ

ドレスバーの下などに表示されるブラウザのブックマークバーは便利ですが、プレゼンテーションの際などには表示したくないこともあるでしょう。表示／非表示の切り替えは Ctrl ＋ Shift ＋ B を押すことで行えます。また、最近ブックマークはクラウド上で管理されることが増えていますが、それでもファイルとしてバックアップしたい場合は、［ブックマークマネージャー］の［管理］ボタンから［ブックマークをエクスポート］を選択します。逆に復元する場合は［ブックマークをインポート］を押します。

ブックマーク登録と整理術

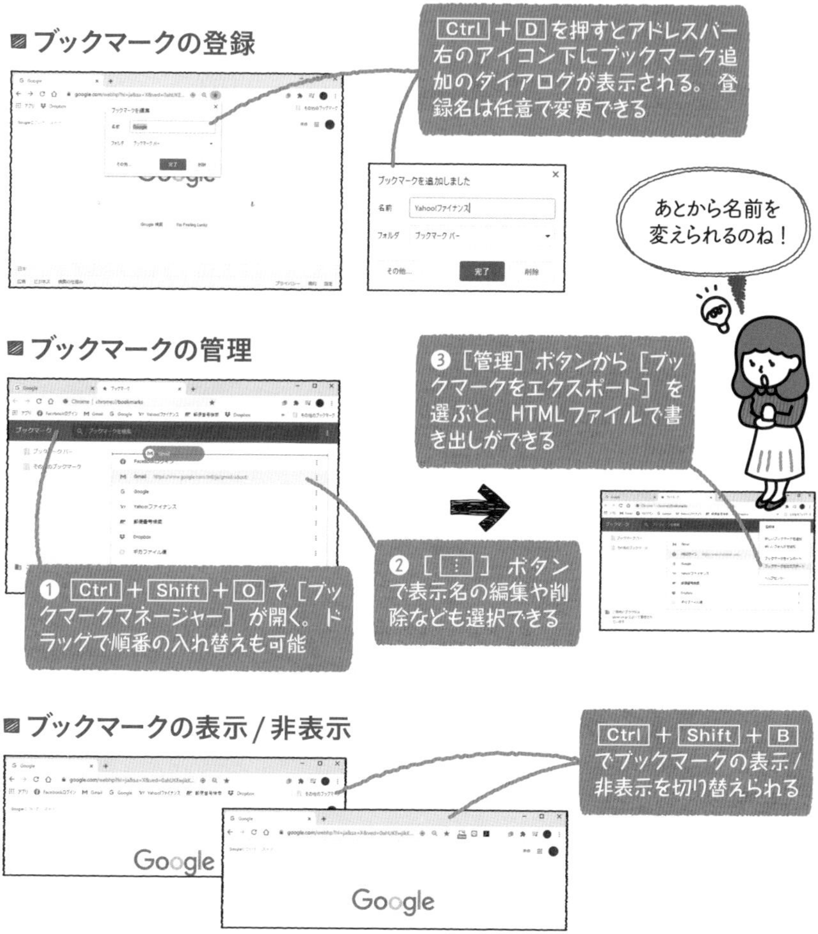

ブックマークの登録
Ctrl ＋ D を押すとアドレスバー右のアイコン下にブックマーク追加のダイアログが表示される。登録名は任意で変更できる
ブックマークを追加しました
名前 Yahoo!ファイナンス
フォルダ ブックマーク バー
その他... 完了 削除
あとから名前を変えられるのね！
ブックマークの管理
❶ Ctrl ＋ Shift ＋ O で［ブックマークマネージャー］が開く。ドラッグで順番の入れ替えも可能
❷［ ⋮ ］ボタンで表示名の編集や削除なども選択できる
❸［管理］ボタンから［ブックマークをエクスポート］を選ぶと、HTMLファイルで書き出しができる
ブックマークの表示／非表示
Ctrl ＋ Shift ＋ B でブックマークの表示／非表示を切り替えられる
Google
Google

KEY WORD → ☑ ひな形、ファイルタイプ

04 ひな形ファイルは ファイル形式指定で検索

特定のファイル形式のひな形が必要というとき、やみくもに探すよりも簡単な方法があります。

仕事でもプライベートでも、役所への届け出文書や契約書など、定形の文書を作成しなければいけないときがあります。そのような**定型文書のひな形もファイルタイプを指定して、インターネット上で検索することができます**。ひな形のファイルはさまざまなOfficeソフトのファイル形式やPDFでアップロードされているので、Googleの検索窓に「filetype：(拡張子)⬚(文書名)」と入力すれば、

定型文書はWebからダウンロード

この形にするの難しいなぁ……。
えっと、ここに入れるのは……
ムムム…
難しい顔して
何やっているの？
えぇ!?
事業計画書の例を見ながら
作っているのだけど……
本を見て打ち込むなんて
時間がもったいない。
Webでダウンロードしなさい！

特定の形式のファイルに絞って検索できます。また、「-filetype:(拡張子) ⬚ (文書名)」と入力すれば、指定した拡張子を除いた検索結果を表示できます。画像だと編集できないので意味がない、という場合は「-filetype：jpg ⬚業務委託契約書」などと検索する方法もあります。ただし、**インターネット上で検索できる文書のひな形には、二次利用が禁止されているものや、そのまま使用すると問題がある場合もありますので注意しましょう。**

使いたいソフトを限定したひな形の検索方法

「Excelのひな形」を検索

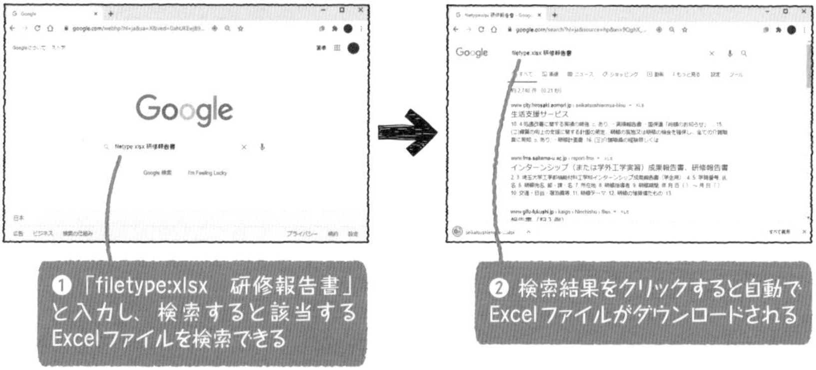

Google
filetype:xlsx 研修報告書
❶「filetype:xlsx　研修報告書」と入力し、検索すると該当するExcelファイルを検索できる
❷ 検索結果をクリックすると自動でExcelファイルがダウンロードされる

ファイル形式検索のバリエーション

使いたいファイルを
絞り込んで探せるのね！

「-filetype:jpg　業務委託契約書」

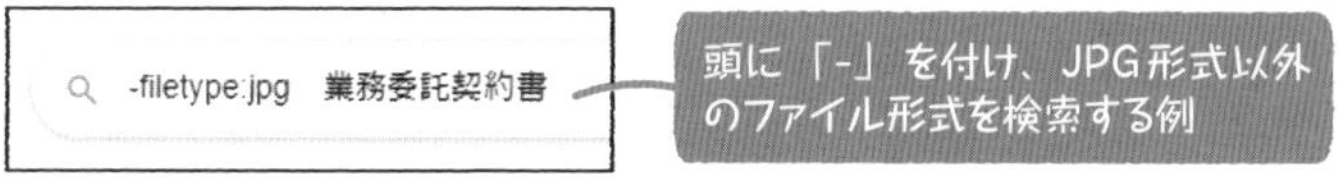

-filetype:jpg　業務委託契約書
頭に「-」を付け、JPG形式以外のファイル形式を検索する例

「filetype:pdf　-filetype:jpg　業務委託契約書」

filetype:pdf　-filetype:jpg　業務委託契約書
pdf形式指定と、JPG形式以外の指定を組み合わせた例

「filetype:doc　filetype:pdf　-filetype:jpg　業務委託契約書」

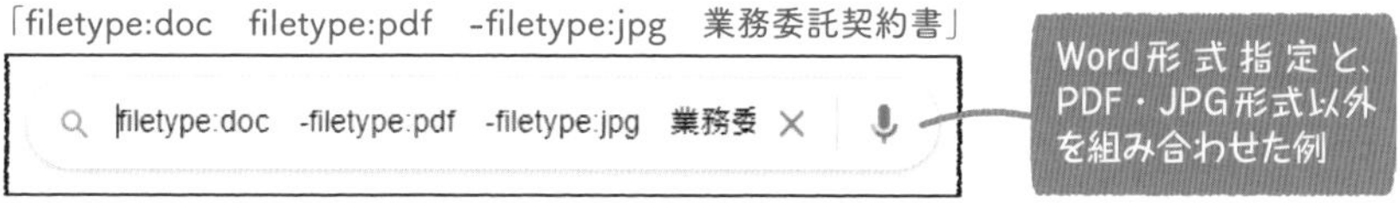

filetype:doc　-filetype:pdf　-filetype:jpg　業務委
Word形式指定と、PDF・JPG形式以外を組み合わせた例

KEY WORD → ☑ 計算機、単位換算、通貨換算

05 キーワード検索以外のGoogle活用法とは

Googleには便利な機能が多く備わっており、計算式や単語を入力するだけであっという間に結果が表示されます。

検索エンジンとして有名なGoogleですが、実は**検索機能以外でもさまざまな便利ツールとして利用することもできます**。「100 + 3000」というように**検索ボックスに計算式を入力することで、計算機として利用することもできます**。掛け算や割り算は [*] と [/] で行えます。計算式を入力したり「計算機」と入力すれば関数計算のできる計算機として利用できます。また、**単位換算機能や通貨換算機能**

ツール次第で簡単な仕事に早変わり

頼んでいた出張の手配は終わった？
海外だから手間だったでしょ？
すみません～～～まだ途中です
終わってます。海外でも変わりませんよ
時差とか単位とか
計算が大変で……
そんなの、Googleですぐに出るわよ

もあり、「200ドルは何円」「100kgは何ポンド」といった形で入力すれば、換算した単位が表示されます。計算以外にも「(単語) ⬚ (言語)」という形で入力すれば翻訳機として利用することも可能です。スピーカーの絵が描かれたボタンを押せば発音も聴けます。さらに「weather：(地名)」と入力すれば、地名の場所の天気予報を調べることもできます。そのほか、フライト情報や現地時間、電話の市外局番など、いろいろな機能があり、日々新たに追加されています。

調べものなら万能なGoogle検索で

計算

四則演算のほか計算式も可能

通貨換算

検索時点での為替レートで自動計算

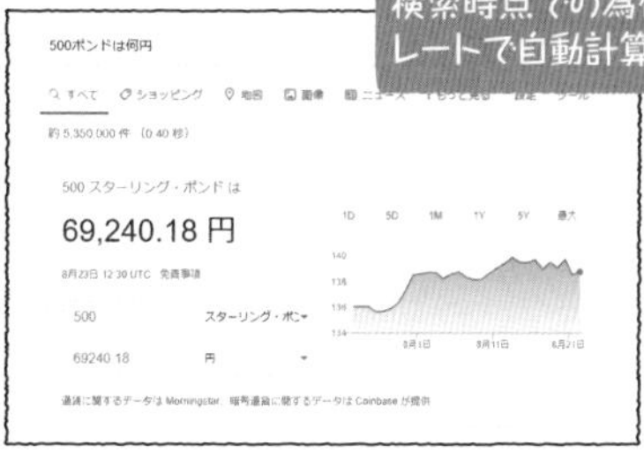

単位換算

いろいろな種類の単位に換算可能

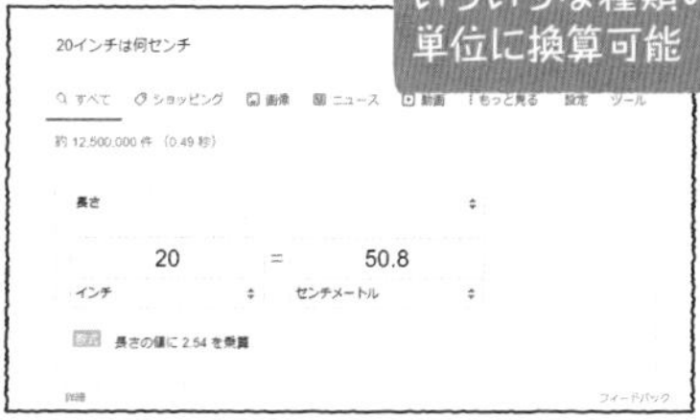

天気予報

「weather:（地名）」で天気予報を表示

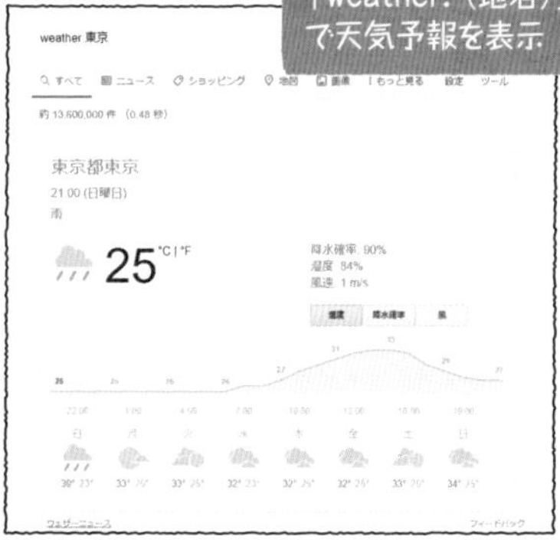

辞書

英和・和英のほか他言語も翻訳可能

世界時計

「時間（地名）」で該当の場所の時刻を表示

06 Google 画像検索で人名・店名記憶術

Google は文字列だけでなく画像そのものを使って検索することもできます。類似の画像や元の画像が検索結果に表示されます。

Google 検索はキーワード検索以外にも地図や画像検索、動画検索など、いろいろな形で検索結果を表示することができます。つまり、うろ覚えな有名人の顔や、CM で登場した家電製品や店名などを、曖昧な記憶を元に画像検索することで特定し、名前を調べることができるというわけです。たとえば「あの映画に出ていたけど名前も役名も覚えていない人の名前を知りたい」という場合、思い出そ

うろ覚えでも探しものは見つけられる

今度B社の社長に
アレを贈ろうと
思ってな
ヨロシク〜
白黒映画でダンス
で有名なアノ……
その準主役の
金髪女優が作中で
贈りものにした……
「雨に唄えば」
です､社長
手配してくれ！
頼んだぞ！
何という人かも
わからないんですね？
映画の中で出てきた
贈りものですね

うとしてムダな時間を使うより番組名で画像検索し、記憶にある顔の画像をクリックすれば、名前にたどり着くことができるのです。人の脳は本来、文字の情報よりも画像や映像のほうが記憶しやすく、曖昧な記憶は画像記憶としてしか残っていないことが多いため、画像や動画検索を使って記憶の整理や定着に活用するのは、合理的といえるでしょう。このワザは風景の記憶から場所を探すというときにも使えます。

曖昧な記憶でも検索ができる

❶「映画名」「キャスト」をキーワードに検索
Google
雨に唄えば キャスト
Google 検索
I'm Feeling Lucky
名前が全然わからなくても見つけることができるのか！
❷ 出演していた俳優・女優が写真付きで一覧表示される
雨に唄えば/キャスト
キャスト | 月組公演 『雨に唄えば』 | 宝塚歌劇公式ホームページ
❸ 一覧表示から選ぶと詳しい情報へのリンクが表示される
デビー・レイノルズ - Wikipedia
デビー・レイノルズ

07 閲覧履歴をショートカットで一発表示

ブラウザの閲覧履歴にたどり着くまでの時間が短縮できれば、作業効率も上がりストレスも減ります。

「昨日見ていたWebサイトが便利だったが、うっかりブックマークし忘れた」「検索でようやくたどり着いたサイトをうっかり閉じてしまった」など、過去に見ていたサイトをもう一度見たい、ということもあるでしょう。そんなときは **Ctrl + H でブラウザの閲覧履歴を表示できます**。ブラウザ閲覧時に便利なショートカットはそのほかにもいくつかあり、まずは**タブを複数開いている場合。** Ctrl

検索中のうっかりミスもカバーできる

いっぱいウィンドウ開いていて間違えた。残したいページを閉じちゃった～～
スピード優先してうっかりやっちゃったぁ！
まだブックマークもしてないのに～
履歴で探せるから大丈夫！
大切なものは別タブか別ウィンドウで開いて残すと検索中も安心よ

＋ Tab を押すと次のタブに移動することができ、開いているタブが少ないときは便利です。また、 **Ctrl ＋ T を押せば新規タブを、 Ctrl ＋ N を押せば新たなウィンドウでページを開くことができます**。ほかにも覚えておきたいのが、タブを閉じる Ctrl ＋ W 。ウィンドウをたくさん開いているときほど役立つテクです。また、ページ表示の拡大／縮小は、拡大が Ctrl ＋ ＋ 、縮小が Ctrl ＋ － です。

ネット検索で覚えておきたい便利ワザ

閲覧履歴

Ctrl ＋ H で直近のものから順に履歴が表示される

タブの移動／追加

Ctrl ＋ Tab でタブを移動する

タブを閉じるのは Ctrl ＋ W だね！

別ウィンドウで開く

Ctrl ＋ N で別ウィンドウが開き、並べることができる

表示の拡大／縮小

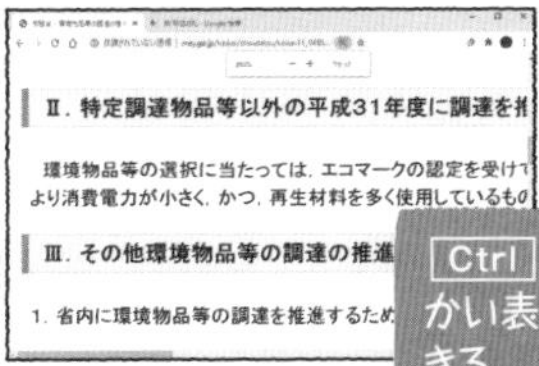
Ctrl ＋ ＋ で細かい表示を拡大できる

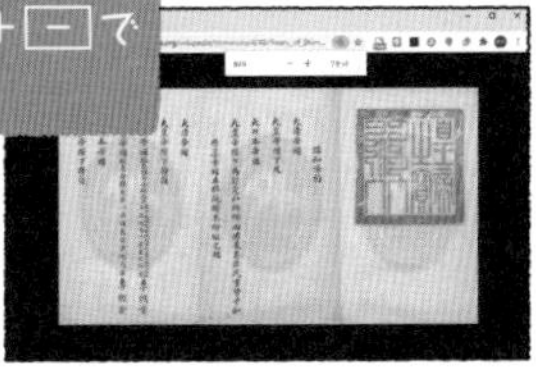
全体を見たいときは Ctrl ＋ － で縮小

Column 08

スマホ連携で使いやすい！

Google ToDo リストでタスク管理

日々のタスク管理は、仕事を遂行するうえで非常に重要なこと。しかし、To Do リストへタスクを書き移すのは非常に面倒なうえ、時間もかかります。そんな理由で、タスク管理を諦めてしまう人もいるのではないでしょうか？　そこでおすすめなのが、Gmail と Google ToDo リストを連携させること。メールからすぐにタスクへ反映できます。

わたしがおすすめするのが、To Do リストには「自分の実行タスク」「他人の実行タスク」を用意すること、タスクの起案はすべてメールにすることの2つ。具体的な手

Gmail 画面で Shift ＋ T を押すだけで ToDo リストが立ち上がり、自動的に登録される

順は次の通りです。

① To Do リスト上に「1. 自タスク」「2. 他タスク」という名前のリストをそれぞれ作成
② Gmail の受信トレイに届いたタスクメールを整理し、shift + T でタスクに移動（前回閉じた To Do リストに即挿入される）
③ To Do リストを開き、自他タスクを正しく振り分け。わかりやすいタスク名に変更する
④ Ctrl + shift + ↑ ↓ でタスクを期限順に並び替え

このやり方で必要なのが、タスク名の管理と他者向けのタスクには Cc に自分を入れて受信メールからタスクに移動できるようにすること。この 2 点に気を付けましょう。

このタスク管理方法が非常に使いやすいのは、期限が過ぎても完了していないタスクのリマインドが非常に簡単な点。タスクにメールをリンクしているので、すぐにメール相手への催促などができるところです。

Chapter 08

SHINSOKU PC
SHIGOTOJUTSU
MIRUDAKE
notes

メール処理を最速化する神速メール術

どうやるのかな?
ナヌッ?
メールが多すぎて
全然仕事に
取りかかれない
毎日1時間以上
チェックにかかる……
もう〜
あ〜
もうすぐ10時なのに
まだメールチェックを
しているの?
早くする
方法があるよ

オフィス仕事で切り離すことができないメールですが、使い慣れている分、時間を浪費している感覚がないもの。昔から使っているメールソフトでマウスをいちいちクリックしてメール作成したり、1つずつメールを開くなど、ずっと操作方法も同じだったりします。しかし、仕事で使う頻度が高いメール作業は工夫次第で大幅な時短につながります。本章ではGmailで説明しますが、プレビュー画面で次々にメールをチェックして、メール作成や宛先入力から送信までショートカットなどを使う、など時短テクはたくさん。「今まで通り」を改めるだけで、仕事時間がずっと短くなるはずです。

ケータイに同期して通勤中に見たり
プレビューで読めば開く時間も省けて時短になる
送信・返信もショートカットキーでマウスなし！
To Doリストへも一発で登録できる
へぇ〜
なるほど
効率的な動きだ
Let's Try!
1通ずつ開くと思いこんでいたのか
ほ〜
Gmailは使い勝手がいい

01 プレビュー機能設定で開封せずにチェック

メールのプレビュー機能を活用して効率的に内容を確認すれば、メールチェック作業の時間を短縮できます。

毎日届くメールの量が多いと、一通ずつ開いて中身を確認するだけでも相当な時間の浪費です。そんなときに役立つのが**プレビュー機能設定**。ここではGmailを例に使い方を紹介します。まず**Gmailを開き、画面右上の歯車アイコンをクリックして［クイック設定］を開く。次に［クイック設定］の中にある［閲覧ペイン］の［受信トレイの右］をチェック**。このとき下のほうが使いやすければ［受信トレイの下］

朝のメールチェックで差が付く

2人共、締め切りは13時だけど順調？
メールチェックが終わらなくてまだ手を付けていないんです……
わたしはあと30分くらい。問い合わせのメールも送っておきました
メールチェックに1時間もかかってるの？

でも構いません。**チェックすると、背面で閲覧ペインの設定が行われます。[クイック設定] を閉じてメール一覧から1つを選ぶと、そのメールを開かなくても内容がプレビュー表示されます。この設定をしておけば、 ↑ ↓ でカーソル移動するだけで到着メールの内容が確認ができるようになります。** また、 PageUp / PageDown でメールのプレビュー画面を上下にスクロールしてメール内容を最後まで確認することもできます。これらのワザはセットで活用しましょう。

プレビュー表示で開封の手間を省略

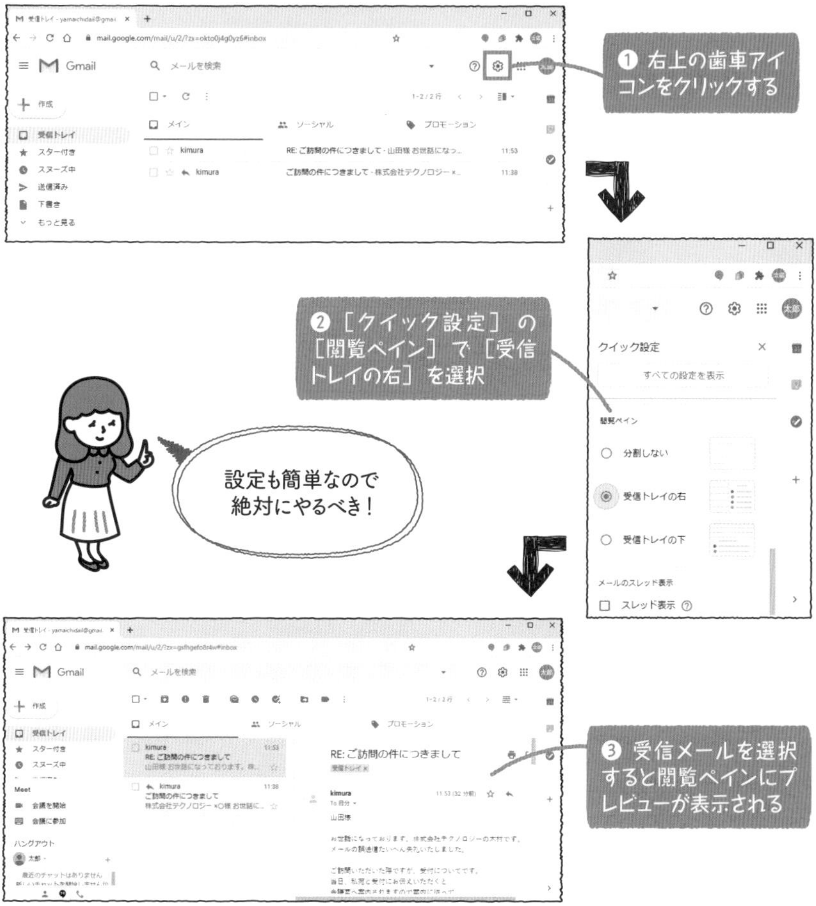

❶ 右上の歯車アイコンをクリックする
❷ [クイック設定] の [閲覧ペイン] で [受信トレイの右] を選択
クイック設定
すべての設定を表示
閲覧ペイン
分割しない
受信トレイの右
受信トレイの下
メールのスレッド表示
スレッド表示
設定も簡単なので絶対にやるべき!
❸ 受信メールを選択すると閲覧ペインにプレビューが表示される

02 メール作成から送信までキーボードだけでできる

メール処理にもショートカットキーは使えます。マウスを使わずにメール処理の時間を短縮しましょう。

メール作成や**送信**といった操作もマウスを使うと意外に時間をロスするので、次の5つの基本的なGmailのショートカットキーを覚えましょう。まずは、ショートカットキーを有効化する設定を行います。画面右上の歯車アイコンをクリックして［すべての設定を表示］を選ぶ。［全般］タブの中の［キーボードショートカット］の項目の［キーボードショートカットON］にチェックを入れます。

ショートカットで時短する

頼んでいたメールの送付は終わった？
終わってます。手伝いますか？
ぼくはまだ半分も終わってないのに!?

ショートカットを有効にする

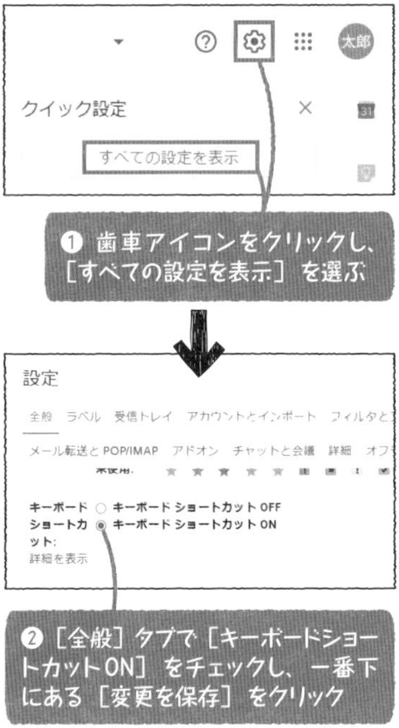
太郎
クイック設定
すべての設定を表示
❶ 歯車アイコンをクリックし、［すべての設定を表示］を選ぶ
設定
全般 ラベル 受信トレイ アカウントとインポート
メール転送と POP/IMAP アドオン チャットと会議 詳細
キーボードショートカット:
キーボード ショートカット OFF
キーボード ショートカット ON
詳細を表示
❷［全般］タブで［キーボードショートカットON］をチェックし、一番下にある［変更を保存］をクリック

その後、[変更を保存]。これで設定完了です。ショートカットキーの種類は以下の通りです。**①新規作成：C（新しいウィンドウで作成：Shift ＋ C、新しいタブで作成：D）。②返信：R（新しいウィンドウで返信：Shift ＋ R。③全員に返信：A（新しいウィンドウで全員に返信 Shift ＋ A）。④転送：F（新しいウィンドウで転送：Shift ＋ F）。①～④でメール作成したあとに⑤送信：Ctrl ＋ Enter のショートカットキーで送信します**。また、メールの処理にかかる時間を短縮するには、ショートカットキーだけでなく、できるだけ短い文面で返信することも重要です。

新規作成

C を押すとウィンドウ内に新規作成画面が開く
D を押すと新規作成画面が別タブで開く
Shift ＋ C で新規作成画面が別ウィンドウで開く

R、F、A は
Shift との組み合わせで、
新規作成画面で
開くこともできるよ

返信／転送

R で返信、F で転送の作成画面がメール文末の下に開く。A でTo/Ccの全員宛の返信の作成画面が開く

03 To・Cc・Bcc を素早く使い分けるテク

3 つの宛先指定方法をショートカットキーで使い分ければ、メールの作成時にもマウスを使う必要がありません。

メーラーには **To**、**Cc**、**Bcc** という 3 つの宛先指定方法があります。To は、特定の相手にメッセージを送るときに使います。Cc は、To で指定した人以外に、そのメールの内容を知っていてほしい人がいる場合に使います。なお、Cc に入力されたメールアドレスは、そのメールを受信するすべての人に開示されるので、安易に Cc を使って個人情報の漏えいにならないように注意。Bcc は、メー

慣れたツールより変えたほうが早いことも

メール仕事は
どうやったら早く
できるんだろう……
ぐすん…
Gmailにしてみたら？
ショートカットもたくさん
あって使いやすいよ
使い慣れてると
なかなか変えられないけど、
挑戦してみよう！
何を使うかの選択も
仕事に影響があるわね

ルの内容を知っていてほしいけれど、ToやCcの人にその存在を知られたくないときに使われます。Gmailのメール作成画面が開いている状態で使えるショートカットキーは以下の通りです。**①Cc：Ctrl + Shift + C。②Bcc：Ctrl + Shift + B。③リンクの追加：Ctrl + K**。リンクの追加は、リンクを付けたいテキストを選択したうえでショートカットキーを押さないと、二度手間になる可能性があるので注意しましょう。

メール作成画面のショートカット

Cc／Bccの追加

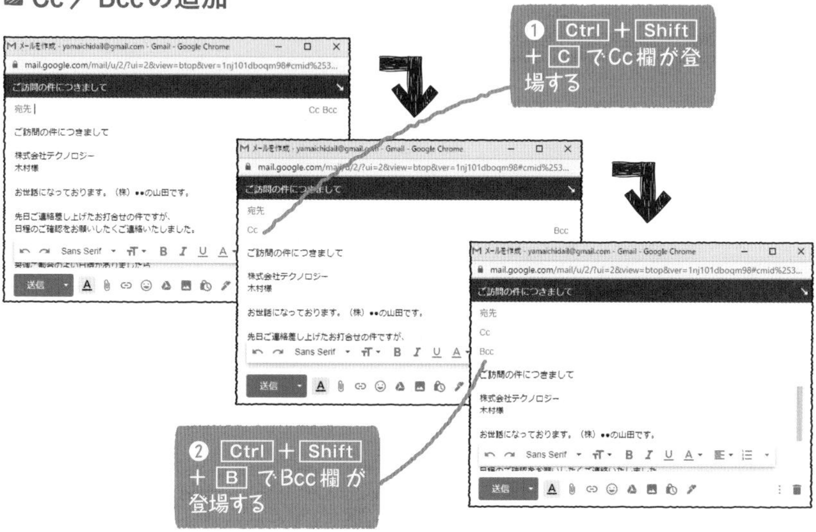
① Ctrl + Shift + C でCc欄が登場する
② Ctrl + Shift + B でBcc欄が登場する

リンクを追加

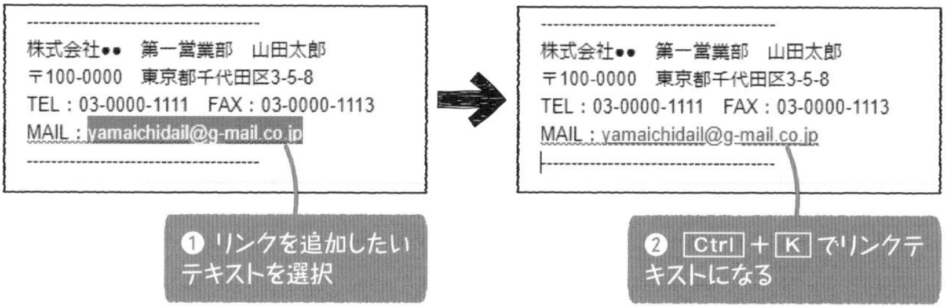
株式会社●●　第一営業部　山田太郎
〒100-0000　東京都千代田区3-5-8
TEL：03-0000-1111　FAX：03-0000-1113
MAIL：yamaichidail@g-mail.co.jp
① リンクを追加したいテキストを選択
② Ctrl + K でリンクテキストになる

04 検索機能で簡単に過去メールを検索

大量のメールの中から、目当てのものを捜し出したいときは検索機能を使います。Gmail の検索機能を例に見てみましょう。

過去に受信した大量の**メール**の中から、目当てのメールを目視で見つけるのは大変です。そんなときは Gmail の**検索機能**を使ってみましょう。普通 Gmail での検索は画面中央上部にある検索ボックスを使って行います。まず、**/ を押し、カーソルを検索ボックスに移動、次のようにキーワードを入力して Enter を押します**。

連動できるソフトのほうが時短できる

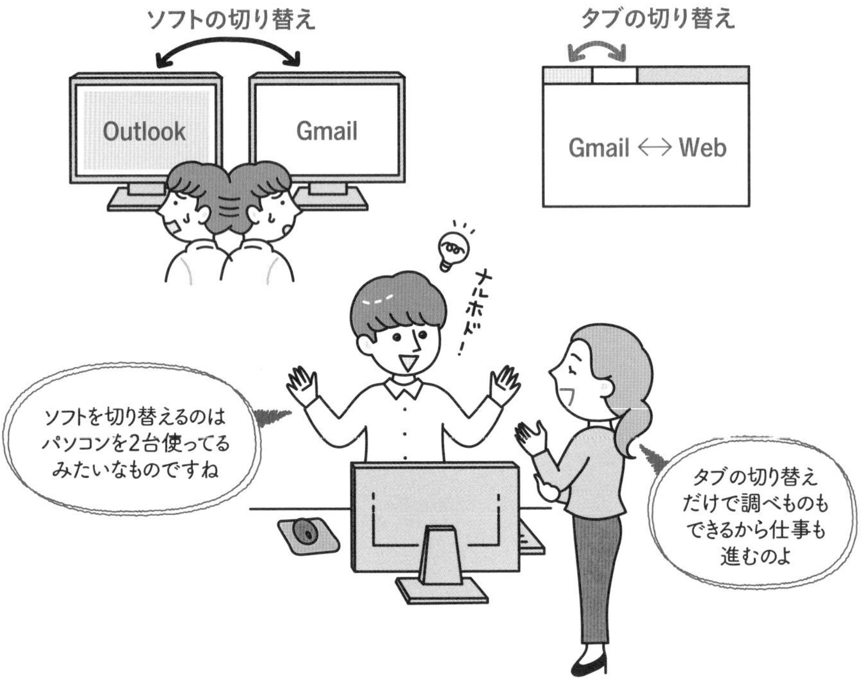
ソフトの切り替え
Outlook
Gmail
タブの切り替え
Gmail ⟷ Web
ナルホド！
ソフトを切り替えるのはパソコンを2台使ってるみたいなものですね
タブの切り替えだけで調べものもできるから仕事も進むのよ

・送信者を指定してメールを検索：from:（メールアドレス）

【応用例】from:me（自分が送信者の場合）

・受信者を指定してメールを検索：to:（メールアドレス）

【応用例】to:me（自分が受信者の場合）

・件名に含まれる単語を指定：subject:（キーワード）

さらに精度の高い検索を行いたいときは、検索ボックス右の［検索オプションを表示］から検索期間や添付ファイルの有無などの詳細な条件を設定します。

メール検索は検索ボックスで

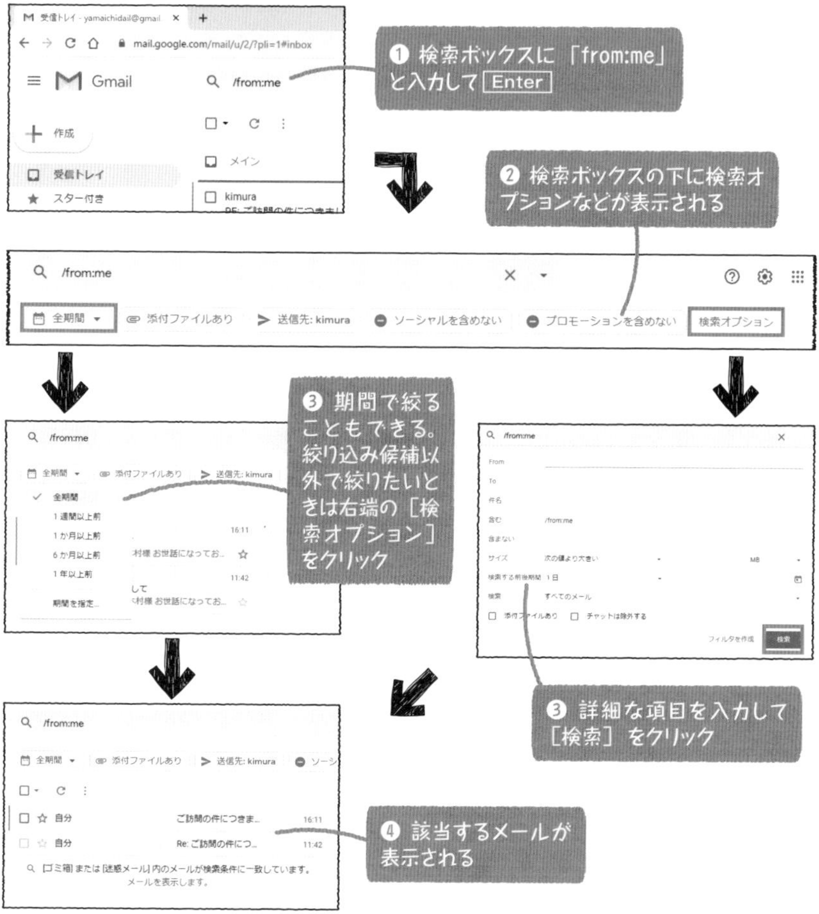

❶ 検索ボックスに「from:me」と入力して Enter
❷ 検索ボックスの下に検索オプションなどが表示される
❸ 期間で絞ることもできる。絞り込み候補以外で絞りたいときは右端の［検索オプション］をクリック
❸ 詳細な項目を入力して［検索］をクリック
❹ 該当するメールが表示される

05 ファイル添付と添付のダウンロードの爆速テク

メール操作でよく行うファイル添付と添付ファイルのダウンロード。キー操作とマウス操作を使い分けましょう。

メールに**ファイル添付**する際のミスは、枚挙にいとまがありません。ここではGmailでミスや混乱を防ぎ、スマートにファイルの添付や**ダウンロード**を行う方法を紹介します。マウスを使わずにキー操作だけで作成中のメールにファイルを添付するには、**添付したいファイルを選択して Ctrl ＋ C でコピー。次にGmailの作成画面から Tab 移動で［ファイルを添付］を選択し、Enter を押**

ファイル添付は意外にムダな時間？

ファイルの場所は
すぐわかるけど、添付のときに
深い階層だと面倒！
キーッ
階層が深い
1
2
3
4
フォルダーを1つずつ
開いていくのは
時間のムダね
ファイルをすぐ
選べるならコピペの
ワザがおすすめよ

します。ファイル選択のダイアログが開いたら[ファイル名]欄に Ctrl + V でペースト。するとファイルパスが入力されるので、この状態で［開く］ボタンを押すと作成中のメールにファイルが添付されます。一方、受信メールに添付されているファイルをダウンロードするには、マウスを使ったドラッグ&ドロップがショートカットを使うよりもずっと早いです。移動先はデスクトップやフォルダーなど、目的によって使い分けましょう。

ファイル添付はコピペで時短

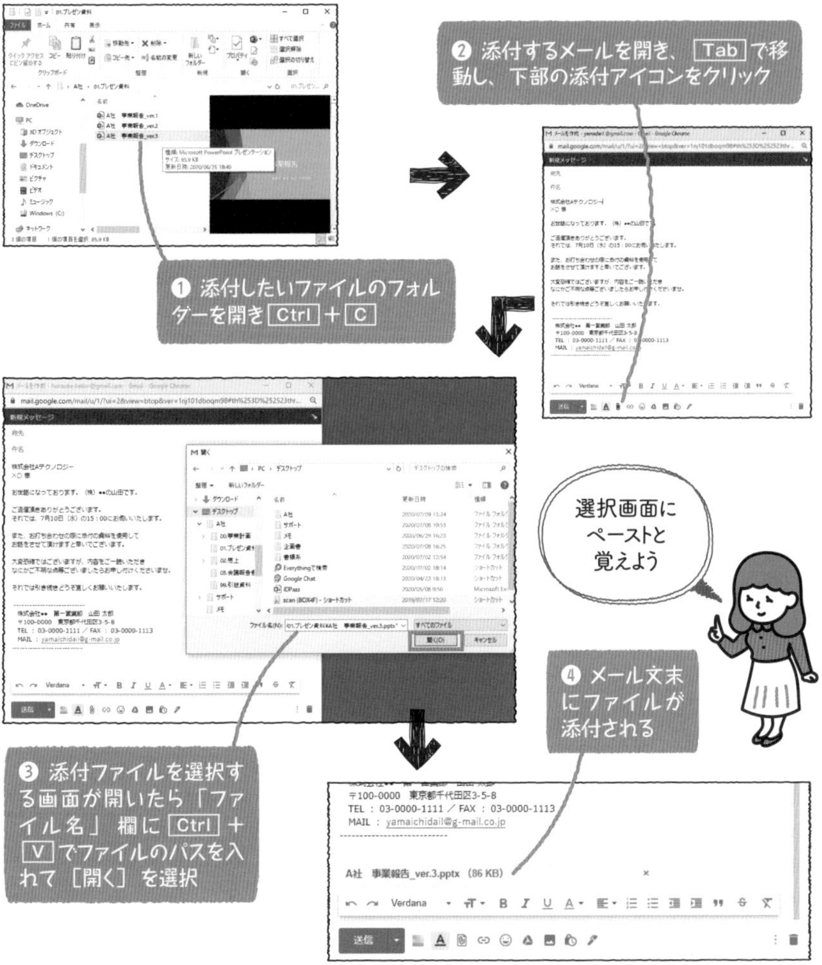

❶ 添付したいファイルのフォルダーを開き Ctrl + C
❷ 添付するメールを開き、Tab で移動し、下部の添付アイコンをクリック
❸ 添付ファイルを選択する画面が開いたら「ファイル名」欄に Ctrl + V でファイルのパスを入れて［開く］を選択
❹ メール文末にファイルが添付される
選択画面にペーストと覚えよう

06 「連絡先」をパッと呼び出す・登録する方法

Outlook でメールを作成するときには、ショートカットキーで〔連絡先〕を呼び出すことができます。

Outlook を使う人は［アドレス帳］から名前やメールアドレスなど**連絡先の呼び出し**をすることが多いでしょう。［アドレス帳］の大元は、［連絡先］に**登録**されている住所や電話番号などの情報です。［連絡先］と［アドレス帳］に関するおもなショートカットキーは次の5つです。**① Ctrl ＋ 3 ：Outlook のビュー上で押すと［連絡先］が開く。② Ctrl ＋ Shift ＋ C ：［連絡先］の登**

Outlookの連絡先を素早く使うには

わしはずっとメールはOutlookじゃ
メールのやり取りが早くなる方法さえわかればいい
メールのレスが早くなってくれれば……
エッ!?
交友関係が広いから宛先見つけるの大変ですよね
連絡先が500人超え!?それは……

録画面が開きます。また受け取ったメールのアドレス上で右クリックし、[Outlookの連絡先に追加] を選択すると、そのまま [連絡先] に登録も可能。③ Ctrl + Shift + B :メールの作成画面で [アドレス帳] が開く。④ Ctrl + F :[連絡先] で情報を選択し、これを押すとその人の情報をメールに添付(メールの件名には、その人の名前が表示されます)。**⑤メールの作成画面に移動して Ctrl + E :[連絡先] の検索ボックスにカーソルが移動し、連絡先を検索できる。**

Outlookの便利なショートカット

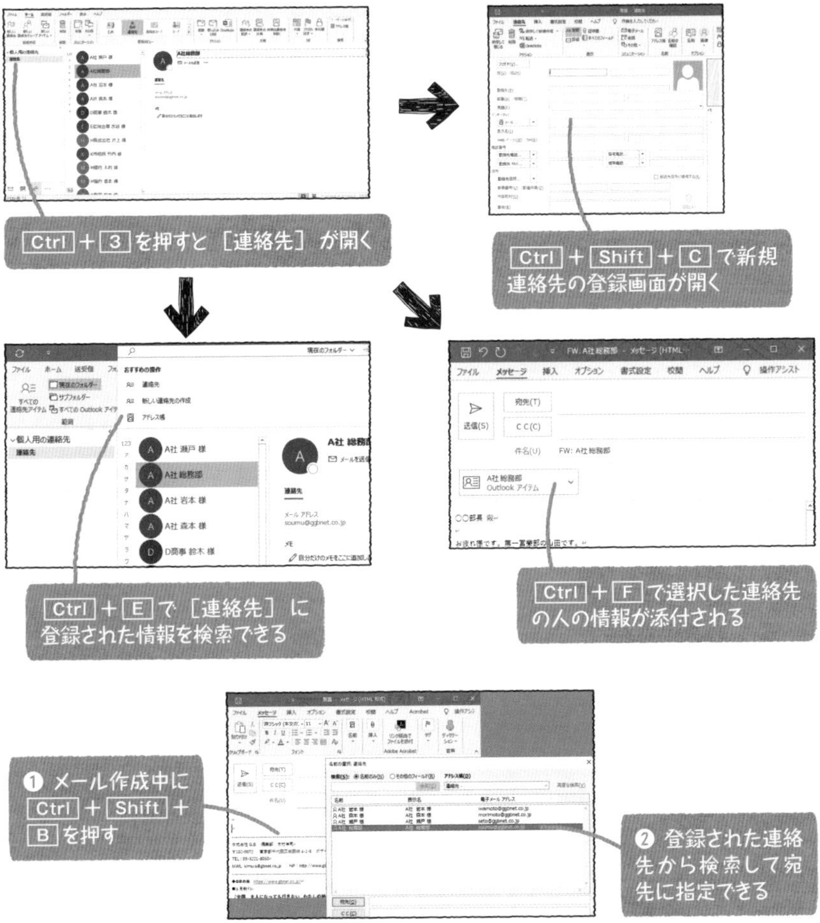

Ctrl + 3 を押すと [連絡先] が開く
Ctrl + Shift + C で新規連絡先の登録画面が開く
Ctrl + E で [連絡先] に登録された情報を検索できる
Ctrl + F で選択した連絡先の人の情報が添付される
❶ メール作成中に Ctrl + Shift + B を押す
❷ 登録された連絡先から検索して宛先に指定できる

索引

さ行

た行

な行

は行

ま行

や行

ら行

主要参考文献

あなたがいなくても勝手に稼ぐチームの作り方
岡田充弘　著（明日香出版社）

残業ゼロ！時間と場所に縛られない　クラウド仕事術
岡田充弘　著（明日香出版社）

やめるだけで成果が上がる！ 仕事のムダとり図鑑
岡田充弘　著（かんき出版）

仕事が速い人ほどマウスを使わない！ 超速パソコン仕事術
岡田充弘　著（かんき出版）

結果もスピードも手に入る神速スマホ仕事術
岡田充弘　著（すばる舎）

爆速パソコン仕事術
岡田充弘　著（ソシム）

仕事が速い人ほどマウスを使わない！ 超速エクセル仕事術
岡田充弘　著（かんき出版）

STAFF

編集	木村伸司、大野はるか（株式会社 G.B.）、間山智賀
執筆協力	坂下ひろき、村沢 譲
本文イラスト	フクイサチヨ
カバーイラスト	ぷーたく
カバーデザイン	別府拓（Q.design）
本文デザイン	別府拓、深澤祐樹（Q.design）
DTP	G.B.Design House

監修 岡田充弘（おかだ みつひろ）

クロネコキューブ株式会社代表取締役。カナリア株式会社代表取締役。兵庫県出身。日本電信電話（現 NTT）、大手会計コンサルティング会社プライスウォーターハウスクーパース、大手組織・人事戦略コンサルティング会社マーサージャパンなどで企業再生や組織改革の実務を経験した後、甲南エレクトロニクス株式会社にマネジメントディレクターとして参画。同社で過去最高業績を達成し、商号をカナリア株式会社に変更すると同時に代表取締役に就任。謎解きイベント会社クロネコキューブ株式会社を設立、代表取締役に就任。『あなたがいなくても勝手に稼ぐチームの作り方』（明日香出版社）、『爆速パソコン仕事術』（ソシム）、『結果もスピードも手に入る 神速スマホ仕事術』（すばる舎）、『やりたいことを全部やれる人の仕事術』（PHP 研究所）、『仕事が速い人ほどマウスを使わない！超速エクセル仕事術』『やめるだけで成果が上がる！ 仕事のムダとり図鑑』（以上、かんき出版）など著書多数。

その仕事1秒で終わります!

神速パソコン仕事術 見るだけノート

2020年9月25日　第1刷発行
2022年5月24日　第2刷発行

監修　岡田充弘

発行人　蓮見清一
発行所　株式会社 宝島社
〒102-8388
東京都千代田区一番町25番地
電話　営業:03-3234-4621
　　　編集:03-3239-0928
https://tkj.jp

印刷・製本　日経印刷株式会社

ISBN978-4-299-00627-1